当代中国青年发展研究丛书

风笑天/主编

多孩政策下
年轻母亲的工作与家庭

李芬◎著

中国·武汉

图书在版编目（CIP）数据

多孩政策下年轻母亲的工作与家庭/李芬著. —武汉：华中科技大学出版社，2022.3
（当代中国青年发展研究丛书）
ISBN 978-7-5680-6351-7

Ⅰ.① 多… Ⅱ.① 李… Ⅲ.① 妇女问题-研究-中国 Ⅳ.① D669.68

中国版本图书馆CIP数据核字（2022）第054112号

多孩政策下年轻母亲的工作与家庭　　　　　　　　　　　　　　　李　芬　著
Duohai Zhengce xia Nianqing Muqin de Gongzuo yu Jiating

总 策 划：姜新祺	
策划编辑：张馨芳　钱　坤	
责任编辑：李　鹏　江旭玉	
封面设计：孙雅丽	
责任校对：张汇娟	
责任监印：周治超	
出版发行：华中科技大学出版社（中国•武汉）	电话：（027）81321913
武汉市东湖新技术开发区华工科技园	邮编：430223
录　　排：华中科技大学出版社美编室	
印　　刷：湖北金港彩印有限公司	
开　　本：710mm×1000mm　1/16	
印　　张：18.25　插页：2	
字　　数：285千字	
版　　次：2022年3月第1版第1次印刷	
定　　价：98.00元	

本书若有印装质量问题，请向出版社营销中心调换
全国免费服务热线：400-6679-118　竭诚为您服务
版权所有　侵权必究

总　序

在新的时代认识与研究青年

中国的改革开放已经走过了四十多年的历程，中国社会与四十多年前相比已经发生了翻天覆地的变化。当我们感叹曾经年轻的"80后"已不再年轻时，"90后"和"00后"正逐渐进入青年的队伍。然而，随着社会的变迁、时代的变化，新一代青年的成长环境在变化，新一代青年的人生经历也在变化。如何正确地认识当代青年、研究当代青年，是摆在我们面前的一项需要付出努力认真对待的任务。

作为工业化社会的产物，青年是一个因不同的历史时期、不同的社会文化背景而变化的概念。了解青年所具有的生理特征、心理特征、社会特征，是我们正确认识青年、了解青年现象、研究青年问题的三个基本途径。青年作为社会的新成员，作为社会物质生产和精神生产的新生力量，作为社会文化的继承者和传递者的社会角色所体现的社会特征更为重要。而被称作"社会学想象力"的特定视角，是我们理解青年和青年现象、认识青年与社会之间关系的桥梁和工具。

应该看到，在改革开放的社会背景中成长起来的这一代青年，具有以往任何一代中国青年都不曾有过的特殊的成长环境和成长经历。他们出生和成长的这四十多年，正是中国社会急剧变革的四十多年。一方面，中国社会的经济建设成就显著，科学技术的发展也十分突出；另一方面，中国社会结构的转型、社会制度的变革异常激烈，人们思想观念的解放和多元化发展十分明显。所有这些，构成了一种宏观的、无处不在的、每一位青年都置身于其中而无法逃避的社会环境。正是这种社会环境，成为我们认识和分析一代青年成长过程及其结果的基本背景和客观前提。因此，只有把发生在这一代青年身上的各种现象与他们所生活的这个时代、这个社会联系起来，特别是将他们的各种问题与中国社会的宏观结构变迁、历史文化变迁联系起来，我们才能真正理解他们的所思所想、所作所为，才能真正理解他们何以成为今天的他们，如同理解中国何以成为今天的中国一样。

在认识和研究青年方面，除了明确青年的年龄特征外，还应将青年看作社会中的一个特定群体，并清楚认识这一特定群体"过渡性"的本质。从青年个体的角度来看，这种"过渡性"的含义是发展的、暂时的，是走向成熟的。青年的任务是从受教育过渡到工作，青年的成长环境是从家庭过渡到社会，而青年的人格也是从对父母的身心依赖过渡到自我独立。从社会的角度来看，"过渡性"的含义是继承的、传递的。青年不仅要成为维持社会存在与发展所必需的物质文明与精神文明的生产者和主力军，而且要在这种生产的过程中完成社会文化的承接与传递的历史使命。因此，青年是家庭、学校与社会、经济、政治机构之间发生联系的桥梁。青年扮演着社会文化的继承者、新的社会成员、社会物质生产和精神生产的后备军等多重角色。虽然具有相同的年龄，但在家庭中是子女，在学校中是学生，只有在社会中才会有青年。从这里，我们也可以理解青年这一概念所蕴含的社会身份特征，以及其所体现的社会角色内涵。

或许是一种偶然，也或许是一种必然，四十年前的1982年初，我从华中师范大学数学系毕业，留在学校团委工作。在开始做青年工作的同时，我也开始了自己的青年研究之旅。青年研究是我最早从事的、长期关注的、发表成果最多的研究方向之一，我发表的第一篇学术论文就是刊登在《青年研究》1982年第10期上的《低年级大学生的恋爱问题》。十年后（1992年），我指导的第一届硕士研究生也从事青年方向的研究。又过了约十年，即2001年，我招收的第一届博士研究生同样从事青年社会学方向的研究。四十多年来，我陆续培养了一批关注青年现象和青年问题的青年研究者。写这篇序言时，我在知网上查了一下，从1982年至2021年，我自己以及我与学生一起撰写的有关青年主题的论文，有80篇之多，占了我全部论文总数的四分之一。2012年，我曾组织我的这些致力于青年研究的学生一起开展青年问题的课题研究，合作撰写并出版了课题成果《社会变迁中的青年问题》（北京大学出版社2014年版）。2017年至今，我开始担任国家《中长期青年发展规划（2016—2025年）》第一届、第二届专家委员会的委员，同时兼任《广东青年研究》《青年发展论坛》等青年学术刊物的顾问。

因此，当华中科技大学出版社希望我发起出版一套"当代中国青年发展研究丛书"时，我很愉快地答应了，并积极支持。经过几年的研究和准备，第一批六本著作即将出版发行。这其中，既有关于青年有序政治参与、青年社会参与方面的研究，也有青年思想政治教育认同以及青年健康方面的研究，还有对大学生村干部职业发展的研究，以及二孩、三孩政策背景下青年女性工作和家庭冲突方面的研究。这些研究选题，很好地体现了作者们关注当下青年现象、探讨当前青年问题的学术敏感性。同时，作者们通过深入基层进行田野调查，以及运用大规模的问卷调查等方式，收集到丰富的资料，并运用相关的理论进行了分析，得出了有一定新意和参考价值的结论。

这几本著作的作者都是我的学生，多年前他们在我的指导下攻读硕士、博士学位，他们做博士后时都只有20多岁。他们青春焕发、朝气蓬勃，是标准的青年。现在，他们已经全部取得了博士学位，有些已经成为教授、研究员，都是大学和研究机构的中坚力量。看着这一批已不再年轻的学生们的研究成果，我内心充满了喜悦。在这套丛书出版发行的时候，我希望，我欢迎，同时我也相信，今后会有更多关注青年、研究青年的学者带着他们关于青年研究的新作加入这一套丛书中。

半个世纪以前，当我自己还是青年时，印象最深的是毛泽东主席对青年人说过的一段话："世界是你们的，也是我们的，但是归根结底是你们的。你们青年人朝气蓬勃，正在兴旺时期，好像早晨八九点钟的太阳。希望寄托在你们身上。"我愿意用这段话作为结尾，献给新时代的中国青年以及所有关注青年、热心研究青年的人们！我相信，在青年研究的领域里，只要探索的热情不减，我们将永远年轻！

广西师范大学讲席教授，南京大学特聘教授、博士生导师
《中长期青年发展规划（2016—2025年）》专家委员会委员

序　言

　　2013年底，国家开始实施"单独二孩"政策，它意味着在全国范围内执行了三十多年的"一对夫妇只生育一个孩子"的计划生育政策第一次出现了大幅调整。短短两年后，随着"全面二孩"政策的实施，以控制人口数量为主要目标的独生子女政策最终退出了历史的舞台。尽管在2021年5月，国家在生育政策方面又进一步放开了三孩，但"全面二孩"政策的实施依然是近年来在我国社会出现的、影响范围最大的人口生育政策变动。随着二孩政策的放开，与二孩生育相关的一系列新的现象和问题也接踵而至。育龄女性面临的再次生育与职业发展的冲突问题更是首当其冲，成为牵动千万家庭，同时也影响政策调整效果的重要因素。

　　或许是一种偶然（抑或是一种必然），本书作者李芬博士正是在2013年考入南京大学社会学系并在我的指导下攻读博士学位的。而2014年我又正好接连申请了有关生育政策调整方面的国家社科基金重点项目和国家社科基金重大项目，正缺少人手开展课题研究。因此，她的博士论文《生育对工作母亲职业发展的影响》很自然地也成为我的课题研究中的一个部分，她的整个研究工作也与我的课题研究同步开展。从文献回顾、研究计划制订、试调查、问卷设计，到统计分析、论文写作，李芬博士在努力扮演好一个合格的母亲、妻子与女儿角色的同时，也全身心地投入自己的博士论文研究中。三年间，她既有因父母生病、女儿生病而行色匆匆，奔波于南京与武汉之间的辛劳，也有每周到办公室与我探讨和交流论文研究进展时的紧张与兴奋。三年后，我为她顺利通过答辩，获得博士学位，按时毕业而高兴。现在，又过了五年，我为她顺利出版博士论文而欣慰！

　　育龄女性的二孩生育、三孩生育不可避免地与她们职业生涯的发展之间充满了矛盾。正如作者在书中所指出的，"作为重大生命事件，生育对女性的影响远胜于对男性的影响。在个体时间与精力的双重约束下，源自工作与育儿的双重负担使得女性的职业轨迹有别于男性，年轻母亲因生育所面临的种种职业遭遇日益成为广受关注的现实议题"。在这一背景下，作者基于在全国十二个城市开展问卷调查所得到的数据资料，以城市男青年为参照对象，描述和分析了生育与城市女青年职业发展之间的密切关系，并对她们在生育前与生育后自身职业生涯发生变动的状况进行了具体分析。李芬博士深入考察了城市已生育的女青年在劳动参与、职业中断、工作家庭冲突等方面的现状及其影响因素，很好地揭示了城市年轻的女职工们既面临着因生育子女而发生职业中断的风险，也面临着因生育子女而出现家庭与工作发生冲突的种种困境。在此基础上，李芬博士又从社会支持的角度，剖析了不同来源的社会支持对于城市年轻的母亲实现工作与家庭平衡的差别性效应，同时也对在多孩政策背景下城市年轻的母亲可能获得的育儿支持进行了展望。

应该说，这本由李芬的博士论文修改而成的著作，不仅主题鲜明、资料丰富，在许多方面还具有十分独到的见解，特别是著作中所勾勒出的"工作母亲职业历程的内在联动性"，以及作者在最后的讨论中所提出的"母亲的生育惩罚，父亲的生育红利？""早生还是晚生？隔多久再生？""我国家庭友好政策的实践方向何去何从？"等一系列问题，更是体现出作者对理论和现实相对深入的思考。同时，书中好几个章节的内容，均已作为单篇论文在学术刊物上公开发表。这也从一个侧面印证了本书所具有的学术价值。当然，作为这一研究领域中一名年轻的研究者，作者在本研究中也还做出了一些不够成熟的分析，对有些问题的探讨也没有完全跳出既有的思路和框架，这些方面的问题还有待于作者今后进一步开展研究，提高认识。

在当前实施三孩政策的背景下，本书的研究结果为工作部门落实中央关于放开三孩生育及其相关配套支持措施提供了有价值的参考。同时，作为后独生子女时代人口生育领域中一本具有创新性的研究专著，本书已经成为作者从事专业学术研究的一个相当好的起点。相信作者会在以后的研究中，更加努力，继续探索，不断用新的研究成果提升人们对这一领域中各种问题的认识。

我对此充满期待。

2021 年 7 月于南京

目 录

第一章 导论 1
  第一节 生育政策的调整 1
    一、调整路径与特点 2
    二、调整之因 3
    三、政策走势 5
  第二节 我国城镇女性的就业变迁 7
  第三节 儿童抚育的公私领域转换 11
  第四节 理论视角与实证探索 14
    一、理论视角 14
    二、经验研究 18
    三、回顾性述评 25
  第五节 研究设计 28
    一、研究问题 28
    二、研究思路 31
    三、数据与方法 34

第二章 "妈妈就业轨迹":家庭与市场的博弈 51
  第一节 工作母亲的劳动供给 52
    一、劳动供给的界定 52
    二、理论假设 53
    三、已育青年劳动供给的宏观分布 55
    四、已育女青年的劳动参与现状 58
    五、影响因素分析 67
  第二节 生育型职业中断及其瘢痕效应 71
    一、职业中断的界定 71

二、职业中断的类型及其记忆效应 ………………………………… 75
　　三、职业中断的影响因素 …………………………………………… 81
　第三节　从个体到国家的三道防线联动 …………………………………… 84
　　一、时间轴：女性合理规划初育年龄与生育间隔，降低生育对
　　　　职业的冲击 ………………………………………………………… 85
　　二、托底线：设立普惠型生育保险，确保女性合法权益，再塑
　　　　人口红利 …………………………………………………………… 86
　　三、保障线：重点培育幼龄儿童的公共照顾服务，解决工作母亲的
　　　　后顾之忧 …………………………………………………………… 86

第三章　生育"魔咒"下的职业流动 ……………………………………… 88
　第一节　潜在的职业流动倾向 ……………………………………………… 89
　第二节　工作母亲的职业流动 ……………………………………………… 91
　　一、生育前后女青年职业变化的众生相 …………………………… 91
　　二、影响因素分析 ………………………………………………… 110
　第三节　拐点效应：职业流动的性别差异 ……………………………… 124
　　一、理论溯源：拐点效应从何而来? ……………………………… 124
　　二、拐点效应的非均衡性：职业流动趋势比较 ………………… 126
　　三、生育的介入：职业上升通道的重塑 ………………………… 129
　　四、小结与讨论 …………………………………………………… 137

第四章　家庭与工作冲突：左手带娃，右手开工 …………………… 140
　第一节　工作与家庭场域的竞争 ………………………………………… 140
　　一、核心概念 ……………………………………………………… 140
　　二、理论视角 ……………………………………………………… 142
　　三、研究假设 ……………………………………………………… 144
　第二节　工作家庭冲突：男女有别 ……………………………………… 145
　　一、工作家庭冲突的后果及其性别差异 ………………………… 145
　　二、已育青年工作家庭冲突的影响因素分析 …………………… 162

第三节　母亲的双向冲突 ……………………………………… 168
　　一、不同指向的冲突：工作-家庭冲突和家庭-工作冲突 ……… 169
　　二、社会分层视野下母亲的双向冲突 …………………………… 171
　　三、影响母亲的双向冲突的相关因素 …………………………… 179

第五章　冲突缓冲器：工作母亲的社会支持 ……………………… 189
第一节　社会支持的效用分析 ……………………………………… 189
　　一、初步探索 ……………………………………………………… 190
　　二、组织支持对已育人群工作家庭冲突的调节效应 …………… 193
　　三、家庭支持对已育人群工作家庭冲突的中介效应 …………… 202
第二节　来自祖辈的家庭支持 ……………………………………… 206
　　一、理论视角 ……………………………………………………… 207
　　二、研究设计 ……………………………………………………… 210
　　三、照顾现状与意愿 ……………………………………………… 211
　　四、祖辈照顾意愿的影响因素分析 ……………………………… 217
第三节　组织支持的"力所不逮"与祖辈的"全力以赴" …………… 222

第六章　"生""升"不息的追问 …………………………………… 226
第一节　工作母亲的职业历程 ……………………………………… 226
　　一、年轻母亲的劳动供给是家庭共同决策的产物 ……………… 226
　　二、职业中断对年轻母亲职业发展的"记忆效应" ……………… 228
　　三、子女抚育成为年轻母亲的双向冲突的重要来源，
　　　　而社会支持充当了冲突缓冲器 ………………………………… 229
　　四、相较于年轻父亲，年轻母亲趋于向下的职业流动 ………… 231
第二节　母亲的生育惩罚，父亲的生育红利？ …………………… 234
　　一、概述：收入惩罚之面面观 …………………………………… 235
　　二、理论视角：收入惩罚的驱动机制 …………………………… 237
　　三、实证探索：社会分层下的收入惩罚 ………………………… 239
　　四、性别比较的视野 ……………………………………………… 245

五、现实展望：中国情境下的议题 ········· 249
第三节 早生还是晚生？隔多久再生？ ········· 250
一、生育年龄与女性的职业收益 ········· 251
二、生育间隔与女性的职业发展 ········· 253
第四节 何去何从？论政策杠杆的作用 ········· 255
一、福利体制与女性就业的关联 ········· 256
二、我国家庭政策的发力点 ········· 258
三、政策双向调整的混合效应 ········· 264
第五节 未来探索的突破点 ········· 268

主要参考文献 ········· 272

第一章 导 论

改革开放四十载，中国计划生育政策迭代跟进。1982年，计划生育被确定为基本国策并写入宪法。然而，2013年"单独二孩"政策的出台犹如平地一声雷，独生子女时代转向为后独生子女时代。2015年的"全面二孩"政策则意味着独生子女政策的正式终结，而2021年的"三孩"政策则预示着生育权面向个人与家庭的回归。生育政策调整[①]所引发的社会影响将是巨大而深刻的，它不仅对国家的经济发展、人口结构、社会负担等进行优化和重组，也为当今中国社会带来一些新的问题。

在这种动态多元的新格局之下，育龄青年被置于个人、家庭与社会的多重漩涡。而日益崛起的"理想员工"与"完美妈妈"相结合的"新母亲崇拜"（the new momism）则使已育女青年感受到的工作家庭冲突不仅有别于生育之前，更有异于已育男青年，这种冲突在双向维度上呈现出差异性，继而对其工作、家庭生活及身心健康带来不同程度的影响。诚如一位国外作家所言："如果生物特性决定了女性应该担负生儿育女的责任，那就应该有社会性补偿来平衡这种不公正，但如今社会给予女性的补偿远远不够。"（梅根·多姆，2021）

第一节 生育政策的调整

生育政策作为我国的一项基本国策和社会政策，不仅是国家对人口生育问题的宏观调控措施，更直接关乎每个家庭和个体的切身利益。时过境迁，以控制人口数量为主要目标的独生子女政策最终退出了历史的舞台。

[①] 生育政策的调整既包括"单独二孩"政策、"全面二孩"政策，也包括了"三孩"政策，故本研究将前两种政策统称为"二孩"政策，上述三种政策统称为"多孩"政策。

为应对老龄化社会的压力与挑战，更好地促进经济发展，国家出台了一系列新的生育政策，每个政策的出台都凸显了特定的时代背景，政策的实际收效也暗含着内外力共同作用的逻辑。

一、调整路径与特点

相较于西方与其他发展中国家，国家集体决策在我国的人口转变过程中主导了个体和家庭的生育决定权，因而我国能够用不到25年的时间完成了欧洲需要半个世纪乃至更长时间才能完成的生育率下降任务，为"减少2.5亿世界人口"做出了突出贡献（李中清，王丰，纪南，2000）。但是，鉴于我国社会经济发展的地区差异性，在实际操作过程中，生育政策包含了三类不同的人口政策：独生子女政策（一孩政策）、"一孩半"政策、二孩政策以及三孩政策。

二十世纪五六十年代，计划生育工作经历了"将妇女从家庭中解放出来"向"限制城市和周边郊区的自然生育率"的过渡。1973年，我国首次明确提出了旨在控制人口数量的"晚、稀、少"生育政策，倡导"一个家庭有两个孩子最理想"。1980年，我国实行"一对夫妇只生育一个孩子"的政策。1982年，我国正式确立了计划生育的法律地位。由于家庭作为经济单位对于劳动力的客观需求以及养老的实际需要，加之"多子多福""养儿防老"等传统观念的阻挠，一孩政策在农村遭遇了较大阻力，政府不得不在1984年开始实施"开小口"政策，即农村地区头胎生女孩的夫妻在间隔几年后可以生二胎的"一孩半"政策。这样就构成了生育政策的城乡二元体制和地区差异，即在城镇地区，一般情况下一对夫妻只能生育一个孩子；而在除了江苏和四川之外的农村地区，头胎生女儿的夫妻可以生育第二胎（杨菊华，2009）。同时，3个省份和西藏自治区的农村实行二孩或多孩政策：夫妻在一般情况下可以生两个或多个孩子；6个省份和省级城市推行严格的生育政策：夫妻在一般情况下只能生一个孩子；而17个省份在广大农村地区推行"一孩半"生育政策（彭珮云，1997）。

2013年，中共中央十八届三中全会明确提出"启动实施一方是独生子女的夫妇可生育两个孩子的政策，逐步调整完善生育政策"。"单独二孩"政策的应运而生，标志着三十年来中国生育政策的第一次全面调整，意义非凡。2015年，党的十八届五中全会再次将人口政策调整为"全面二孩"

政策，即"全面实施一对夫妇可生育两个孩子政策，积极开展应对人口老龄化行动"。2021年，《中共中央国务院关于优化生育政策促进人口长期均衡发展的决定》作出"实施三孩生育政策及配套支持措施"的重大决策，以改善我国人口结构，落实积极应对人口老龄化国家战略，保持我国人力资源禀赋优势。

二、调整之因

当前，中国的总和生育率介于1.1至1.8之间。[①] 即总和生育率低于更替水平（2.1），处于偏低的生育水平。低生育率所造成的一系列问题，将制约我国未来的社会经济发展，不仅引发了人口学、经济学、社会学等领域的热烈探讨，也是原有生育政策不得不面对的现实压力。

1. 生育水平长期走低

政策诱导下的生育意愿转变和社会经济结构转变导致了养育孩子成本的增加，即使放开一孩限制政策，中国的生育率也将保持在更替水平以下（Merli，Morgan，2010）。基于2010年的人口普查资料，人口学家认为中国的总和生育率已经低于1.5，而北京、上海等大城市的总和生育率则下滑至0.8以下，中国可能已陷入了超低生育率陷阱（苏岭，姚永泳，2011）。而第七次全国人口普查的数据显示，2020年我国育龄妇女总和生育率为1.3，同年出生并已进行户籍登记的新生儿共1003.5万，已"五连降"，进一步印证了我国早在21世纪初就已跌入低生育率陷阱（陈友华，孙永健，2021）。

2. 人口红利的消解

总体上，人口作为经济增长的重要变量可以通过生育率下降、人口转变的实现、人口年龄结构调整等人口变动，带动人口红利，从而对经济增长施加影响。而人口红利则是指人口再生产类型转变为"低出生率、低死亡率、低增长率"模式，形成少儿抚养比与老年抚养比持续处于低水平的状态，总人口呈现出"中间大、两头小"的年龄结构，使得劳动力供给充足、社会负担相对较轻，对社会经济发展非常有利，学界将这段时期称为

[①] 对于"中国生育率究竟有多高"，因数据来源、处理方法、估计假设不同，学界尚未达成一个公认的结论。

"人口红利期"。其对我国经济的增长具有突出贡献，有学者估计，在1982—2000年间，人口红利对中国经济增长的贡献达到了15%（Wang，Mason，2008）。但鉴于劳动年龄人口增速放缓、剩余劳动力渐趋枯竭、老龄化人口增多等因素，当下的人口红利正在消解（蔡昉，2004）。不过，也有学者指出，当前正在消解的人口红利实质上是"人口数量红利"。长远来看，随着产业转型与教育力量的凸显，"人口质量红利"对"人口数量红利"的替代效应将趋强，从而维持我国的人口红利（杨成刚，闫东东，2017）。

3. 未来劳动力短缺，刘易斯转折点即将来临

二元经济发展到一定阶段时，剩余劳动力从无限供给到有限剩余，刘易斯转折点到来。伴随我国低生育率而来的，是劳动年龄人口增长逐渐下降为零，表现为近年来劳动力市场上的"民工荒"、工资水平上涨、求人倍率上升，说明中国的刘易斯拐点已经来临（蔡昉，2010）。2010年，我国的劳动年龄人口占比达到峰值（74.5%），随后持续回落，到2019年下降为70.6%，劳动年龄绝对人数则由2013年的峰值10.0582亿人下降为2019年的9.89亿人（中国劳动统计年鉴，2021），由此激发出寻找经济增长新引擎的探讨，包括产业结构升级、消费增长、缩小城乡差距和推进城镇化等。

4. 出生性别比失衡

出生性别比失衡并不是我国所独有的社会现象，在其他没有实行限制性人口政策的国家同样存在。但在我国，计划生育政策与传统的男孩偏好，促成了人口性别比畸形、女性人口"失踪"，使得2010年出现适龄男性择偶困难，并且未来几十年中国的婚姻市场都将面临严重的婚姻挤压（Tulja-purkar et al.，1995）。根据婚姻的梯度配对原则，婚姻挤压最为严重的当属社会最低阶层的男性，由此可能带来性暴力和社会犯罪行为（Hudson et al.，2004）。而且，出生性别比长期失衡的累积效应将影响到整个社会的人口性别结构，伴随低生育率少子化、人口结构老龄化、流动人口城镇化等现状，对个人健康、家庭福祉、经济发展、社会治安带来全方位影响（李树茁，孟阳，2018）。

5. 人口老龄化进程加速，或可带来第二人口红利

我国自1999年就已进入老龄化社会，2000—2009年老龄化率每年上升0.1—0.2个百分点，但是近年来人口老龄化率环比加快。按照2020年65岁及以上人口数量，我国已基本迈入轻度老龄化阶段。到2050年，我国老龄人口预计达到总人口数的三分之一（国家统计局，2021）。同时，计划生育政策惯性下的低生育率使得中国的老年抚养比急剧增加，家庭用于照料老人的劳动投入增加，社会负担系数增加，社会创新活力减退，劳动参与率降低等，对经济增长产生消极影响，并使得我国在医疗、社会保障等方面面临严峻的考验。但是，有学者认为，在形成新的储蓄动机的基础上，通过扩大老年消费，以获得第二人口红利，可以在一定程度上抵消上述负面影响（曾祥旭，2012）。

此外，原有生育政策自身亦存在着诸多硬伤，导致政策推行初衷与推行效果相悖。譬如，"一孩半"政策姑息纵容，甚至在一定程度上强化了男孩偏好，直接和间接地与出生性别比失衡相关（杨菊华，2009）。而且，原有生育政策对控制生育的作用已大为弱化，社会经济因素的作用则逐渐增强。在多元化的社会格局下，政策很难管住穷人、富人、名人和其他非"公"之人（于他们而言，政策的作用主要是威慑性），能较为有效地管住的主要人群是吃国家饭的"公"人，而这部分人在全部育龄妇女中所占的比例很低，2006年仅为6%左右。即便他们都生育二孩，也难以对总和生育率产生明显的提升作用（杨菊华，2011）。

三、政策走势

我国所特有的强制性、外生性、速成性、超前性的人口转变模式有别于西方（杨菊华，2011），因而对生育政策的调整相对谨慎。从"单独二孩"政策到"全面二孩"政策，即渐进式的生育政策调整路径，其背后对于生育率"弹簧理论"式的担忧隐约可见。彼时普遍的担心是，生育限制的藩篱一旦被打开，生育率将如同被压缩到极致的弹簧出现报复性反弹，导致大面积的出生人口堆积甚至人口失控，给未来教育、医疗、就业等造成冲击。然而，观察2013年以后的数据，上述渐进式的"二孩"政策除了在颁布当年前后（2013年、2014年、2016年）具备短期的出生人口提

振效用，自 2017 年开始，出生人口持续四年下降。这也是国家启动"三孩"政策的一个重要现实原因。那么，"三孩"政策究竟是我国生育政策调整的"终点"还是"中点"？这就取决于该政策是否能发挥"力挽狂澜"的效力。

从全球背景来看，我国在经济社会发展的推动下完成了人口转变，随即进入了少子老龄化的洪流之中。由于传统的男孩偏好一直存在于计划生育政策执行的过程中，故衍生一个特质性问题：出生性别比偏高，造成对男性婚姻的挤压。通俗点讲，就是结婚难的问题。这是结婚人群减少的客观因素。另一方面，从 2010 年始，我国的结婚率逐年下降，而离婚率则逐年攀升，单身成年人口在 2018 年已达到 2.4 亿人。以上无不透露出一点：结婚主观意愿下降。更严峻的是，育龄女性的人数也呈递减趋势。相较于 2018 年，2019 年育龄妇女（15—49 岁）减少 500 多万人，生育旺盛期（20—29 岁）育龄妇女数量减少 600 多万。而 2020 年育龄妇女数量比 2010 年减少 4591 万，同期 20—34 岁的女性人口数量下降 1517 万（国家统计局，2021）。在我国，结婚是生育的前置条件。正所谓，大河有水小河满。作为生育储备池中结婚人群以及育龄女性的减少势必会令"三孩"政策大打折扣。

同时不可否认的是，得益于相对庞大的受众，"二孩"政策还是肩负起了历史的使命。虽然从 2017 年开始，仅就出生人口而言，每年呈递减的趋势，但二孩及以上数量连续三年占新出生人口的一半以上。比如，2019 年出生的二孩（及以上）的比重约 60%，较往年增长 2.1%，即已有一孩的育龄人群成为"二孩"政策发挥效力的主力军。相形之下，"三孩"政策的受众则是建立在育有二孩人群的基础上，对应的人群规模较"二孩"政策目标人群规模要少很多。而且，即使抛开养育成本等因素，还得考虑家庭中孩次递进比呈边际递减的客观规律，即随着子女数量的增多，育龄女性（或家庭）再生育的意愿及行为均将减少。从而我们不难理解，为什么"二孩"政策出台时有不少家庭跃跃欲试，而"三孩"政策颁布时人们就有点"意兴阑珊"了。正是基于"三孩"政策的种种"先天不足"，不少学者认为其效力有限，主张应该跳出限制性人口政策的思维窠臼，尽早取消生育限制，实现个体自由生育期到政府鼓励生育期的转变（陈友华，苗国，2015；王军，李向梅，2021）。

毋庸置疑，宏观上，多孩政策不仅将刺激教育、母婴用品、房地产等相关产业的发展，而且有利于家庭代际关系和谐发展，延续几代同堂传统与孝悌美德。此外，还能够提升家庭抵御风险的能力，增强家庭养老功能。其有益于国家的人口结构调整，保持合理的劳动力规模，延缓人口老龄化速度，并促进人口与经济、社会、资源、环境等协调可持续发展（林建军，2014；乔晓春，2013）。但是，也有学者担心生育政策的调整可能将恶化女性的就业环境，增加孕育对于女性职业的替换率（叶文振，2014）。鉴于青年女性的生育与就业之间具有紧密的互动关系，那么，多孩政策实施对女青年的就业意愿与就业环境将会带来哪些改变？尤其是对已育有一孩的工作母亲而言，多孩政策又将对其职业生涯带来什么影响呢？

第二节　我国城镇女性的就业变迁

20世纪60年代以来，在大部分发达国家的劳动力市场中，女性就业比例显著增加，特别是已育女性的劳动供给得到飞跃式的发展。而我国城镇女性的劳动参与率则在国家政策与制度结构的不断调整过程中呈现出缓慢上升、急剧膨胀、再逐渐下滑的趋势，并对其职业发展和相关的福利保障产生深远的影响。

如果以改革开放作为时间分界点，那么，城镇女性在改革开放之前就经历了由非完全计划就业向"统包统配"的完全计划就业阶段转变的过程。而在改革开放之后，随着市场经济的引入及政府的逐步放权，城镇女性进入在政府宏观调控之下，以市场配置为基础的自主就业阶段。

1. 改革开放之前：由非完全计划就业转向"统包统配"的完全计划就业

中华人民共和国成立之后，在优先发展重工业的战略方针的指引下，政府动员女性走出家门，参加社会劳动，以填补因大量男性从事重工业而造成的劳动力亏空。此时，政府首次以立法的形式明确了女性的劳动就业权，并具体规定了对女工的劳动保护条例，使得女性的就业率有了明显的提升，并拓展了新的就业领域。截至1957年，全民所有制中女性职工约328.6万人，相较于1949年人数增长了5倍之多，且1952年之后的年平均增长率近13%。即使是在"大跃进"、三年困难时期以及"文化大革命"时期,女性职工在全体职工中的比重依然稳步增长,从1958年的18%攀升为1977年的28%左右(国家统计局,1987)。在此进程中,依靠国家行政力量的推进,建立起以单位制为代表的计划经济社会模式,在城镇地区主要表现为政企合一、对职工的劳动就业实行"统包统配"制度和"大锅饭"式的工资分配制度等,从而完成了对劳动力的完全计划配置。

为了达到"充分就业、消灭失业"的政策目标,在"妇女能顶半边天"的革命激情的洗礼下,形成了"广就业、低工资"的局面。一方面,这不仅使得我国城镇女性的劳动就业率在同期的世界排名中名列前茅,连男女职工的收入差距在全球中亦是较小的。世界劳动报告显示,1980年,女性劳动参与率的全球平均值为57.4%,发达国家女性的劳动参与率为58.7%,我国女性劳动参与率则为75.5%,不仅高于世界平均水平,更是超过发达国家水平(国际劳工局,2001)。我国劳动部的调查显示,1978年我国城镇男女工资收入比率为79%,1988年该比率上升为84.4%(赵人伟等,1999)。而20世纪90年代初,美国非农行业男女工资的收入比率为75.0%,英国为69.7%,瑞典为82.6%(UNDP,1995)。另一方面,较低工资水平也使得单靠夫妻一方的收入难以维持家庭总体的开销,增加了妇女从事社会劳动的概率,因而导致双职工家庭在我国城市中的比例较高。但由于这一时期的企业很大程度上接管了员工从"摇篮到坟墓"的福利保障职责,因此在许多企业内都设有专门针对低龄儿童的哺乳室或托儿所,极大地缓解了已育人群(尤其是已育女性职工)的工作家庭冲突,并塑造了我国女性的持续型就业模式。有别于发达国家女性在婚育期暂停就业或彻底退出劳动力市场,我国女性在短暂的产假之后迅速回到原工作岗位继续工作。

2. 市场转型:政府宏观调控下,以市场配置为基础的自主就业

由计划经济向社会主义市场经济的转型在赋予女性更多职业自主权的同时,也暴露了计划经济时代女性过度就业的问题,并在女性对国家业已养成依赖和国家保护消失的转换之中,对女性的劳动参与产生深刻的影响。

从20世纪80年代开始,计划经济时代的"统包统配"就业制度被"三结合"就业方针、劳动合同制以及招聘时的"双向选择"机制所取代。

由于计划经济时代企业冗员、农村剩余劳动力大规模向城市转移，当时的劳动力市场出现供大于求的状况。以市场为主要导向的企业则纷纷削减相关福利开支、关闭附属幼儿园等福利机构，还出现了要求"妇女回家"的歧视性就业举措。这既包括部分企业以延长产假为名，变相解雇女性职工的"妇女阶段就业"现象，也包括因产业结构调整所带来的"下岗女工潮"，还包括之后出现的"下岗女工再就业难"和"女大学生就业难"现象。

相关数据显示，1993年公有制企业的失业和下岗职工中有六成为女工，而在1997年至1998年间每年下岗的女工约占失业总职工数的50%，且女工失业及下岗的风险远远超出男性职工（中国统计年鉴，1993—1999年）。尽管随着国企的体制改革释放了更多的劳动力，但后者由于受产业结构的限制而吸纳能力有限，因此阻挡不了此阶段女性劳动就业的整体下滑态势。相关资料显示，在岗的女职工人数由1993年的5542万下降为2002年的4156万，降幅高达25%，在总劳动人口中的比重也相应地由48%下降到40%左右。2002年9月在北京召开的全国再就业工作会议则将积极的就业政策正式提上了日程。受此影响，男性的劳动参与率有所回升，而女性的劳动参与率则从2002年的75%下滑至2009年的70%左右，而且两性之间的劳动参与差距日益扩大，二者在就业率方面的差异由1995年的4%扩大至2009年的13%以上（陆利丽，2014）。

同时，在市场转型过程中，政府逐步放权，企业自主权增强，国家对于女性职工劳动权益的保护功能大为削弱，而讲求效率优先的企业在甩掉了计划经济时代的社会职能包袱之后，对于企业的成本波动变得尤为敏感。由于转型后主要是由企业来承担女工的就业成本（其中很大一部分是生育成本），国家对女性的就业保护退缩至政策支持层面而缺乏有效的推动力（余秀兰，2014），因而造成了虽然国家三令五申，但相当一部分企业对于女性职工的正当权益"置若罔闻"，甚至想方设法转移成本的现象，使得女性的就业环境日趋恶化，原来较为隐蔽的劳动力市场歧视显性化。在当前的劳动力市场中，企业为了控制成本、规避风险，招聘时男性优先，或是要求女员工签订工作数年内不生育的"怀孕协议"，抑或为有二孩需求的女员工安排"生育时间表"，这类现象屡见不鲜。但鉴于高昂的维权成本及相关意识的淡薄，女性在劳动力市场中的弱势地位一目了然，甚至还催生出

"在校妈妈"的奇特现象。女大学生在校读书期间完成生育,以为可以通过这样的方式为用人单位"减负",增加就业的竞争砝码。但是,"二孩"政策的全面启动使用人单位不得不考虑女性二次生育所带来的成本,故上述"如意算盘"也不奏效了。因此,有学者悲观地认为,"二孩"政策将使原本就不太乐观的女性就业形势"雪上加霜",甚至将部分女性彻底地挤出劳动力市场。

3. 全职主妇的兴起

由于在劳动力市场中女性经常被视为二级劳动力,她们具备了根据市场的供求关系在劳动力与非劳动力之间进行转换的特质。在一个家庭中,男性通常是作为"经济顶梁柱"的一级劳动力,而女性则被作为"劳动力蓄水池"式的备用劳动力。由此,便决定了家庭中两性在劳动参与率方面的差异,这一点在劳动力市场发生结构性调整时尤为明显。

针对城镇住户微观调查的数据显示,在1988年至2009年间,妻子的平均劳动参与率比丈夫低了近十个百分点,尽管二者的劳动参与率在1997年均呈现出大幅下滑,但是随后两年,丈夫的劳动参与率出现小幅上升,并一直保持相对稳定的状态,妻子的劳动就业率则显著下降,且二者之间的劳动力参与率差距在多年间由6%扩大至15%(陆利丽,2014)。正是受到20世纪八九十年代"下岗潮"的影响,大批国企女工下岗待业并成为家庭主妇。由于长久以来对国家体制的依赖,这些下岗女工通常年龄偏大、知识老化、技能单一,因而在再就业过程中困难重重,回归家庭则更多带有了"被主妇"的意味。她们有的一心一意地料理家务,还有的做点小买卖或从事家政服务之类的非正式的、临时性工作。此可谓新中国成立之后第一批小有规模的全职主妇的出现。尽管全职主妇在我国并不是一种新兴事物,在封建社会就以"在家从父、出嫁从夫、夫死从子"的形式大量存在过,但是受到新中国成立后"男女都一样"观念的熏陶,此时由下岗女工所组成的全职主妇大多被贴上落后、不思进取、阻碍妇女进步的社会标签,因此她们在心理上较为抗拒,但又很无奈。

随着"单位制"的瓦解,原来依附于单位的种种育儿福利被剥离出来,育儿又被从公共领域推回至私人领域。在这个过程中,产生了一种新型的全职主妇:为了照顾子女而放弃职业生涯的全职妈妈。尽管这种情况在家有老人可以代为照看孙子女的家庭中并不常见,但是当老人的育儿支持无法获得且市场照顾服务费用较高时，经过经济与照顾角度的权衡，全职妈妈存在的必要性就显而易见了。

社会经济水平的发展及社会价值的多元化，使全职主妇摆脱了客观条件的限制，进而成为一种体现私人领域变革的个体选择，并赋予了全职主妇更多正面的意义，从而形成了我国目前在日韩"脱主妇化"洪流中逆流而上的别致风景（吴小英，2014）。在这些自愿选择成为全职主妇的女性群体中，既有因家庭收入较高而追求生活质量的"阔太太团"，也有厌倦了职场拼杀而"道法自然"的白领丽人，更有长远规划子女教育的"全职高知妈妈"。可以预见，在家庭收入与家庭照顾责任的双向撬动之下，接受过现代教育的女性将面临更为丰富与宽容的就业（或非就业）选择。

第三节 儿童抚育的公私领域转换

生育的影响对于女性来说，实际上包括"生"和"育"两个方面。从生命历程的角度来看，"育"（即子女的抚育）造成的影响更大，需要花费的时间也更长。除了子女抚育之外，日复一日的琐碎家务劳动以及阶段性的老人照料活动也被纳入以女性为实施主体的家庭照顾范畴。无论是性别的生物决定论，还是社会建构论，皆不约而同地将女性设定为家庭照顾的主要承担者，在日常的生活实践中，整个家庭领域被"性别化"，家庭中出现女性"一枝独秀"的状况亦比比皆是。那么，对于城市中已育的青年女性而言，在无偿地进行家务劳动的同时，其所面临的最大挑战来自子女抚育的不可推卸性、无法替代性及其与工作角色的冲突。第三次妇女地位调查的数据显示，0—3岁的孩子由家庭承担照顾工作的比例高达95%以上，而其中母亲作为主要照顾者的比例则为63.2%（黄桂霞，2014）。相较于发达国家旨在减轻家庭照顾负担的福利政策，我国则更为依赖家庭的原始的自我保障与支持功能，再加之特殊的社会文化背景，造就了儿童抚育的家庭化乃至女性化。

在传统社会，家本位的"差序格局"将个人与家庭、家族、邻里社区紧密地联系起来，从而形成了守望互助、休戚与共的（泛）利益共同体。儿童的抚育虽然是妇女的主要职责，但由于对绵延子嗣的看重，家族其他成员出于维系血缘与亲缘的关系,亦会将家族内儿童的抚育视为共同事务,成为潜在的家长人选,并被赋予义不容辞的援助责任。这样,在常规状态下,大家庭通过资源共享和行动支持协助年轻夫妇完成育儿工作,而当儿童的亲生父母无法履行抚育之责时(如死亡),直系亲属、家族成员甚至邻里街坊皆可能伸出援助之手,代为履行家长的职责(费孝通,1998)。由此,对儿童的抚育形成了强大的社会支持网。但是,随着工业化进程的加快,家庭规模的核心化与社会流动的日益频繁极大地侵蚀了上述社会支持网的根基,使得小家庭之外的育儿支持被迅速削弱。

中华人民共和国成立之后,为了应对社会经济资源总量的不足,单位制作为国家优化配置有限资源的一种制度性安排应运而生,城镇中依附于单位组织的个人的福利供给由国家和企业共同承担,并在共产主义理想与填补劳动力空缺的现实需求下首次将儿童的抚育与照顾推向公共领域。在马克思主义妇女解放理论的指引下,以服务女性就业为宗旨,在城镇地区建立了以单位为主、街道为辅的公共育儿体系。为了满足女性的劳动就业和双职工家庭的需要,1949年召开的第一次全国教育工作会议和1951年教育部发布的《幼儿园暂行教育纲要》先后取消了幼儿园的招生考试制度与寒暑假制度,将幼儿的在园时间由半日延长至整日,并通过部分私立幼儿园的公有化填补接纳能力不足的缺口(金一虹,2008)。随后1953年《中华人民共和国劳动保险条例》、1956年教育部、卫生部和内务部联合发布的《关于托儿所幼儿园几个问题的联合通知》及1973年财政部"财企字第41号文"的规定,则明确了幼儿园和托儿所作为单位福利的属性,并按照政府机关/事业单位、企业与街道这三种单位属性给予办园经费的支持。由于机关幼儿园的经费直接来源于政府的单列财政投入而不计入企业运营成本,且企业可以通过"合理留利"的方式兴办幼儿园、托儿所为企业争取更多的自留利润(曾晓东,2006),原本作为支出部门的幼儿园、托儿所因政府的"买单"而得到蓬勃发展,为公共育儿体系在全国范围的确立奠定了坚实的物质基础。仅在1958年,全国幼儿园的数量骤增,同比增长了40多倍。而这种公共育儿体系的普遍可获得性与低廉的价格,使得女性从业者利用公共资源解决了私人的后顾之忧,实现企业与员工双赢的局面,因而铸就了性别平等下的"铁娘子"式传奇(金一虹,2013)。尤其是对于育有3岁以下低龄儿童的工作母亲而言,单位所提供的哺乳室和托儿所实现了家庭角色与工作角色、公共领域与私人领域的无缝对接,从而有力保障了工作母亲的持续性就业,亦使得该时期女性的高就业率令全世界瞩目。

随着经济体制的转型,企业被要求"效益当先",不再"办社会",原先依附于单位组织的、关乎个人的住房、医疗、教育等一系列福利被剥离出来并被推向市场。在这种"去单位化"的过程中,公共育儿体系趋于萎缩。教育部年鉴显示,公办幼儿园的比例在20世纪80年代为88%,到了2012年则下降了60%(教育部,1980,2013)。而企业联合会的调查显示,仅5%的被调查企业还设有哺乳室,这其中大部分是公有制企业(中国企业联合会项目组,2006)。与此同时,由于我国关于学前教育的公共服务主要针对3—6岁的儿童,而在利益的驱动下,早教市场重"教"轻"育"的定位使其因价格高昂而导致普通家庭难以接受,也无法满足双职工家庭对于"托幼"的基本需要。而且,诸如保姆之类的市场化托儿方式也屡屡因虐童、拐卖儿童事件的曝光面临着信任危机。在上述多种力量的推动下,儿童照顾重新回归至家庭内部。

就儿童照顾的家庭内部分工而言,在我国的城市中,主要由孩子的母亲或祖辈(爷爷奶奶或外公外婆)来承担。相较于西方社会"接力"式的代际互动模式,我国现代的城市家庭在很大程度上仍保留了反馈式的代际互动模式,对儿童的隔代照顾则无疑是对上述传统代际互动模式的传承,亦是区别于西方社会的重要特质。此外,"含饴弄孙""享受天伦"等传统文化观念的影响,使得儿童的隔代照顾在当今的城市中依然具有强大的生命力。有研究显示,从全国范围来看,祖辈对孙辈进行照顾的家庭比例平均为50%,而在北京、上海、广州等大城市中,相应的比例则更高,如北京的城市家庭中隔代照顾的比例达到了70%(吴航,2010)。在国家儿童福利供给不足、相关市场服务不健全的情况下,儿童的隔代照顾属于家庭自发地履行着抚育功能,在客观上缓解了已育人群的工作家庭冲突,成为母亲持续就业的有力保障。不可忽视的是,这同时也带来了老年夫妻的分居、老人的家庭决策权下降、代际互惠不对等的弊端。而且,随着时间的推移,大多数祖辈将孙子女的照顾权重新交回至年轻的父母手中,并且年事已高及身体机能的衰退都将使其成为家庭中"下一个"需要被照顾的对象,这种既要养小又要养老的"两头挑"式的重担无疑将再次落在青年女性的肩上。尤其是在城市中,出嫁的女儿与父母的互动日趋紧密,使得传统的夫权制被削弱，家庭互动模式由父系制向双系并重的方向发展（沈奕斐，2013），姻亲成员也参与到代际交换中来，其突出地表现为越来越多的外祖父母对于外孙子女的隔代照顾以及悄然兴起的"女儿养老"热潮。鉴于国人对于家庭养老的传统认知与心理诉求，且较之于儿子养老，女儿养老兼具情感和工具性效用，因此，女儿养老更能够迎合老年人的心理需求并具有现实生存的土壤（朱安新，高熔，2016）。上述问题无疑对于青年女性的家庭照顾责任又提出了新的挑战，亦成为青年女性的工作家庭冲突的又一重要来源。

第四节 理论视角与实证探索

女性职业发展的关键时期，恰好是其处于家庭生命周期中的结婚、生育、抚养子女阶段。根据相关人口统计数据，可以发现，在16—39岁阶段，城镇女性就业比重高于男性，在40岁以上阶段，男性高于女性。女性就业集中于20—49岁，此年龄段的女性就业人数占女性总人数的77.9%，而男性对应的比例为74.6%（王金玲，2006）。换言之，女青年的职业发展时期恰巧与生育、抚育义务最繁重的时期相重叠。

鉴于二者的相互作用、交叉影响，故在理论上，可以建立以下关联。其一，以生育率作为因变量，关注女性就业对其个体的生育意愿及行为的影响，及其所带来的宏观层面的变化。代表性的观点认为，就业增加了女性的生活机会及自控感，使得社会普遍少子化（Blumberg，1976；Charlton，1984）。其二，以女性的就业作为因变量，关注生育事件对女性的就业与否、就业模式、职业生涯等的影响。代表性的观点认为，生育率的下降促进了女性就业机会的增加（Nash，1983）。其三，同时将女性就业与生育率视为因变量，关注导致二者相互发生作用的共同原因。根据研究目的，本研究侧重于从生育（抚育）对于女性劳动参与及职业发展的角度进行文献梳理。

一、理论视角

"生育是女性就业中无法绕过的瓶颈"，这是众多文献在讨论女性就业时，或开宗明义，或讳莫如深地抛出的游戏规则。而且，在现实生活中，这一点亦得到了有力的验证。因而，现有文献大多都是围绕着生育所导致的职业性别隔离、女性就业的边缘化、就业歧视等现象，从经济、传统文化、社会认知等维度予以解释。

1. 人力资本理论

该理论从经济学的视角探讨了收入的两性差异，颇具影响力。其重要的理论假设是，社会性别刻板印象使得女性从原生家庭获得的教育比男性少。进入劳动力市场之后，女性作为家庭照顾的主要承担者，家庭分工的专门化使其在人力资本方面的相对劣势被扩大。由于女性的人力投资具有非连续性与不可预期性，雇主倾向于雇佣男性并追加相应的人力投资，从而为男性收入的增长提供了源源不断的动力（Anker et al., 2003）。该理论正视了两性在人力资本积累上的差异，并指出其是缩减性别收入差距的可行之路。不过，经验研究中人力资本这一变量对于性别收入的解释力有限，而且也不适用于职业性别隔离现象（余红，刘欣，2000）。

2. 劳动市场歧视理论

该理论从经济学的角度审视了在劳动力市场中为何会存在性别歧视，认为生育导致女性工作生产力的下降是主要原因，从而导致雇主个人的偏好性歧视与人力资源性歧视。前者主要是指对女性不喜欢或抱有蔑视的态度，后者则倾向于低估女性的工作表现与工作质量。据此，该理论在剖析性别收入差距、职业性别隔离等劳动力市场性别化的过程中又推演出以下观点。

其一，基于收入的性别歧视。摩根与彼得森在研究中发现，之所以女性比男性收入低，主要是通过以下三种具有歧视色彩的途径实现的：首先，女性可能被分流到低薪、低职业前景的岗位或职业中，即"分配性歧视"；其次，相较于男性占统治性地位的行业，女性比例较高的行业被认为技术含量较低，从而导致女性的工资水平不高，即"价值性歧视"；最后，即使居于相同的岗位或从事相同的职业，女性的工资水平也低于男性，即"职业内的工资歧视"（Peteson, Morgan, 1995）。由于男女同工同酬的权利已被法律明文保护，故性别歧视在我国劳动力市场中主要以前两种较为隐蔽的方式为主（徐涛，张根福，2015）。

其二，"排队理论"与"职业拥挤假说"。由于在雇主的眼中，男性员工被赋予了更高的价值，雇主更可能优先考虑男性求职者，从而形成按性别"排队"或筛选的预设机制。这样,就可能造成女性在某些"不重要""技术含量低"的行业大量聚集,造成了"职业拥挤",这种供大于求的局面导致了该行业工资水平的下降,而职业的性别隔离就是在上述循环中不断被塑造的(贝克,2001)。

其三,在歧视性的劳动力市场中,雇主将尽可能地提供给女性最低的工资,以补偿相对于男性的额外雇佣成本(如生育保险费用、工作生产力下降)和抵消同样歧视女性、以低廉的价格购买产品或服务的顾客所造成的亏损。当然,上述均以女性自愿降低收入来获取工作机会为前提(胡塞尔,2001)。

3. 劳动力市场分割理论

该理论又称二元劳动力市场理论。它指出劳动力市场并非是均质的,而是潜在地内生出两个具有优劣之分的部门:主要部门和次要部门。相较于次要部门,主要部门的工资待遇优渥,工作相对稳定,工作环境宜人,职业前景可观,企业制度规范。但是,在一个社会中,主要部门通常以男性为主导,女性则被排挤至次要部门。由于这两个部门各自封闭,个体要实现部门之间的流动相对困难,因而有学者认为这就形成了劳动力市场歧视现象(许叶萍,石秀印,2009)。

无论是劳动市场歧视理论,还是劳动力市场分割理论,在经济学的范畴内讨论女性的就业歧视问题,都脱离不了对女性"自然附着成本"的考量。因为女性的这种"自然附着成本"实际上是雇主雇佣女性比雇佣男性所需的额外支出,包括企业用以支付女性生育假期的工资与保险、补偿性工资差额、产后转岗培训成本、工作生产力的阶段性预期、择业偏好以及因提前退休比男性多支付的福利成本(赵友宝,曹靖宇,2005)。所以,对于追求利益最大化的雇主而言,雇佣男性而非女性才是一种市场的理性选择。据此,不少经济学家认为,生育成本社会化将是值得尝试的应对之策,即生育成本由社会或政府来承担,而非企业或个人独自承担。

4. 性别不平等的"互构论"

该理论是由女性主义学者提出的一系列观点,其要义在于,带有倾向性的社会性别文化规范不仅使女性在家庭、劳动力市场和社会中处于不利地位,而且女性相对于男性的上述劣势通过社会互动进一步强化了原有的性别规范,并加剧新的不平等。譬如,相较于男性的"家庭顶梁柱、决策者、领导"的刻板印象，女性往往被固化为以下刻板印象：性对象、母亲、铁娘子（朱莉娅·T.伍德，2005），从而造成了无论是在职场还是在家庭中，男性占主导地位，女性居于从属地位，即男权制的全面渗透。因此，在现实中，不仅可以看到因放大所谓的"女性特质"而将女性推入辅助性的、照顾型的、技术要求不高的"粉领"行业，从而形成职业性别隔离，而且由于女性的社会网络趋于同质化，生育有可能进一步限制了女性社会网络的数量与质量，抑制了其后继的向上职业流动，加剧了性别不平等。

国外的研究发现，女性生育后的社交网络急剧缩小，在物质流与信息流方面均造成阻隔，这种负面影响只有在其子女进入学龄期之后才有所缓解，而男性的社会网络则几乎不受到生育的影响（Munch et al., 1997）。同时，由于女性在择业过程中多半是以同性群体作为参照的，故这种同质化且缩小的社会网络还可能影响女性的收入预期及就业选择，从而导致女性在择业观与薪酬评估上采取不同于男性的标准（Ridgeway, 1997）。

5. 冲突与支持的视角

该视角分别从两个貌似对立的维度解释了生育导致女性职业困境的形成与破解机制。首先，就冲突视角而言，生育不仅是女性特有的生命经历，更是其在职场、家庭中矛盾累积的冲突来源。其中，主要的冲突包括：因女性生命周期与职业发展轨迹的重叠而造成的冲突及自我认同（佟新，濮亚新，2001），以及工作与家庭的冲突。关于后者的理论体系较成熟，具体包括基于工作角色与家庭角色紧张的角色冲突论，基于工作域与家庭域之间分割、溢出及补偿的边界理论，基于工作者身份与家庭成员身份认知的社会认同论，以及诸如性别角色、群体倾向、聚集性和人本导向的文化冲突论（宫火良，张慧英，2006；赵娜，李永鑫，2008；林忠等，2013；夏国美，1999）。

其次，从支持的视角而言，基于组织支持与家庭支持缓冲功能的社会支持论则强调社会网络资源对于个体工作与家庭冲突的缓解，而支持的类型与程度则随着社会网络资源来源的差异而有所不同（白海峰等，2006）。就支持来源而言，社会支持可以分为单位支持、家庭支持、同事支持、主管支持等。就性质而言，主要包括情感支持和精神支持、经济支持和信息支持等。研究发现，具备社会支持的雇员所感受到的工作家庭冲突感较低，工作满意度较高，对组织更为忠诚。如果已育女性能够在子女照顾方面获得相关的公共服务支持、家庭成员支持以及制度支持，则能够降低其因生育中断职业的风险（黄桂霞，2014）。

二、经验研究

经验研究主要是以实地调查的数据来验证目标变量之间的关系。这些目标变量既可能是关于个体的性别、年龄、教育、收入等方面的基本人口学特征，也可能是关于文化与制度等方面的结构性因素。本研究从微观与宏观两个层面予以了归纳。

（一）微观层面

1. 女性年龄

首先是女性自己的年龄。承前所述，不难发现在女性就业模式中，女性的年龄不同，采取的就业策略各异。无论是倒 U 型的持续就业模式，还是 M 型的中断就业模式，根据家庭生命周期的特点，其拐点（或转折点）都集中于女性特定的年龄段。女性一般在 16—25 岁的青年期进入劳动力市场，26—30 岁时大部分人会遇到工作与家庭的两难困境，其中难以兼顾者在婚育时退出劳动力市场。到了 31—35 岁和 36—40 岁的中年期，儿女大多已经上学，许多人再度进入劳动力市场。46 岁以后逐渐步向老年期，身体状况不佳、技术退化和年龄歧视等因素可能导致其退出就业市场（蔡青龙，1988）。因此，倒 U 型就业模式的峰值集中在 31—35 岁之间（1999 年调查值，吴愈晓，2010），说明女性在生育后重返职场的可能性较大，但鉴于当今女性的生育年龄日益推迟，若此模型还能适用，其峰值还得推后。而 M 型就业模式中的最低点（26—30 岁）则是婚育造成的就业中断。此外是女性年龄的分组。这类似于"70 后""80 后""90 后"的划分，它实际上反映了不同年龄段的人群被赋予的历史时代特征，从而有利于我们站在历史时代的框架之内考虑问题。

其次是首次生育年龄或结婚年龄。通常说来，女性结婚时越年轻，生育孩子的间隔越短，生育孩子的数量越多，则总体生育率越高，此乃人口学中的"早、快、多"定律。鉴于此，我国的计划生育政策在早期提倡

"晚、稀、少"，即晚婚晚育、拉大生育间隔，以达到减少出生人数的目的。当然，计划生育政策确实在30多年间减少了4亿人的出生（翟振武，2014），成效斐然。因此不难看出，提及首次生育年龄或结婚年龄时，实际上还暗含了另一个关键概念——"生育间隔"，即女性所经历的数次生育行为之间的时间差。根据主客观的标准，生育间隔还可进一步区分为实际的生育间隔（客观后果）与期望的生育间隔（主观意愿）。

再次，生育年龄（或结婚年龄）与生育间隔之间看似偶然的排列组合，往往会将女性的职业发展引领至不同的方向。比如，有的女性晚婚、晚育且只生一胎，以集中精力打拼事业。而有的女性晚婚，但婚后"三年抱俩儿"，繁重的育儿重担只能使原有的工作草草收场，甚至职业生涯戛然而止。需要注意的是，首次生育（或结婚）时间与生育间隔之间，并非如上述人口定律般存在着必然联系。瑞典一项关于第三胎生育意愿的研究发现，已育两孩的女性中，较早生育（或怀孕）或生育间隔短，常常是意料之外的结果而非个人自由意愿使然（Hoem，1993）。

2. 教育

按照人力资本理论的假设，由于女性比男性拥有较少的人力资本及岗位经验积累，因此，两性的差别待遇来源于教育水平和人力资本的差异。那么，提高了受教育程度，女性就业（特别是生育后就业）情况是否就会有所改观呢？

西方学界的普遍观点是，教育是预测妇女就业的显著变量。女性受教育程度越高，其人力资本越高，潜在的资薪能力就越强，离职的机会成本也就越高，从而使女性在正式、全职性劳动力市场中持续就业的可能性增大。受教育程度更多地会影响个体的就业目的以及以后的职业发展：受教育程度高者倾向于"发展型就业"，受教育程度低者倾向于"生存型就业"（王小波，2004）。从就业连贯性的角度而言，受教育水平较高、收入较多（随着受教育水平而来的）的女性，较能保证就业的连贯性。而且，相比首次生育时间的选择，教育所带来的高素质技能更能保证女性就业的连贯性及在劳动力市场上的更多收益（Dex et al，1998）。一项来自意大利的研究也发现，受教育程度越高，意味着在家做主妇、照顾子女的机会成本越高，因此受教育程度越高的女性越可能产后重返职场（Bono and Vuri，2005）。从就业收入而言，在相当程度上，女性的受教育水平决定了其职业流动的模式与流动回报,继而导致了收入的差别,对于30岁之前选择生育的年轻母亲尤为如此(Looze,2014)。

可是,教育与就业并非存在必然的逻辑关系。毋庸置疑,教育是女性进入高级劳动力市场的重要跳板。然而,由于女性承担了生育和养育的职能,即使受过高等教育、进入首属性的劳动力市场,她们也无法与具有同等教育背景的男性相竞争,从而造成其职业的"玻璃天花板"及潜在的劳动力市场的性别分割(佟新,濮亚新,2001)。而且,近些年我国开始出现了教育贬值的现象,即随着我国教育的扩张和女性教育总体水平的提高,教育对女性就业的正面效应变小(吴愈晓,2010)。因此,还应考虑其他因素对教育效力的消减或加强。譬如,20世纪六七十年代,在瑞典,女性受教育水平越高,就业越充分,生育子女的数量就越多。这一有悖于常理的现象最终被发现是高福利政策使然(Hoem,1993)。一项中国大学生的就业调查显示,高等教育的获得被女大学生作为提高自身在婚姻市场中竞争力、争取优质男性(如高学历、高工资)的筹码(王小波,2002)。

3. 收入

其一,绝对指标是女性自己的收入。普遍来看,收入是保障女性就业的积极因素,二者的关系相辅相成。就业为女性带来物质回报,为女性经济与人格独立提供必需条件。反过来,收入也是女性继续就业的动力源,是自我价值得以实现的必经之路。

针对已生育的女性,却存在着一种被称为"母亲身份所引发的收入惩罚"现象(motherhood wage penalty),即因女性成为母亲而带来薪资水平的下降,亦是女性为生育、养育孩子付出的代价。持续性的研究表明,与没有孩子的女性相比较,作为母亲的女性所得收入更低(Budig et al.,2001;Glauber,2007;Waldfogel,1997)。即使控制了二者之间的一些可能影响薪资水平的潜在差异(如人力资本、工作经验、工作时间及内在因素),每生育一个孩子,女性的薪资水平下降约5%。而且,以30岁为分界点,早生育者比晚生者面临的惩罚效应更明显,即30岁之前生育的女性将面临比30岁之后生育的同伴们更为严厉的上述惩罚(Amuedo-Dorantes,Kimmel,2005;Miller,2011;Taniguchi,1999)。原因在于,就增加收入而言,生育后的工作经验不及生育前的工作经验有价值(Taniguchi,

1999);而且,由于职业生涯的过早中断,女性收入的整体数据在其生育后呈扁平状发展,职业上的培训与升迁机会锐减,收入缺乏后继增长的保障空间(Miller,2011)。同时,已为人母的女性在社会网络的构成、职业中介等方面的差异,也影响了其所获得信息的质量,这使得职业流动所带来的收入回报较低(Huffman,Torres,2002)。

其二,相对指标是配偶收入或家庭收入。除了女性自身的收入之外,女性是否参与有偿劳动(或就业)还受到家庭经济状况的制约。家庭经济状况可以具体分解为两个指标:配偶收入和家庭收入。女性自身收入与这二者相比较,便是女性对于家庭经济的相对贡献力。

就家庭整体而论,家庭经济状况越差,女性成员参与劳动力市场竞争的可能性越大,因为她们需要赚取工资来补贴家庭的日常开销。而高收入阶层的女性注重闲暇(或家务劳动、照顾子女),从而选择离开劳动力市场。因此,工资水平的提高对女性的劳动力供给同时存在着两种相互矛盾的效应:"收入效应"和"替代效应"(Mincer,1962;Goldin,1990)。究竟哪种效应占主导地位,则取决于已婚女性放弃就业的机会成本,包括女性职业发展所带来的更高收益、家庭照顾的市场服务费用等(王小波,2004)。

而且,家庭经济状况对女性就业的影响存在历史阶段性的变化。就我国的情况来看,在改革开放早期,收入水平的普遍低下造成了已婚女性就业成为补充家庭经济来源的刚性要求,故女性的劳动参与不受家庭经济水平的影响。后来,在收入水平普遍提高和性别收入差距日益扩大的双向驱使下,女性的劳动参与则可能受到家庭经济水平的负向影响(吴愈晓,2010)。

4. 女性工作的相关特征

1998年,美国的一项调查显示,一半的母亲在产后2.5年才开始就业。产后第一年间,女性就业比例为39%;产后5年间,比例为65%;产后10年,比例为84%。那么,就女性职业生涯而言,女性产后第一次重返劳动力市场是一个关键时期。因为正是此时,女性会因休假时间过长或开始从事兼职工作(非正式工作),而失去生育前的职业地位,即呈现出向下的职业流动。此外,与女性工作相关的特征还包括以下四个方面。

其一,工作经验。普遍说来,随着工作经验减少,收入惩罚加重(Looze,2014)。对于已育女性而言,工作经验有利于产后重返职场(Bratti et al, 2005)。而且，相较于生育后的工作经验，生育前的工作经验对增加收入的效用更高（Taniguchi，1999）。

其二，工作性质。这里将工作性质划分为全职（full-time）工作、兼职（part-time）工作。兼职工作的优点在于工作弹性大或工作时长较短，有利于已育女性维持工作与家庭的平衡，也不必为生育（或结婚）所引起的职业中断买单。鉴于此，不少学者建议女性（特别是已婚已育的女性）选择此种类型的工作。但也有学者持反对意见，认为"兼职工作的社会意味等同于现代版的家庭主妇"，是女性在工作与家庭之间所做的妥协。它容易令已成为母亲的女性对其工作称职性（尤其是需要投入大量时间、工作纪律严格的工作）形成负面的自我认知（Ridgeway，Correll，2004）。毕竟，兼职工作的就业目的介于"职业化倾向"（全职工作）与"以家庭为中心"（家庭主妇）之间，最终选择兼职工作的女性很容易沦为家庭主妇。因此，很多学者倡导弹性工作制，而且认为这必须以充足的劳动保护政策及配套措施为前提。

其三，职业类型与单位性质。一项来自意大利的研究发现，婚前在大公司的公共部门任职有利于女性的生育后就业，而从事临时性（无合同）工作则不利于女性生育后继续就业。在日本，女性越是从事公务员、事业单位性质的职业，越不可能出现生育式的职业中断，即生育后仍走出家门就业（Stone，2007）。究其原因，在一定程度上，职业类型与单位性质的内核是相匹配的。换言之，女性越是处于国家公共部门，越可能签订正式的劳动合同，全职工作的可能性更高，工会与劳动保障制度越健全，越有利于女性生育后就业。

其四，企业氛围。有研究认为，如果企业营造一种帮助员工平衡工作与家庭的氛围，则能带来较高的员工忠诚度，继而使女性员工更能保持就业的连续性。而且，企业中诸如非正式的职业培训、绩效工资、升迁机会等措施，能够增进工作满意度，对女性产后的再就业具有正面效应。反过来，如果企业中经常出现非自愿的加班、员工每周工作时间太长等情况，则会对女性产后的再就业具有负面效应（Bratti et al.，2005）。

5. 子女特征

现有文献中主要从子女的年龄与数量两个方面来讨论对女性就业的影响。首先是子女的年龄与女性就业。西方的研究发现，尤其是学龄前子女对女性就业存在显著的负面效应（Van de et al.，2002）。对于 40 岁已育女性而言，家有学龄前的子女是其劳动力参与的最大影响因素（Dex，1998）。我国的相关经验研究也证实了上述观点（蔡昉，王美艳，2004；姚先国，谭岚，2005），而且我国母亲的就业率（无论其孩子的年龄）都出现了不同程度的下降（吴愈晓，2010）。

相比之下，子女数量的影响力次之。一般认为，女性生育孩子的数量越多，对就业的影响越大。据 2000 年全国人口普查的数据，在 21—55 岁的城镇女性中，未生育的女性就业率为 68.5%，生育一个孩子的女性就业率为 65.9%，生育两个孩子的女性就业率为 52.3%，生育三个孩子的女性就业率下降到 41.1%。在意大利，育有两个孩子的女性就业率最低。但在我国，子女数量对于已育女性的劳动力供给存在着城乡差别。具体来说，对城镇已婚女性而言，子女数量与其劳动力供给、工作时间和工资收入均呈反比。对农村已婚女性而言，子女数量与其是否参与非农活动和工资收入没有关联，但是其工作小时数显著降低（张川川，2011）。

6. 配偶的特征

现有研究中，影响女性生育后劳动力参与的配偶特征，集中表现在配偶的收入、工作性质与职业类型等方面。就收入而言，配偶的收入对女性生育后就业具有消极作用，即配偶收入越高，女性生育后越少就业。但随着时间的推移，这种作用递减（Dex et al.，1998）。就工作性质而言，当配偶的工作流动性高，需要举家搬迁时（如销售员、军人），已育女性多采取自愿性的职业中断。这种职业中断表面上看起来是自愿的、出于家庭的需要，但实际上是特定的工作与家庭的冲突造成的（Stone，2007；Williams，2000）。就职业类型而言，如果配偶是企业老板、高级白领、资深技术工人，则女性生育后就业的可能性低（Bratti et al.，2005）。

7. 心理因素

现有研究主要从以下几个方面考察了女性就业的内因性影响来源，包括传统性别文化与现代观念冲突所致的矛盾心理、性别图式下的低成就动机、自我定位偏差带来的失落或自卑、劳动力市场上针对女性的歧视所引发的焦虑或恐慌（颜峰，胡文根，2010；余红，刘欣，2000），并从国家、社会、学校和自我等层面提出了调适对策。

(二) 宏观层面

在宏观层面，在我国社会转型的大背景下，国家经济制度、福利政策等发生了一系列变化，对女性就业及生育产生不同程度的影响。

其一，计划经济转型为市场经济，城镇女性就业率下降。在计划经济体制下，我国长期实行低工资、高就业的政策。这种受制度影响或保护的女性高就业率，使得城镇女性的终身就业多少带有非自主性与理想化色彩，有的学者甚至称之为过度就业。因为经济发展的需要及男女平等的意识形态，适龄人口（无论男女）都要参与劳动是强制性的规定。另外，鉴于当时的工资水平普遍不高，为了供养一个家庭，需要女性成员的劳动收入作为补充（潘锦棠，2002；丁仁船，2008）。而市场经济的转型则带来了城镇女性就业率的下降。一方面，伴随着20世纪90年代中后期的国有企业体制改革，大批女职工下岗。另一方面，收入水平的提高使得部分女性因为生育或注重个人闲暇而自愿退出劳动力市场（吴愈晓，2010）。

其二，福利政策处于转型期，女性保护与性别歧视共存。国外的研究发现，国家福利体制和政策对女性的就业状况具有很大的影响，尤其是家庭友好（family-friendly）、社会支持（social support）、两性平等（gender-equality）等政策（或制度）倾向能为女性就业带来正面效应（Stier et al, 2001）。比如，20世纪六七十年代瑞典的高生育率与高就业率在很大程度上可以被视作政府与女性的双赢局面（Hoem, 1993）。但是，我国的劳动力市场则明显地带有"两难"的特征：如果政府不对女性给予政策性的保护，女性的劳动权利与利益无法得到保障。可是，关于女性就业保障的政策越多越细，用人单位给女性就业者的"软钉子"越多、歧视越趋于隐性化。其症结在于，一方面，国家仍停留在计划经济时代的社会民主福利式思维，希望通过政策来推动女性就业并提供多方位的保护。另一方面，市场经济环境下，真正承担女性就业权益与保护的主体是企业，而且遵循的是有限的福利供给原则。那么，国家为女性提供的劳动保护政策对追求效益的企业而言是缺乏持久的约束力的，最终导致国家的政策推动"心有余而力不足"。当然，还有更激进的看法，认为现有的女性保护政策都不过是在做些"无谓的修修补补"，因为其长久以来是以男性模式占主导的，故女性在家庭和劳动力市场中成为"依赖者"是必然（Lewis, 1994）。

其三，公共育儿体系瓦解，育儿回归个人与家庭。幼儿托管的可获得性对于女性生育后的劳动参与尤为关键。发达国家中，幼儿照顾服务被视为女性货币化的就业成本（Bratti et al.，2005）。来自英国的调查则显示，在生完第一胎后重返职场的 560 名母亲中，超过三分之一的母亲在两年内放弃了全职工作，其原因是雇主无视这些母亲在工作之外还需额外负担抚育义务，工作缺乏灵活性（Looze，2014）。我国则经历了从单位福利制下的公共育儿体系向私人化的育儿体系的变化。计划经济体制下，城镇中双职工家庭的子女抚育社会化主要依赖于单位制所提供的福利性幼儿园（或托儿所）来完成（佟新，周旅军，2013）。市场转型之后，单位制解体，"公私分离"结构取代了"公私相嵌"结构，私人化了的育儿重担很大程度上落到了母亲的肩头。因此，工作母亲的队伍在我国再次壮大。在传统观念的约束与现实福利不足的情况下，工作母亲主要还是依靠社会支持网（如亲戚、邻居、同事）而非市场化服务，来获取子女的照顾（金一虹，2013）。

三、回顾性述评

基于以上文献梳理，可以发现，国内外学者从不同的学科视角和文化背景出发，就生育与女性职业之间的关系各抒己见，奠定了理论构建与实证经验的基础，富于学术价值。尽管以往的理论研究提供了多种可供参考的理解性视角，经验研究也充实了相关的数据资料与分析方法，但鉴于我国生育政策的特殊性及其调整所带来的广泛影响，生育与女性职业的交叉主题被赋予了更独特的研究契机与挑战，而在此背景下的相关问题的探讨与前瞻性研究则较少。因此，在多视角整合、中国情境式思考、经验研究跟进等方面，还有较大的拓展空间。

第一，关于生育政策调整所带来的社会影响的研究相对匮乏。目前，与生育政策相关的研究主力仍集中在人口学界，其关注点也基本上停留于"人口"本身，相对忽视了与人口密切相关的社会因素。鉴于新生育政策的实施时间相对较短及其效应的滞后性，故呈现出关注原有生育政策的研究较多，而调整后的多孩生育政策的研究相对较少的状况，尤其是生育政策调整对我国社会所带来的影响的研究则更为少见。同时，从长远来看，"二孩"乃至"三孩"政策的实施可能只是国家逐步完善计划生育政策过程中的一个步骤、一个中间环节、一个转变过程（顾宝昌，2014；陈友华，苗国，2015）。那么，在生育政策的调整期有针对性地开展对新生育政策的社会后果的研究，能够及时地对新生育政策实施过程中可能出现的新的社会问题做出分析和判断，为实践中避免和减少政策带来的副作用提供理论和经验支持。

第二，国内文献就生育对女性职业影响的研究相对零散，缺乏系统性，以描述性研究与理论探讨居多，实证研究有待跟进。就学科背景而言，将生育与女性职业相结合的研究多集中于经济学与管理学领域，社会学涉猎相对较少，且学科之间相对孤立。在研究主题上，国内研究大多停留在职业性别隔离、收入差异与就业歧视等方面，缺乏关于生育对于女性的劳动供给、职业中断、工作家庭冲突、职业流动等一系列环节的系统性探讨。就研究倾向而言，理论建构、现象描述多于解释性的经验研究。从研究时点来看，再次生育子女对育龄女性的生命历程和职业生涯发展又有哪些新的挑战？再生一个孩子会不会成为其工作家庭冲突的"催化剂"？这些答案都有赖于后继经验研究的跟进与验证。因此，多视角的整合、经验研究的充实是推动生育与女性职业交叉研究纵深发展的迫切要求。

第三，研究对象较为笼统，缺乏对已育人群的职业轨迹及其性别差异的关注，从而在一定程度上阻碍了跨文化交流的实现。依托大规模的追踪调查，国外学者关注到了已育人群的劳动参与的性别差异，尤其是生育两个（甚至更多）子女的女性群体的职业发展状况。而我国尽管对于劳动力市场的分层、求职渠道及职业流动的研究相对丰富，但往往都是基于一般人群的普遍性意义探讨，缺乏对已育人群的关注，无法衡量生育在其中扮演的具体角色。而且，鉴于两性的社会角色定位与家庭分工的差异，生育势必对二者的职业轨迹发生迥异的影响作用。同时，我国所特有的文化传统、劳动力市场结构、特殊的生育制度安排、风险规避倾向等也将对已育人群的工作和家庭领域产生有别于西方社会的影响。上述这些尚待回答的问题皆有赖于经验研究检验和充实，以实现跨文化的比较与对话，发掘我国的文化特质。

第四，缺乏对女性职业中断的细化研究。作为女性职业生涯中的常见现象，职业中断在国内文献中虽有所提及，但鲜有文献对其成因、类型、后果等予以细化区分，亦缺乏经验研究的补充检验。随着多孩生育政策的推行及就业选择的多样化，女性因生育而选择多次进入（或退出）劳动力市场的现象趋于增多，那么，它将会对女性个体的职业生涯、家庭经济地位、女性整体的就业环境及就业模式带来何种冲击？是否预示着"妇女回家"观念的回潮？反过来是否促进了二孩生育意愿？这些疑问皆需要实地研究予以深入考察与发现。

第五，关于社会支持的量化研究相对薄弱且存在着指代含糊的状况，这降低了研究的信度与效度。作为工作家庭冲突的重要应对机制，社会支持日益受到学界的关注。但由于其为舶来理论，国内文献往往关注特殊职业人群所获得的社会支持在工作家庭冲突中所发挥的积极效用，如医生、教师、房地产从业人员等。而且，受调查规模及研究便利性的影响，测量的量表通常差异较大，而非统一制定的量表，从而大大削弱了研究结果的可比性。同时，就社会支持的类型研究而言，对女性的相关研究以家庭支持居多，但对于家庭支持在两性的工作家庭冲突所发挥的具体效应并没有进行区分，只是笼统地称之为缓解作用甚至出现相互混淆的状况。对组织支持的量化研究相对缺乏，并且也没有进一步比较其与家庭支持在已育人群的工作家庭中所发挥的不同效力。这也在一定程度上反映了我国企业对家庭友好氛围的建设不够重视，导致整个家庭友好政策仅止步于对产假制度及相关福利的保障。此外，鉴于祖辈照顾孙辈在我国有着悠久的历史传统、现实的可行性及其对育龄女性的生育意愿及就业行为具有促进作用，在多孩生育政策的背景下，祖辈所提供的育儿支持的重要性凸显。但是，有关中国的生育研究几乎鲜少涉及关于祖辈影响力的问题。那么，厘清家人（特别是祖辈）对育龄女性就业行为及生育意愿的影响机制则是推动研究发展的新的动力。

第六，工作家庭冲突的相关研究存在"一边倒"的现象。在研究维度上，以总体性的工作家庭冲突居多，或者以工作对家庭的冲突作为不言自明的研究对象，忽视了家庭对工作的冲突及其所致的消极影响，进而导致对已育女性所面临的工作家庭冲突维度的认识不足。在研究内容上，国内研究较多地关注工作家庭冲突对个体工作领域相关因素的影响，如职业倦怠、离职倾向、工作满意度等，关于工作家庭冲突对个体家庭领域的影响的关注较少。但是，鉴于传统性别角色期待及实际的家庭性别分工将女性更多地与家庭领域相绑定，因此，上述"一边倒"现象有可能极大地低估了家庭相关因素对于女性工作家庭冲突的影响力。这就需要后续研究从冲突的双向维度及性别比较的视野在上述领域予以深化和推进。

第七，针对女性的劳动力市场歧视研究尚停留在观点假设与理论探讨阶段，其对女性就业行为与就业环境的影响及其作用机制仍处于"黑箱"状态。由于劳动力市场歧视具有相对主观的、不可见和不易测量的特性，国外仅有少数研究通过模拟的心理实验来评估其对女性的求职、工资评定或升迁的影响。国内研究则是在假定该歧视现象存在的前提下进行思辨性的讨论或推论，缺乏实证根基，也无法进一步区分规范性歧视、统计性歧视、生育相关的身份歧视（即针对工作母亲的歧视）。那么，在多孩生育政策的背景下，生育是否加重了劳动力市场针对女性的歧视？在我国的劳动力市场中，究竟哪种形式的歧视更为普遍？是否存在部门差异？能否化解？无论从理论检验还是政策谏言的角度，这些均值得我们做出有益的尝试性探索。

第五节 研究设计

一、研究问题

在人口红利消解、人口老龄化加速、低生育率陷阱、出生性别比失衡等内外因素的推拉之下，严格执行三十余载的计划生育政策实现了到"单独二孩"政策这一里程碑式的转变。然而，与"单独二孩"政策出台伊始人们的高预期形成鲜明对比的是，该政策实施一年间全国实际申请"二孩"生育的夫妻仅70万对，大大低于之前所预期的200万对，仅9%的符合条件的家庭提出了再生育申请（中国广播网，2015）。之后，不过两年的光景，生育政策迅速地由"单独二孩"政策模式切换为"全面二孩"政策模式。但是，根据国家统计局的相关数据，2015年全年出生人口为1655万，反而比上一年减少32万。江苏省总工会的调查也显示，仅31.75%的育龄女职工愿意生育二孩（徐岑，2016）。似乎二孩政策陷入了曲高和寡、一厢情愿的尴尬境地。2021年，三孩政策落地。继二孩之后，是否生育三孩不仅成为人们茶余饭后的谈资，一时之间更引发了社会各界的不同反应。其中，颇令人寻味的是，近来在校园中出现了为了提升就业竞争力而提前生育的"研究生妈妈"，部分企业开始为有二孩（或三孩）生育要求的女员工制订"生育时间表"，还有一部分白领女性毅然辞职回家，当起了"高知全职妈妈"，颇有将女性面前这道生育与职业发展的"双选题"变成非此即彼的"单选题"之势。因此，有学者指出，如果不正视作为生育主体的女性所面临的生育与职业发展之间的悖论式困境，生育政策的调整将难以达到预期的效果（叶文振，2014；郑真真，2015）。

一方面是国家人口政策力图达到的目标，另一方面是作为人口再生产的主要承担者的女性所面临的自身职业发展困境，生育所带来的子女抚育不仅成为一孩育龄夫妇是否生育更多子女的一个重要判断依据，而且也成为影响女性青年职业发展历程的一项重要因素。因此，无论是从当前更有效地实施三孩生育政策的角度，还是从提升女性职业地位和职业发展水平的角度，都要求我们认真探讨子女抚育与青年女性职业发展的关系及其所形成的特有历程，此乃本研究的主要目标。

从这一主要目标出发，本研究试图从已育女青年的劳动参与、职业中断、工作家庭冲突及职业流动四个方面进行分析和探讨，并通过与已育男青年的横向比较，挖掘其背后深层次的社会运作机制，试图从提升全民福祉的角度贡献个人的智慧与力量。

首先，与发达国家相似，城市女性的受教育水平得到了大幅提高，生育子女的数量趋于减少。但是，随着市场经济的转型及传统家庭劳动分工的显性化，我国城市女性的就业率则逐年下滑，出现了与西方国家女性就业率上升相反的变化趋势。由于已育女性的时间配置主要是在劳动力市场、闲暇与家庭照顾之间进行，这种区别于男性时间配置的特殊性决定了前者必定是以家庭为单位来进行劳动供给的决策，因此，家庭资源的多寡（如丈夫的收入）和家庭照顾责任的轻重（如子女的年龄和数量）对已育女性的劳动供给产生决定性的作用，反过来也影响已育女性的再生育选择。而在就业资源紧张、家庭资源富余、家庭照顾责任较重的情况下，女性作为二级劳动力的特质极可能将其排挤至劳动力市场之外。结合我国女性就业历史来看，本研究推测：由于"单位制"的瓦解在很大程度上消解了女性从国家获得的就业保护，而国民经济增长速度放缓且产业结构的再次调整则可能使之面临更加激烈的职场竞争，并可能激化原有的就业歧视。当家庭收入（尤其是丈夫收入）较高，且子女年龄较小或数量较多时，则可能产生收入效应，即此时已育女性选择暂时（或彻底）退出劳动力市场，以满足子女照顾或个人闲暇的需要。而在多孩政策的作用之下，再次生育的普及则可能凸显上述收入效应，增加女性因生育中断职业生涯的概率与频率，从而在整体上推动我国女性的就业模式由倒 U 型曲线向发达国家的 M 型曲线转变。

其次，就宏观层面而言，女性走出家门、参与劳动就业是社会进步的重要象征，但在微观层面上这却可能给女性个体增添新的烦恼。尤其是那些生育后重返职场的工作母亲，新添的母亲角色使得她们在结束了一天的工作之后，回到家中还得继续从事子女照顾与家务劳动，有学者将后者比喻为工作母亲的"第二份工作"（second shift）。而日益崛起的"理想员工"与"完美妈妈"相结合的"新母亲崇拜"（the new momism）则使已育女性所感受到的工作家庭冲突不仅有别于生育之前，更迥异于已育男性，并在冲突的双向维度上呈现出差异，继而对其工作、家庭生活及身心健康带来不同程度的影响。鉴于此，本研究假设：母亲的工作家庭冲突将大于父亲，并对其工作成就感、家庭满意度、父母幸福感等造成差异性的感受，而子女抚育及相关家庭因素则构成了母亲工作家庭冲突的重要来源。而且，可以预见的是，再生育则因子女数量的增多而加重了女性的家庭照顾负担，将令其面临更多的时间冲突、行为冲突和精神压力。但是，不容忽视的是，在我国，祖辈照顾孙辈不但有着悠久的历史传统，而且在因市场转型所造成的国家对儿童照顾福利供给不足的情况下为双职工家庭的正常运转乃至已育女性的劳动参与提供了强大的支持和保障。由此，本研究推测：由家庭其他成员（主要是祖辈）所提供的育儿支持能够缓解已育女青年的工作家庭冲突，并且其缓解效果要优于组织支持，在"多孩"时代上述家庭育儿支持将会继续发挥作用。

最后，从个体事件史的角度来理解，由于同一个体相关事件的发生具有时间先后与因果关联，因此上述已育女青年的劳动供给决策、职业中断经历及工作家庭冲突将进一步影响其职业流动。鉴于生育作为重大生命事件对于女性的影响力远远超过男性，故女性的职业生涯往往是以孩子的降生作为分水岭或转折点，生育可能直接或间接地影响女性的职业发展方向。一方面，在时间与精力的双重约束下，新增的子女抚育活动将消耗与侵占女性个体原应分配给工作的时间与精力，从而导致已育女青年的工作投入不足或生产率低下，继而影响其工资收入和优质岗位的获得。同时，还降低了雇主对其进行投资收益的预期，并直接转化为对已育女员工的职业培训与提拔设限。另一方面，为了方便照顾子女，不少女性在生育后转换至"母亲友好型"职业，但这种以灵活的工作时间和地点为代表的职业通常是以牺牲经济收益和职业发展前景为代价的，长远来看，它如同"沼泽"，将发挥较强的"地板黏着"效应，加重职业向下流动的趋势。据此，本研究推测：生育后，女青年比男青年更趋于水平流动或向下流动，二者在职业流动方面的差异将会固化原有的性别收入差距和职业隔离，而子女抚育及相关家庭因素是其中的重要成因。同时，在社会转型过程中，鉴于我国劳动力市场的二元分割现状以及二孩（或三孩）生育可能激化已有的就业歧视，本研究推测：已育女青年所在单位的属性将较大地影响其职业回报与流动方向，而教育对女性职业发展的积极作用则有可能使女性因生育所致的雇主歧视有所折损。

对以上问题和推测的实证检验，不仅有助于在多视角整合与中国式情境下系统厘清生育对女青年的职业历程所产生的具体影响及其作用机制，从而改变长久以来在该领域中学科孤立、缺乏交流、研究零散的局面，更在审视西方相关理论的本土适用性的同时，挖掘我国特有的社会文化特质，为跨文化对话搭建桥梁。而且，在我国生育政策的转折与承启之际，上述问题的解答能够为已育女性的职业境遇提供预测性依据，以优化已育女性的就业环境和我国的家庭友好政策建设，还有益于对生育政策调整过程中可能出现的新的社会问题做出及时的分析和判断，为实践中避免和减少相关政策的负面效应提供理论和经验的支撑。

二、研究思路

在母系社会，对于生育的混沌认知赋予了女性神秘的力量，从而使女性社会地位经历了短暂的辉煌。经历过父权社会漫长且严苛的禁锢之后，随着工业化脚步的加快，越来越多的女性从家庭中解放出来，投身于有偿的市场活动中，以摆脱依附地位，追寻自我价值。就工作母亲而言，她们通常在结束了有偿的市场工作之后，回到家中继续承担着无偿的子女照顾及家务劳动。上述源自工作与育儿的双重负担使得女青年的职业历程迥异于男青年。相较于已育男青年，已育女青年常常因产子或照顾子女而中断职业，或者为了方便育儿而转向低薪、职业前景黯淡的行业。工作与育儿的冲突时常令她们精疲力竭，而劳动力市场中或明或暗的歧视时刻敦促其"回归家庭"，从而使其生育后职业上升的通道受阻。那么，在我国生育政策做出重大调整且重子嗣观念依然强大的当下，女青年的职业轨迹是怎样的？其背后究竟有哪些推手？在多孩生育政策的背景之下，女青年的职业发展又将何去何从？

首先，按照明塞尔对女性劳动力供给的理解，由于母亲的时间配置是在市场劳动时间、闲暇时间和家庭照顾时间三者之间进行的，故其时间配置既有别于未婚女性群体，更不同于男性群体。因此，已育女青年的劳动供给决策是建立在以家庭为单位的基础之上的。换言之，丈夫的收入高低、子女的多寡与年龄的幼长、儿童照顾的可获得性等来自家庭的相关因素均可能影响女青年决定是否参与有偿的市场活动。

如图 1-1 所示，经过家庭内部的权衡决策之后，如果已育女青年选择退出劳动力市场以满足子女抚育的需要，则在此时女青年的职业生涯就发生了中断。反之，如果女青年选择继续留在劳动力市场，那么其就不可避免地面临着工作与家庭的冲突。当然，这种工作与家庭的冲突很大程度上表现为工作与育儿的冲突，而来自组织和家庭的社会支持则是女青年平衡工作与家庭的重要手段。同时，纵向地观察女青年的职业生涯，不难发现，从劳动力供给的决策到持续就业者所面临的工作与家庭冲突，或是非持续就业者的职业中断经历，都将对女青年的职业流动产生深远的影响，并可能进一步导致两性职业生涯的"南辕北辙"。

在这里，本研究侧重于考察已育女青年进行劳动参与的现状及其影响因素，并在性别比较的视野来探索女青年所面临的工作家庭冲突的特殊性及其成因。同时，从社会支持的角度，考察组织支持与家庭支持对于缓解已育人群工作与家庭冲突的不同效用及其性别差异。同时，结合目前我国城市家庭中祖辈照顾孙辈的历史传统与实践的普遍性及其对于已育女性持续性就业的保障作用，对我国所特有的祖辈照顾孙辈的现状进行了分析，并以多孩生育政策为背景进一步探讨了祖辈对于可能出生的第二个孙辈的照顾意愿及其影响因素，借此估计女青年将来能在多大程度上获得家庭育儿支持。

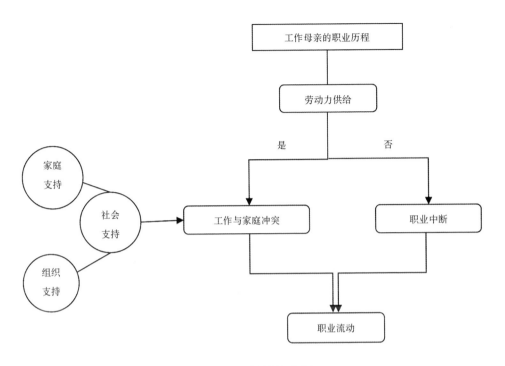

图 1-1　研究分析框架图

同时，横向观之，就单个个体的事件史来理解，生育对女青年职业生涯的连环冲击主要集中于以下三个关键事件：怀孕生子、产后重返劳动力市场、产后工作的转换。如图 1-2 所示，上述三个事件皆具有明显的时间起止标记，并且其中一个事件发生的时间先后及长短可能影响其他事件的发展方向与结果。此外，鉴于个体的差异性，有时候产后重返劳动力市场与产后的工作转换可能是同时进行的，并且随着生育子女数量的不同，生育型职业中断可能多次穿插于同一女性个体的职业流动过程之中。在这里，本研究的目标包括三个：其一，对比女性个体在生育前后某些职业指标方面的变化，揭示女青年的职业流动方向及其性别差异；其二，探究与生育相关的职业中断对于女青年职业发展的作用机制，包括职业中断的类型、时间长短及其所引发的职业后果；其三，评估家庭政策（主要是产假制度）在女青年职业发展中的作用。

由于本研究的实地调研贯穿于"单独二孩"政策的实施过程之中，在调查接近尾声时又迎来了"全面二孩政策"，笔者在进行案头整理工作时又恰逢"三孩政策"的出台。因此，本研究中的"多孩生育政策"同时囊括

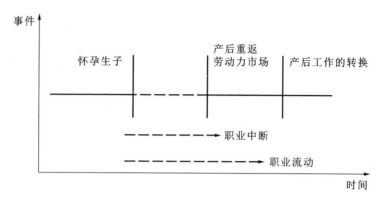

图 1-2 生育与女青年的职业轨迹

上述三种生育政策。同时，本研究拟从劳动供给、职业中断、职业流动、工作与家庭的冲突及平衡四个维度勾勒已育女青年的职业轨迹，并从性别比较的视角寻找其中具体的作用机制，以期为生育政策调整后女青年的职业境遇提供预测性依据。

三、数据与方法

（一）数据来源

本研究的数据来源于国家社科基金重大项目"我国生育政策调整带来的新社会问题研究"和重点项目"计划生育政策调整的社会影响研究"。相关实地调查于 2015 年在北京、上海、重庆、南京、兰州、长春、厦门、桂林、新乡、四会、汉川、简阳 12 个城市展开，从地域、经济发展水平、文化多样性等多种维度涵盖了不同的城市类型。在调查内容上，主要囊括了生育意愿、子女抚养、家庭关系、个人就业史等信息。

考虑到生育政策调整的适用人群并兼顾调查的可行性，该调查将城市中的幼儿园在读生、小学生及初中生的家长作为对象，即被访者为城市中至少育有一名 2 岁以上子女的育龄人群。按照"城市—城区—学校—年级—班级"的顺序，调查采用多阶段随机抽样的方法。具体来说，首先从每一个样本城市的全部城区中，按简单随机方式抽取 3 个城区。在每个抽中的城区中，依据所有幼儿园、学校名单，采用简单随机抽样方式，抽取小学、初中和幼儿园各一所。然后，在每所幼儿园中按照大班、中班、小班进行整群抽样。在每所小学中先后按照低年级（即一至三年级）和高年级(即四至六年级)进行简单抽样,再从每个抽中的年级中简单随机抽取一个班。在每所初中,则先随机抽取一个年级,再在被选年级简单随机抽取一个班。最终,通过被访者自填问卷的方式,实际发放问卷8687份,收回有效问卷7778份,有效回收率约为89.5%。根据世界卫生组织对青年的界定[①]以及研究需要,本研究将样本年龄限定在45岁以下,最终进入模型分析的样本为7156个。样本概况参见表1-1。

表1-1 已育青年的基本特征

变量名称	频数(百分比)	变量名称	频数(百分比)
性别($N=7099$)		职业类型($N=5954$)	
父亲	2238(31.5%)	公务员/事业单位职工	1544(25.9%)
母亲	4861(68.5%)	公司/企业员工	2897(48.7%)
年龄($N=7156$)		个体经营者	1274(21.4%)
30岁以下	518(7.2%)	其他	239(4.0%)
31—35岁	1856(25.9%)	是否为独生子女($N=7116$)	
36—40岁	2949(41.2%)	独生子女	1373(19.3%)
41—45岁	1833(25.6%)	非独生子女	5743(80.7%)
受教育水平($N=7143$)		城市分布($N=7156$)	
初中及以下	1518(21.3%)	上海	607(8.5%)
高中/中专	1986(27.8%)	南京	563(7.9%)
大专	1478(20.7%)	厦门	620(8.7%)
本科	1785(25.0%)	四会	575(8.0%)
研究生	376(5.3%)	北京	637(8.9%)
工作情况($N=7118$)		长春	585(8.2%)
全职工作	4972(69.9%)	新乡	605(8.5%)
兼职/临时工	594(8.3%)	汉川	641(9.0%)

---

① 联合国世界卫生组织在2013年确定的年龄分段:0—17岁为未成年人,18—44岁为青年人,45—59岁为中年人,60岁以上为老年人。

续表

变量名称	频数（百分比）	变量名称	频数（百分比）
下岗/待业	106 (1.5%)	重庆	632 (8.8%)
全职在家	764 (10.7%)	兰州	570 (8.0%)
其他	682 (9.6%)	桂林	527 (7.4%)
个人收入水平（$N=6377$）		简阳	594 (8.3%)
2000元及以下	977 (15.3%)	**子女数量**（$N=7144$）	
2001—4000元	2545 (39.9%)	1个	5080 (71.1%)
4001—6000元	1395 (21.9%)	2个	1899 (26.6%)
6001—9000元	731 (11.5%)	3个及以上	165 (2.3%)
9001—12000元	312 (4.9%)		
12000元以上	417 (6.5%)		

如表1-1所示，被访者中以已育女青年居多，占比为68.5%。而且，绝大多数为非独生子女。从年龄结构来看，36—40岁的已育青年最多（比例为41.2%），31—35岁以及41—45岁的人群次之（比例分别为25.9%和25.6%），30岁以下人群的比例为7.2%。就受教育水平而言，拥有高中/中专学历的人群比例最大（27.8%），其次为大学本科学历者（25.0%），而受教育水平居于初中及以下的人群比例居于第三位（21.3%）。近七成的被访者从事的是全职工作，从事兼职/临时工工作的比例为8.3%，而全职在家料理家务的人群比例为10.7%。就单位性质而言，供职于公司/企业的人群比例最高（48.7%），供职于党政机关或事业单位的人群比例次之（25.9%），而从事个体经营的比例则达到21.4%。从个人的收入分布来看，月收入在2001—4000元的人群比例最高（39.9%），月收入在4001—6000元之间的人群比例次之（21.9%），月收入在2000元及以下的人群比例居于第三位（15.3%）。就子女数量而言，城市中青年人群普遍育有一个孩子（71.1%），育有两个孩子的人群比例为26.6%，而城市家庭中育有三个（及以上）孩子的情况并不多见，其对应的比例为2.3%。从地域来看，在每个城市的抽样相对平均，大致保持在总样本量的8%左右。

（二）主要变量的测量

本研究分别从劳动供给、职业中断、工作家庭冲突与职业流动四个方面对女相关特征及其青年的影响因素进行了考察。同时，为了进一步探讨生育和抚养行为对两性职业发展的差异性作用，在父母亲比较模型中对问卷中的问题进行了重新甄选，将对二者匹配性较高的变量纳入研究模型。此外，根据研究目的与变量属性，对部分变量进行了变量转换。

1. 因变量

1）劳动供给

在这里，劳动供给被界定为广义上的劳动参与情况。现有文献显示，在微观层面上影响女性劳动供给的因素主要有三个：家庭收入、家庭照顾责任与女性自身的受教育水平。鉴于女青年在工作与家庭的双重角色，本研究则侧重于考察前两者对女青年劳动供给的影响，并在此基础上比较两性的差异。在本研究中，通过询问被访者截至调查时间点的工作情况来获得相关信息。同时，合并相近选项后将其处理为虚拟变量，重新编码为：0＝未就业，1＝就业。

2）职业中断

本研究中的职业中断主要针对女青年因生育或抚养子女而导致的中断就业，或者称为生育型职业中断。经验研究显示，由于女性作为生育的主要载体和家庭的主要照顾者，女青年发生职业中断的可能性远远大于男青年。在本研究中，通过询问被访者"孩子妈妈是否因为生孩子或照顾孩子有过中断职业、全职在家的经历？"，来获得相关信息，赋值情况为：1＝是，0＝否。

3）工作与家庭的冲突

借鉴已有的工作家庭冲突量表（Carlson et al., 2000；Wayne et al., 2004），本研究根据已育人群的特点对上述量表进行了修订，涉及工作与家庭冲突的具体题项共11个，每道题均通过询问被访者与题项所示内容的实际符合程度来获取相关信息。通过因子分析，获得工作家庭冲突、工作-家庭冲突和家庭-工作冲突这三个变量。

（1）工作-家庭冲突变量和家庭-工作冲突变量的生成。

如表1-3所示，相关矩阵中工作与家庭冲突各变量之间的相关系数绝大部分都在0.3以上，说明适合进行因子分析。通过主成分分析法和最大正交旋转法，从原来的11个变量中抽取了两个因子。根据各因子所涵盖的信息与特征，分别将其命名为"家庭-工作冲突"和"工作-家庭冲突"，具体的因子负荷参见表1-2。研究结果显示，其KMO度量在0.9以上，并通过了Bartlett球形度检验，两个因子累计解释总方差的60.206%，说明因子分析效果优良。同时，表1-2中的克朗巴哈α系数为0.889，这说明本研究中用于测量工作家庭冲突的各项指标都具有良好的信度。

表1-2 工作与家庭冲突量表的因子分析结果

序号		家庭-工作冲突	工作-家庭冲突
1	曾经因为工作而被迫推迟或放弃生孩子		0.406
2	经常因为工作而无法照顾家庭和孩子		0.826
3	因为工作而被迫放弃应有的生育福利		0.523
4	经常为了兼顾工作和家庭而感到焦虑/身心疲惫		0.708
5	工作占据了我原本应该陪伴家人的时间		0.844
6	工作使我很难保持与配偶、子女的亲密关系		0.731
7	由于要生小孩，我曾被迫放弃了工作	0.716	
8	生育使我失去了工作竞争力，影响晋升或加薪	0.815	
9	有小孩后，我只能勉强维持正常的工作时间	0.746	
10	照顾家庭和孩子经常会影响到我的工作质量	0.726	
11	生孩子影响了我继续学习或业务水平的提高	0.777	
	方差贡献率	31.562	28.644
	总方差贡献率	60.206	
	KMO度量	0.904	
	Bartlett球形度检验	35412.489***	
	Cronbach's Alpha	0.889	

注：*** $p<0.001$，** $p<0.01$，* $p<0.05$。

表 1-3　工作与家庭冲突变量的相关系数矩阵

编号	1	2	3	4	5	6	7	8	9	10	11
1	1.000										
2	0.374***	1.000									
3	0.487***	0.466***	1.000								
4	0.291***	0.530***	0.414***	1.000							
5	0.290***	0.608***	0.411***	0.577***	1.000						
6	0.360***	0.532***	0.449***	0.505***	0.636***	1.000					
7	0.334***	0.228***	0.389***	0.292***	0.270***	0.367***	1.000				
8	0.388***	0.301***	0.474***	0.361***	0.310***	0.412***	0.590***	1.000			
9	0.303***	0.330***	0.400***	0.456***	0.367***	0.415***	0.469***	0.575***	1.000		
10	0.321***	0.370***	0.415***	0.470***	0.394***	0.460***	0.410***	0.542***	0.653***	1.000	
11	0.328***	0.291***	0.400***	0.383***	0.296***	0.381***	0.420***	0.585***	0.554***	0.651***	1.000

注：1. *** $p<0.001$，** $p<0.01$，* $p<0.05$。
2. 限于篇幅，表中横纵向最边缘的整数分别代表工作与家庭冲突量表的 11 个变量，具体内容与表 1-2 相同。

(2)（总）工作家庭冲突变量的生成。

根据前述因子分析的结果，总的工作家庭冲突可以经过以下计算公式进行推算：

$$工作家庭冲突 = (31.562/60.206) \times 家庭-工作冲突 + (28.644/60.206) \times 工作-家庭冲突 \quad (式1-1)$$

计算结果表明，总工作家庭冲突的最大值为2.14，最小值为-1.33，标准化均值为0，标准差为0.71。为了便于解读，经过百分制[①]转换，上述工作-家庭冲突的最大值转化为100，最小值为1.08，均值为38.94，标准差为20.20。照此类推，家庭-工作冲突转化后的均值为43.05，标准差为16.30；工作-家庭冲突转化后的均值为48.91，标准差为15.02。可见，城市中已育人群的工作家庭冲突程度没有预期的那么高，基本处于中等水平，而整体上工作-家庭冲突要大于家庭-工作冲突（$t=22.145$，$p<0.001$）。

按照数据正态分布的特点，工作-家庭冲突的程度高低可由相应的均值和标准差进行推算（Aiken. L. S, West. S. G., 1991），即百分制之后，将因子得分小于均值和一倍标准差之差者界定为低水平冲突，将因子得分大于均值和一倍标准差之和者界定为高水平冲突，而介于两者之间的则为中低水平和中高水平冲突。具体结果如表1-4所示。

表1-4　城市已育人群的工作与家庭冲突程度

冲突程度	工作家庭冲突		家庭-工作冲突		工作-家庭冲突	
	得分	百分比	得分	百分比	得分	百分比
低水平	≤18.74	16.4	≤26.75	19.6	≤33.89	15.8
中低水平	18.75—38.94	34.4	26.76—43.05	29.5	33.90—48.91	36.1
中高水平	38.95—59.14	34.9	43.06—59.35	34.3	48.92—63.93	32.7
高水平	≥59.15	14.3	≥59.36	16.5	≥63.94	15.4

4) 职业流动

职业流动既包括跨组织之间的横向流动，也包括组织内的相对职业位置的变化，对个体的工资收入、就业岗位、职务升迁、就业心态等均产生一定的影响。因此，本研究主要从被访者生育前后在工资收入、工作职务、

---

① 计算公式：百分制的因子值=（因子值+B）×A。其中，A=99/（因子最大值－因子最小值），B=（1/A）－因子最小值（边燕杰，李煜，2000，第301页）。

工作岗位这三个维度的相对变化来判断职业流动的方向,同时将上述三者通过因子分析整合为一个综合因子,以便于进一步考察和比较。故实际上因变量有以下四个。

(1) 生育前后被访者在工作岗位方面的相对变化。通过询问被访者"与孩子出生前相比,你的工作岗位有变化吗?"来实现。为了方便后期解读统计结果,将其逆向赋值为:1=比以前的岗位差;2=没有变化;3=比以前的岗位好。

(2) 生育前后被访者在工作职务方面的相对变化。通过询问被访者"与孩子出生前相比,你的工作职务(或职称)有变化吗?"来实现。为了方便后期解读统计结果,将其逆向赋值为:1=比以前低;2=没有变化;3=比以前高。

(3) 生育前后被访者在工资收入方面的相对变化。通过询问被访者"与孩子出生前相比,你的工资收入有变化吗?"来实现。为了方便解读后期统计结果,将其逆向赋值为:1=减少了;2=没有变化;3=增加了。

(4) 职业变化的综合因子。将被访者在上述工作岗位、工作职务及工资收入方面的相对变化这三个变量进行因子分析,最终得到一个命名为"职业变化"的综合因子,并将这个综合因子的得分作为因变量进行后续分析。

2. 自变量

围绕着生育、抚养行为和被访者的职业变化,在这里,自变量主要涉及被访者的就业特征、家庭结构与资源、工作家庭的冲突与平衡、结构性与文化因素等。需说明的是,可将上述因变量根据不同的研究主题在不同的模型中作为自变量来使用。

1) 就业特征

(1) 工作经验。按照惯例,以工作年数来衡量。由于调查中并没有让被访者直接填写工作年数,因此需要通过问卷中相关问题的推算来获得,即"调查年份""被访者入职年份"与"产假时间"三者的差值,即是其工作年数。考虑到变量间非线性关系的存在,将工作年数的平方项也纳入考量范围。

(2) 单位属性。通过询问被访者"你在哪种单位工作?"来获得,具体区分了国有部门、公司/企业、个体经营等九类单位。根据研究的需要,合并相近选项后将其重新编码为：1＝国有部门；2＝外资/合资企业；3＝个体经营；4＝其他。

（3）职业类型。通过询问被访者"你具体的职业是什么？"来获得，具体区分了工人、商业贸易人员、服务业人员、邮电通讯业人员、行政办事人员、干部/管理人员、教师、科技人员、医疗卫生人员、建筑房地产业人员、个体经营者、银行保险业人员、交通运输人员、军人/公检法人员等十五类职业。

（4）现职的获得方式。通过询问被访者"你现在的工作是通过什么方式得到的？"来获得，具体划分了七种类型的求职方式。根据研究目的，合并相近选项后将其重新编码为：1＝自谋；2＝社会关系（包含亲友、同事、客户介绍）；3＝国家或学校分配。

（5）产后是否回到原单位工作。通过询问女性被访者生育后是否更换工作进行逆向推导，赋值情况为：1＝是；0＝否。

（6）更换工作的原因。通过询问被访者"生育后孩子妈妈换工作的主要原因是什么？"来获得。根据研究的需要，合并相近选项后将其处理为虚拟变量，重新编码为：0＝非照顾子女原因；1＝需要照顾孩子。

（7）继续教育情况。通过询问被访者"近两年来，你是否参加过与工作相关的培训或进修？"来获得。原始赋值情况为：1＝是；2＝否。

（8）工作满意度：将原备选项中相近者进行了合并，重新赋值为：1＝满意；2＝一般；3＝不满意

（9）成就动机：通过测量被访者对自身晋升或事业发展的看重程度来获得相关信息，在操作化过程中将原备选项中相近者进行了合并，重新赋值为：1＝低；2＝高。

（10）职业生涯高原。组织管理学研究者和心理学家将个体职业生涯发展中晋升可能性变小的阶段称为"职业生涯高原"，有主观职业生涯高原与客观职业生涯高原之分。本研究通过被访者对自身职业发展趋势的主观评价来了解个体的职业心态，它本质上是基于其客观现实遭遇而进行的一种心理投射和预估性判断，故属于对主观职业生涯高原的测量。在操作化过程中，合并相近选项后将其处理为虚拟变量，重新编码为：0＝否；1＝是。前者代表个体不存在主观职业生涯高原的负面心态，后者代表个体存在主观职业生涯高原的负面心态。

（11）工作表现。通过被访者对前一年工作完成情况的自我评价来获得相关信息，在操作化过程中合并相近选项后重新编码为：1＝好；2＝中；3＝差。

（12）加班情况。通过询问被访者最近半年的加班频率来获得相关信息，在操作化过程中处理为虚拟变量：1＝是；0＝否。

2）家庭结构与资源

（1）居住模式。本研究主要考察了被访者是否和老年父母共同居住，并进一步细分为与男方父母同住、与女方父母同住。通过询问被访者"你们双方父母目前和谁住在一起？"实现。为了便于研究，将原备选项进行了合并且重新赋值为：0＝共同居住；1＝分开居住。

（2）配偶就业情况，是指被访者的妻子（或丈夫）的就业情况。通过询问被访者"你爱人目前的工作情况是怎样的？"实现。为了便于研究，将原备选项合并为三项并重新赋值：1＝全职；2＝兼职或临时工；3＝未就业。

（3）丈夫的收入水平。通过询问被访者"你爱人每月的收入在下列哪个范围？"来获得，具体区分了由低到高九个等级的收入水平。

（4）丈夫的单位属性。通过询问被访者"你爱人在哪种单位工作？"来获得，具体区分了国有部门、公司企业、个体经营等九类单位。根据研究的需要，合并相近选项后将其重新编码为：1＝国有部门；2＝外资/合资企业；3＝个体经营；4＝其他。

（5）丈夫的职业。通过询问被访者"你爱人的具体职业是什么？"来获得，具体区分了工人、商业贸易人员、服务业人员、邮电通讯业人员、行政办事人员、干部/管理人员、教师、科技人员、医疗卫生人员、建筑房地产业人员、个体经营者、银行保险业人员、交通运输人员、军人/公检法人员等十五类职业。

（6）丈夫的教育水平。通过询问被访者"你爱人的文化程度如何？"来获得。具体区分为初中及以下、高中或中专、大专、本科、研究生五个水平。根据研究目的，将其转换为高低两种教育水平。

（7）子女特征，包括孩子的数量与年龄。首先，孩子数量的测量通过询问"你们有几个孩子？"来获得。根据不同的统计分析需要，有两种处理方法。其一，按照原始变量处理，测量层次为定距（或定比）。其二，鉴于计划生育政策在城市所造成的"一个家庭只有一个孩子"的普遍现实,以及希望预测"单独二孩"政策实施后孩子数目的增加对女性职业可能产生的压力,将该变量处理为虚拟变量:0=1个;1=2个及以上,从而方便以"孩子数量为1"作为参照系进行比较。关于孩子年龄的测量,鉴于样本中育有一个孩子的母亲居多,故这里主要考察第一个孩子的年龄和第二个孩子的年龄;或者,根据被访者目前被抽到的子女的学龄段,将孩子的年龄段分组为:1=幼儿园阶段;2=小学阶段;3=初中阶段。

(8) 女性对家庭的经济贡献。由女性收入占夫妻双方收入的比例来表示,得分越高,代表女性对家庭的经济贡献越大。

(9) 家庭决策权。由代表各项家庭事务决定权的10道子题目先累加后取其均值而获得,得分越高,代表妻子在家庭中的决策权力越大。

(10) 夫妻关系。按照从低到高的十分制原则,要求被访者对于夫妻关系进行主观评价。得分越高,表明夫妻关系越好;反之则代表夫妻关系较差。

3) 工作与家庭的互溢

(1) 工作与家庭的冲突程度。通过询问被访者"您在工作和家庭这两方面是否有冲突?"来获得。根据研究的需要,合并相近选项后将其重新赋值为:1=没有冲突;2=冲突小;3=冲突大。

(2) 工作与家庭的相对投入(即投入重心)。通过询问被访者"相比之下,您的时间和精力更多的是放在了工作上还是家庭上?"来实现,侧重比较了已育人群在工作和家庭二者之间的客观投入情况。

(3) 工作-家庭价值倾向。通过询问被访者"当工作与家庭发生冲突时,您优先考虑的是工作还是家庭?"来实现。

(4) 工作与家庭的时间冲突。具体操作化为每天陪伴子女的时间、每周家务劳动的累计小时数以及每周闲暇的累计小时数。

4) 社会支持

(1) 家庭育儿支持。在本研究中,共有三种操作化途径:① 参照被访者本人作为主要照顾者,泛指家庭其他成员所提供的育儿支持;② 以先后时间作为区隔,具体操作化为子女3岁之前的家庭照顾支持和子女当前的家庭照顾支持;③ 根据支持的提供方,具体操作化为来自配偶的支持和来自老年父母(即子女祖辈)的支持。结合研究需要,本研究选择不同操作维度的家庭支持进入实际的分析和讨论。

（2）组织支持。根据西方研究惯例，本研究将组织支持具体操作化为工作氛围、生育制度的执行、主管支持和同事支持。

① 工作氛围：通过向被访者询问其所在单位是否设置托儿所或提供灵活的工作时间等照顾子女的便利，以了解单位是否营造了家庭友好的工作氛围。在操作化过程中，合并相近项后处理为虚拟变量：0＝无；1＝有。

② 生育制度的执行：主要是向被访者了解其所在单位的生育相关制度执行情况。在操作化过程中，合并相近项后处理为虚拟变量：0＝差；1＝好。

③ 主管支持：主要是向被访者了解其单位领导是否能够对其家庭照顾责任提供情感或行动支持。在操作化过程中，合并相近项后处理为虚拟变量：0＝无；1＝有。

④ 同事支持：主要是向被访者了解其同事是否能够对其家庭照顾责任表示理解并分担工作。在操作化过程中，合并相近项后处理为虚拟变量：0＝无；1＝有。

5）结构性与文化因素

（1）雇主歧视。由分别代表具体歧视类型的六道题目累加而来，得分越高，代表歧视越严重。具体的歧视现象包括用人单位拒绝雇佣女性、用人单位要求延迟（或禁止）怀孕、因为怀孕或生育而出现被停薪、转岗、降级或辞退等六种歧视现象。需要指出的是，由于无法确切地区分上述歧视现象究竟是被访者自己亲身经历的，还是被访者所观察到的身边女性的遭遇，故该变量仅作研究性参考。

（2）政策支持。在这里，主要是指生育假期政策对女青年的育儿支持，表现为产假时间、分娩费用报销比例、产假期间的工资福利情况等。

① 产假时间。通过询问被访者"孩子妈妈生这个孩子时，休了多长时间的产假？"来获得。根据不同的分析需要，有两种处理方法。其一，按照原始变量处理，测量层次为定距（或定比）。其二，进一步将其划分为四个时长等级，并重新赋值为：1＝少于3个月，2＝3—5个月，3＝6—12个月，4＝1年以上。鉴于法定产假的长短会随着对象（如晚育者、多胞胎生

育者、剖宫产者、独生子女者)、职业和地域而出现差别①，本研究将 3—5 个月的时限均视为正常休产假。

② 分娩费用报销比例。通过询问被访者"孩子妈妈生孩子的费用主要来自哪里?"来获得。赋值情况为：1＝全部个人自费；2＝部分报销；3＝全额报销。

③ 产假期间的工资福利情况。通过询问被访者"孩子妈妈在休产假期间的工资福利怎样?"来获得。根据研究需要，将其处理为虚拟变量：1＝有；0＝无。

(3) 社会态度与认知。主要考察了被访者对于生育、家庭内性别分工、母职及对子女的看重程度的态度及其对家长角色的认知，包括如下三点。

① "性别观""子女观"和"母职观"。这三个变量是通过测量性别角色态度与生育观念的量表进行因子分析而获得三个综合因子。

② 父母幸福感。通过询问被访者"你觉得，作为父亲（或母亲）幸福吗?"获得相关信息。在操作化过程中，合并相近选项后重新赋值为：1＝幸福；2＝一般；3＝不幸福。

③ 父母压力感。通过询问被访者"你觉得，作为父亲（或母亲）有压力吗?"获得相关信息。在操作化过程中，合并相近选项后重新赋值为：1＝压力大；2＝中等压力；3＝压力小。

3. 控制变量

(1) 年龄。由于调查中并没有让被访者直接填写其年龄，因此需要通过对问卷中相关问题的推算来获得，即"调查年份"与"被访者出生年份"的差值即是其年龄。考虑到变量间非线性关系的存在，将年龄的平方项也纳入进来。

(2) 受教育水平。通过询问被访者"你自己的文化程度如何?"来获得。具体区分为初中及以下、高中或中专、大专、本科、研究生五个水平。

---

① 现行的国家产假规定是国务院通过的《2021 年女职工劳动保护特别规定》，但地方政府在具体执行时有所调节。具体规定为：女职工单胎顺产者，给予产假 98 天，其中产前可以休假 15 天。难产者，增加产假 15 天（国家规定）至 30 天（地方选择性执行）；多胞胎生育者，每多生育一个婴儿，增加产假 15 天。而且，部分从业者（如大学教师）能够享受正常的带薪产假长达半年以上。

(3) 女青年的收入。通过询问女性被访者"你每月的收入在下列哪个范围?"来获得,具体区分了由低到高九个等级的收入水平。或者,在部分研究中,根据组中值转换为连续型变量。

(4) 健康状况。通过询问被访者"目前,你的身体健康情况如何?"实现。为了便于研究,将其备选项合并为三项并逆向赋值为:1=不好;2=一般;3=好。

(5) 成年前主要的生活地。通过询问被访者"18岁前你主要生活在哪里?"实现。为了便于研究,将原有的六个备选项合并为两项并重新赋值为:0=农村;1=城市。

(6) 女青年的首次生育年龄。由于调查中并没有让被访者直接填写其初育年龄,因此需要通过问卷中相关问题的推算来获得,即"母亲年龄"与"第一个孩子的年龄"的差值即是其首次生育年龄或初育年龄。考虑到变量间非线性关系的存在,将初育年龄的平方项也纳入考量范围。

(7) 是否为独生子女。通过询问被访者"你有兄弟姐妹吗?"实现。具体赋值情况为:1=没有;2=有。换言之,选"1"者为独生子女,选"2"者为非独生子女。

(8) 地域。根据调查地所在城市的地理分布,重新赋值为:1=东部;2=中部;3=西部。

(9) 城市规模。以小城市作为参照组,重新赋值为:1=大中城市;2=小城市。

(三) 统计分析策略

本研究旨在探索生育对于女性职业生涯可能产生的影响,为多孩生育政策下女青年的就业行为提供预测依据。在生育政策调整的背景下,女青年的劳动参与的现状如何?是否曾经因生育发生过职业中断?相较于男青年,女青年是否面临着更为剧烈的工作家庭冲突?生育前后,女青年的职业流动是水平流动还是垂直流动?生育在女青年的劳动供给、职业中断经历、工作家庭冲突及职业流动中扮演着何种角色?不同社会阶层及地域的女青年是否在劳动供给、职业中断经历、工作家庭冲突与职业流动方面存在着不同?是否又与已育男青年存在着显著差别?针对上述问题,既可以通过简单的描述性分析与交互分析对女青年在劳动供给、职业中断经历、工作家庭冲突与职业流动等方面的现状进行描述,并比较其与男青年的差异,也可以采用回归分析对其中的运行机制予以剖析,以寻找生育相较于其他非生育因素在女青年的劳动供给、职业中断经历、工作家庭冲突与职业流动中所发挥的特殊效应,并进一步比较生育对于两性职业发展的差异性影响。

在实际的操作过程中,本研究除了采用因子分析进行降维和初步探索,也根据因变量和自变量各自的属性与类型,分别建立不同的统计分析模型。本研究主要运用的统计分析方法归纳如下。

1. 描述统计

本研究中主要运用频数(或百分比)分布对原始数据进行整理和呈现,包括对样本概况、已育人群的劳动供给现状、工作家庭冲突与职业流动的状况的描述,如类别、频数、累积频数、百分比及累积百分比等。同时,以自变量与因变量的不同测量水平,分别对不同社会阶层女性的劳动供给现状、职业中断经历、工作家庭冲突与职业流动的状况进行卡方检验或均值比较与检验,或者比较两性在上述四个方面的差异。此外,对部分变量进行了中心化处理,使得不同测量水平的变量及数据具有相同的单位集中点,以便于比较。

2. 因子分析

在本研究中,部分变量和问卷中的题项并非是一对一的对应关系,更可能是一对多的对应关系,其所代表的是反映多个题项背后共同特征的潜在变量。通常这些受到共同潜在变量影响的题项以同一主题的量表的形式出现。在对量表的信度与效度进行检验之后,以特定的理论观点或概念架构为基础,通过因子分析来提取这些潜在变量,以达到探索性分析或降维的目的,并为后续的统计分析做准备。以工作家庭冲突变量为例,其因子分析的基本表达式为:

$$WFC = b_1 X_1 + b_2 X_2 + \cdots + b_{11} X_{11} + U \quad (式1-2)$$

其中,量表中 X_1 到 X_{11} 这十一个观察变量被用来估计"工作家庭冲突"这个共同因子,U 则是"工作家庭冲突"这个潜在变量无法被上述11个题项估计到的独特部分。而通过因子得分系数 b_1、b_2、$\cdots$、b_{11} 可以计算每个观察变量的得分及其对共同因子变量的贡献力。而在本研究中,工作家庭冲突、工作-家庭冲突、家庭-工作冲突、性别角色观念、子女观、母职观等变量均是遵照因子分析的程序萃取而成。

3. 多元线性回归

为了厘清主要变量之间的关系,根据线性关系的假设与因变量具体的测量水平(定距或定比)采用一般线性回归模型(odinary liner squres model)来寻找对因变量的变异最为合理的解释。在本研究中,由于影响已育女青年职业行为的解释变量通常不止一个,此时就需要建立一套包含多个解释变量的多元回归模型,同时纳入多个自变量来对因变量进行解释与预测,而这种类型的因变量在本研究中主要以上述因子分析所得的共同因子变量为典型。多元线性回归方程的一般表达式为:

$$Y = B_0 + B_1 X_1 + B_2 X_2 + B_3 X_3 + \cdots + B_k X_k + \varepsilon \quad (\text{式 } 1\text{-}3)$$

通常假设因变量 Y 与 k 个自变量 X_1、X_2、…、X_k 线性相关,ε 为不可观测的随机误差。B_0 为模型的截距,X_k 为第 k 个解释变量,B_k 表示为第 k 个解释变量对因变量的作用力,其与因变量的关系表现为在控制其他变量的情况下,自变量 X_k 每改变一个标准差单位,因变量 Y 相应的 B_k 个单位的变化量(郭志刚,1999)。

4. 逻辑斯蒂回归

由于在本研究中还有相当一部分因变量为定类或定序型变量,如已育女青年是否参与劳动,是否有过职业中断经历,职业流动究竟是向上流动、水平流动还是向下流动,故需建立针对类别数据的逻辑斯蒂回归模型,并根据因变量的具体属性,可以细分为二元逻辑斯蒂回归与有序逻辑斯蒂回归分析。以职业中断为例,其二元逻辑斯蒂回归的表达式为:

$$\text{Logit}[P(职业中断的概率)] = a_0 + B_1 X_1 + B_2 X_2 + B_3 X_3 + \cdots + B_k X_k$$
$$= \text{Logit}[P(职业中断的概率)/$$
$$(1 - P(职业中断的概率)] \quad (\text{式 } 1\text{-}4)$$

其中,a_0 为模型的截距,X_i 为解释变量,B_k 表示为第 k 个解释变量对因变量的影响,它表明在其他条件不变的情况下,自变量 X_k 一个单位的变化,使得职业中断的发生比率增加或减少 $\exp(B_k)$ 倍(阮桂海,2005)。

5. 中介与调节效应分析

因变量与自变量之间的关系有时候会受到第三变量的影响,既可能是通过自变量影响这个第三变量而间接影响因变量的调节效应,也可能是这个第三变量让自变量对因变量的影响有条件地发生变化(温忠麟等,

2012)。在本研究中，为了进一步区分不同来源的社会支持对丁已育青年工作家庭冲突所发挥的不同效应及性别差异，分别考察家庭资源和人力资本对于女青年劳动供给的贡献力大小，根据效应实施的前提性条件并结合理论与经验判断，分别建立中介效应模型与调节效应模型予以深入考察。

第二章 "妈妈就业轨迹":家庭与市场的博弈

围绕着个体的生命周期,结婚、怀孕、产子和抚养未成年子女既是时间轴上里程碑式的标记,又对女性的就业行为产生了迥异于男性的深远影响。这些重大生命事件对女性的劳动供给产生了"分流"的作用,即女性可能会在这些时间标记下多次进入或退出劳动力市场,从而造成职业生涯的中断及其特有的就业模式。在西方发达国家及日韩社会,女性的就业模式普遍是以在生育时彻底退出劳动力市场、等到子女进入学龄期时再重新就业为特征的 M 型就业曲线,而我国则正在经历着由计划经济时代的倒 U 型就业曲线向 M 型就业曲线的转变(金一虹,2008;吴愈晓,2010)。这种就业模式通常以婚育或子女的抚养作为时间的切割点,故被形象地比喻为"妈咪轨迹"(mommy track)。

正是女性特有的生命周期与其职业生涯的相互交融,催生了特定阶段的职业女性——"工作母亲"(working mothers),相较于"职业女性"(professional women)对于从事有偿市场活动的女性的笼统称谓,"工作母亲"这个称谓更加具体而形象。纵观相关文献,由于该概念具有不言自明性,现有文献鲜少对其进行明确界定,国内仅有一篇文献将其简单地描述为"同时兼具'有职'和母亲身份的职业妇女"(金一虹,2013)。可见,工作与家庭角色的双重性是工作母亲的突出特征,由此在客观行为上导致了其工作与家庭的冲突(尤其是工作与子女照顾之间的冲突)明显大于男性,并在心理上面临着自我认同的重新建立、母职身份与职业身份相协调的"再社会化"过程(Ladge,Greenberg,2015)。

与此同时,从历史的角度来看,工作母亲是工业化历程中的进化产物,成为已育女性继"全职妈妈"(stay-at-home mothers)之后的另一种替代性选择。较之于"全职妈妈",工作母亲一方面因需要兼顾工作而对子女看管不足或亲子互动质量有限,从而体验到更多的压力和焦虑,另一方面亦可能享受市场劳动所带来的成就感以及在子女心目中树立其工作形象和榜样作用,譬如提高子女的独立性与自食其力的自豪感(Motro and Vanneman,2015)。

综上,本研究将工作母亲界定为生活在城市中,从事有偿市场劳动并育有未成年子女的女青年。在这里,城市仅作为个体生活地的地理区分,而非户籍界定。换言之,无论已育女青年所持有的是农业户口还是非农业户口,无论是调查城市的原住民或外来移民,只要该个体在调查时间点在城市中居住并就业,均可将其视为工作母亲。

第一节 工作母亲的劳动供给

一、劳动供给的界定

在梳理文献时发现,劳动供给又被称为劳动力供给、劳动参与、就业状态,因广泛地应用于劳动经济学、组织管理学、社会学等多种学科,由此具有了不同的表述方式。严格来说,劳动供给(labor supply)是指在一定的市场工资率的条件下,劳动力供给的决策主体(家庭或个人)愿意并且能够提供的劳动时间。通常个体在进行劳动供给决策时,并非"一步到位",而是根据市场工资率和家庭收入等背景作出"连环反应":先决定是否进入劳动力市场就业,进入劳动力市场之后再选择劳动时间的长短,随后再决定单位劳动时间内的生产效率(Heckman,1993)。因此,就文献的主题指向而言,劳动供给在社会学的相关研究中主要指代的是劳动供给的主体对是否参与市场活动所作出的一种选择,通常是与劳动参与、就业等名词可进行互换的同义词,从广义概念的角度强调宏观趋势的变化。而在劳动经济学与组织管理学的相关研究中,劳动供给则被指代为劳动供给主体进入劳动力市场之后愿意且能够提供的劳动量,侧重于在既定市场工资率下对劳动供给主体所从事的劳动时间(小时数)的精确测量。而且,就分析指标而言,劳动参与率和就业率是衡量劳动供给的两种形式。根据国际劳工组织的界定,劳动参与率表现为劳动年龄人口(16—60岁)中劳动参与人口所占的比重,而就业率则是指就业人口在16岁以上总人口中的比例（国际劳工局，2000）。需要说明的是，劳动参与人口既包括就业人口，也将失业人口纳入其中。换言之，就业状态实际上可以被进一步区分为三类：在职状态、失业状态及非市场活动状态。

参照以往的研究惯例，结合实际的问卷设计，本研究将劳动供给界定为已育女青年是否参与市场活动。无论是从事全职工作还是兼职工作，已育女青年的在职状态均可被视为存在劳动供给，而其他非在职状态（如失业、全职主妇）均可被视为不存在劳动供给。同时，将在职女性占全体女性样本的比例视为就业率。

二、理论假设

母亲的劳动供给不仅受到与未婚人群相同的劳动供给规律的引导，更是家庭内部共同决策的结果。经验研究表明，除了女性自身的年龄、受教育水平、生育率、工资率的变化之外，家庭经济状况、家庭结构和规模也是母亲进行劳动供给决策时的重要依据（Chang，2011）。

首先，母亲作为个体，其劳动供给行为同时受到替代效应和收入效应的相互推拉。工资率的变化会对个体的劳动供给行为产生截然不同的两种影响。一方面，工资率的提高使得闲暇的机会成本也随之增高，因此个人倾向于用工作来代替闲暇，从而导致个体劳动供给的增加，这就是"替代效应"。另一方面，在劳动时间恒定的条件下，工资率的上升使得个体的闲暇需求增大，从而导致个体劳动供给的减少，也就是"收入效应"（Dessing，2002）。只不过，相较于男性仅在市场工作和闲暇生活之间进行时间分配，现实生活中女性的时间配置则在男性"二分"模式的基础上加入了家务时间的考虑，从而使得在女性的劳动供给中替代效应占据主导地位，而男性的劳动供给则以收入效应作为主导，并且这种性别差异在西方经济学领域中得到较多的验证（Smith，Ward，1985；Altug，Miller，1998）。

其次，作为家庭成员的母亲，其劳动供给主要是家庭效用与个人利益进行博弈的结果。鉴于女性的生理优势和社会对女性的角色定位，女性在市场工作的同时还能够提供家庭生产和家庭照顾，以供家庭其他成员消费。因此，女性比男性承担了更多的"家庭公共品"且部分具有不可替代性（如生育和抚养幼龄子女）。同时，女性的劳动参与能够提高其用于服装、娱乐等"私人消费品"的收益，故母亲劳动供给的效用水平取决于独立的私人物品消费和家庭公共品消费（Kornstad and Thoresen，2007）。经济学家认为，在家庭公共品消费中家庭成员采取的是"共同偏好"策略，即在共同的预算约束下，夫妻双方在一致同意或利他主义的基础上实现家庭福利的最大化。而对于家庭内的私人物品消费，则通过成员之间的合作（或非合作博弈）达成，即夫妻双方根据各自在家中的地位和资源通过讨价还价来决定个体的效用（Beblo，2000）。

而在现实生活中，母亲的劳动供给并不是夫妻之间一次性议价的结果，极可能伴随着无限重复的博弈，而且还受到子女的年龄和数量、丈夫收入水平变化、儿童照顾可获得性等因素的影响。因此，母亲不仅会根据家庭需要和市场供求情况来调整自身的劳动供给数量，还可能会暂时或永久地退出劳动力市场。那么，职业中断便成为母亲就业曲线中一种常态式的存在。经济学家和社会学家认为，女性的职业中断不仅导致人力资本存量的减少而使后续的职业发展受损（Frieda，Joy，2005），在男性特质的组织文化中更被视为一种无法保证对组织忠诚和承诺的信号，从而强化了劳动力市场中针对女性的歧视（Marco，2002）。不过，近些年来国内外的经验研究显示，国家所提供的生育假期、家庭补贴及幼儿托管服务等制度性安排能够弥补女性因生育或抚养子女所造成职业中断的成本（Stier et al.，2001）。而在我国，历史传统及现实家庭需要所促成的祖辈帮助照顾孙辈现象，则为工作母亲的持续就业提供了极为重要的支持（宋健，周宇香，2015；黄桂霞，2014）。

结合我国的现状来看，城市女性在受教育水平提高和生育率下降的同时，其就业率近年来呈下降趋势，而在家庭内部，传统的性别分工依然具有较强的生命力。那么，随着多孩政策的全面推广，母亲的劳动参与必将发生一些新的变化。鉴于此，本研究提出以下假设。

假设1：以家庭为单位，丈夫的收入水平越高，母亲越倾向于减少劳动供给。

假设2：以家庭为单位，子女的年龄越小、数量越多，母亲越倾向于减少劳动供给。

假设3：人力资本的提升，有利于母亲的就业。

假设4：产假制度和家庭育儿支持将促进母亲的劳动参与。

三、已育青年劳动供给的宏观分布

宏观层面上，性别、年龄、地域及三者的共同作用使得已育青年的劳动供给呈现出一定的差别。而在家庭内部，已育女性的劳动供给则因丈夫收入水平、子女特征、家庭育儿支持的可获得性、自身的受教育程度和职业中断经历及上述五者之间的组合效应而表现出多元化的态势。

以往的研究显示，家庭角色的转变及其所带来的工作与家庭的相对投入倾斜，使得已育青年的劳动供给显著有别于未婚未育人群。鉴于此，本研究着重考察了已育青年的劳动供给在地域和性别上的差异及其随着家庭生命周期而波动的趋势。

统计结果显示，已育青年的劳动供给不仅在地域上存在显著差异，而且母亲的劳动供给明显有别于父亲。如表 2-1 所示，在地域上，已育青年的劳动供给随着地方经济发展水平的提高而增加。并且，整体上父亲的劳动供给显著高于母亲，前者的就业率为 84.7%，而后者的就业率为 73.8%。

表 2-1 劳动供给的地域差异和性别差异

就业情况		地域			性别	
		东部	中部	西部	女性	男性
就业情况	就业率/（%）	80.5	77.2	74.1	73.8	84.7
	未就业率/（%）	19.5	22.8	25.9	26.2	15.3
(N)		(7778)			(7710)	
		$\chi^2=29.095$, df=2, $p=0.000$			$\chi^2=117.123$, df=1, $p=0.000$	

由于劳动供给生命周期理论假定了个体在不同的生命周期会呈现出迥异的就业行为，而作为重大生命事件的结婚、生育和子女抚养皆具有明显且相对集中的时间标记，因此，劳动供给中叠加于地域和性别之上的年龄效应是本研究接下来欲考察的对象。

首先，仅就年龄对于女性劳动参与的影响来看，各年龄段母亲的就业情况存在着显著差异。如表 2-2 所示，25 岁以下母亲的就业比例最高，26—30 岁的母亲的就业比例较低，30 岁之后母亲的就业率显著回升，此后又随着年龄的增长而减少劳动参与。通常说来，在我国城市中，26—30 岁正是女性的生育期或幼龄子女的抚养期，作为生育的主要载体及其所绑定的家庭责任使得女性在该时期的劳动供给大为减少。而随着子女的长大，女性重返劳动力市场，原本锐减的劳动供给得以迅速恢复并在一定的水平保持稳定，但达到一定的年龄之后，女性的劳动供给又开始呈下降趋势。现有的国内外研究皆已证实，女性婚前的劳动供给普遍大于婚育后，且婚育后随着年龄的增加而减少劳动力参与（蔡昉，王美艳，2004；张车伟，吴要武，2005；张川川，2011；Drohnic，2000）。那么，结合上述母亲的就业变化趋势，不难发现，我国城市女性的就业模式正在从计划经济时代的倒 U 型曲线向欧美国家的 M 型就业曲线靠拢。这既是市场经济转型使然，也标志着女性的劳动参与由政治意识形态的标签向私人生活的个体选择的转变。

表 2-2　各年龄段母亲的劳动供给

	年龄分组							
	≤25 岁	26—30 岁	31—35 岁	36—40 岁	41—45 岁	46—50 岁	51—55 岁	≥56 岁①
就业率/（%）	81.5	65.9	76.0	77.2	72.8	58.6	48.6	50.0
未就业率/（%）	18.5	34.1	24.0	22.8	27.2	41.4	51.4	50.0
(N)	(27)	(417)	(1411)	(2006)	(973)	(191)	(37)	(8)
$\chi^2 = 67.531$, df $= 7$, $p = 0.000$								

如果我们进一步地将视野推及性别、地域和劳动供给的交互作用，则发现不同地域已育青年的劳动生命周期显著存在着差异。如图 2-1 至图 2-3 所示，无论是东部、中部还是西部地区，父亲在各个年龄段的就业率普遍高于女性。而且，除了东部地区个体生命周期对劳动供给的影响显著，父亲的就业率曲线相对较为平缓，即除了东部地区之外，父亲在各年龄段的劳动供给情况大致相似。而母亲的就业率曲线则起伏较大，通常存在明显

---

① 由于调查中的被访者主要是子女尚在幼儿园、小学和初中就读的父母，预估年龄在 23—49 岁之间。而 56 岁及以上的女性被访者在本研究中仅为 8 例，故该人群的就业率仅作参考，男性被访者亦然。

的转折点（26—30 岁阶段是最低点），在不同的年龄段，其劳动供给存在显著差异。这说明，生育对于女性劳动供给的影响要远远大于对男性的影响。

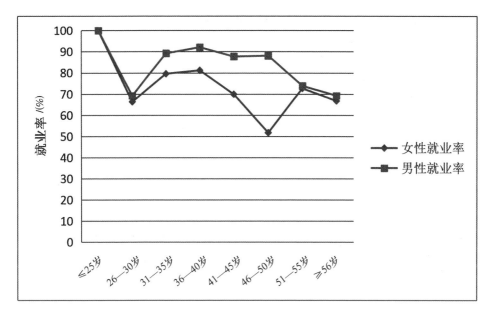

图 2-1　东部地区已育人群就业率

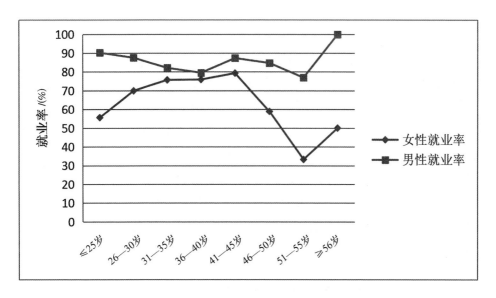

图 2-2　中部地区已育人群就业率

就地域而言，东部地区母亲和父亲的就业率变化趋势最为相近，都呈现出 25 岁之前达到峰值，26—30 岁跌至谷底，30 岁以后就业率回升，之

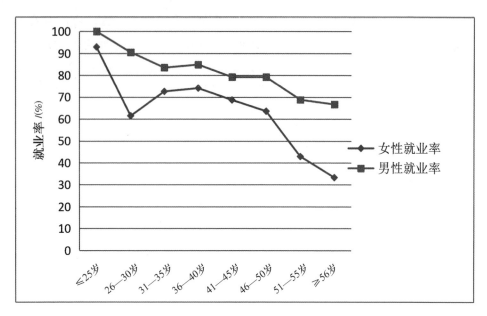

图 2-3 西部地区已育人群就业率

后就业率基本上随着年龄的增长而下降。此外，西部地区母亲和父亲的就业率变化趋势也较为接近。除了母亲的就业率在 26—30 岁存在大幅下滑，30 岁之后开始反弹，二者基本上均呈现出 25 岁之前就业率达到峰值，30 岁之后就业率随着年龄的增长而呈递减趋势，只不过母亲 50 岁以后就业率的降幅显著大于父亲。而中部地区母亲和父亲的就业率变化趋势则最为"南辕北辙"：在 36—40 岁这个年龄段之前，父亲随着年龄的增加而削减劳动供给，母亲则随着年龄的增长而增加劳动供给；在 40 岁之后，二者的就业率都经过小幅回升，之后再次随着年龄的增加而递减，只不过女性的跌幅显著大于男性（尤其是在 51—55 岁的阶段）。可见，个体的劳动生命周期既需要与个体的家庭生命周期相契合，也受到地方经济发展水平的影响。在本研究中，前者体现为婚育对于个体劳动供给的作用，譬如，各地域的母亲在特定年龄段（生育抚养期或退休期）均会大幅减少劳动供给；后者则体现为地方经济发展水平对就业率的促进作用及其独特的就业变化趋势。

四、已育女青年的劳动参与现状

根据研究目的，这里主要以已育女青年为研究对象，累计获得有效个案 4861 个。基本情况如表 2-3 所示。

表 2-3　已育女青年的基本特征

变量名称	百分比/（%）	变量名称	百分比/（%）
年龄（N=4861）		职业类型（N=4861）	
30岁及以下	9.2	公务员/事业单位职工	27.6
31—35岁	29.2	公司/企业员工	47.8
36—40岁	41.4	个体经营者	20.3
41—45岁	20.2	其他	4.3
教育水平（N=4861）		是否为独生子女（N=4861）	
初中及以下	20.6	独生子女	19.9
高中/中专	27.7	非独生子女	80.1
大专	21.6	城市分布（N=4861）	
本科	25.0	上海	9.1
研究生	5.0	南京	8.1
工作情况（N=4861）		厦门	8.0
全职工作	66.2	四会	7.0
兼职/临时工	8.8	北京	9.6
下岗/待业	1.3	长春	8.6
全职主妇	15.2	新乡	9.1
其他	8.5	汉川	8.0
个人收入水平（N=4861）		重庆	8.5
2000元及以下	17.9	兰州	7.7
2001—4000元	42.2	桂林	7.1
4001—6000元	20.4	简阳	9.2
6001—9000元	10.2	子女数量（N=4861）	
9001—12000元	4.1	1个	72.2
12000元以上	5.2	2个	25.8
		3个及以上	2.0

从年龄的分布来看，36—40岁的已育女青年最多（占比41.4%），其次为31—35岁的女青年（占比29.2%），41—45岁的女青年人数比居于第三位（占比20.2%），30岁及以下的女青年人数最少（占比9.2%）。就是

否为独生子女来看，大部分为非独生子女（占比80.1%），独生子女人群占总体的19.9%。就受教育水平来看，除了研究生学历的女青年相对较少（占比5.0%）之外，其他四种学历者均占到总体的20%以上。其中，具有高中（或中专）学历的女青年最多（占比27.7%），其次为本科学历（占比25.0%），而初中及以下学历和大专学历的人群则大致相当（前者为20.6%，后者为21.6%）。就工作现状来看，大部分已育女青年处于在职状态，未就业者的比例约占样本总体的四分之一。而对于在职的已育女青年而言，从事全职工作的人群占比（66.2%）远远超过从事兼职（或临时工）工作的人群（8.8%）。就从事的具体职业来看，公司（或企业）员工的比例最高（47.8%），公务员及事业单位职工的比例居于其次（27.6%），个体经营者的比例也达到五分之一以上。从收入分布来看，收入在2001—4000元的已育女青年占比最大（占比42.2%），收入在4001—6000元的人群次之（占比20.4%），收入在2000元及以下的人群紧随其后（占比17.9%），而收入在6001—9000元的人群约占样本总体的十分之一，收入在9000元以上的人群在已育女青年总体中不足10%。就子女数量而言，大多数女青年育有1个孩子（占比72.2%），育有2个孩子者占总体的25.8%，而育有3个及更多孩子的女青年相对最少，仅占总体的2.0%。就地域来看，各城市中样本人群的分布相对均匀。

（一）家庭决策下已育女青年的劳动供给

就个体而言，劳动供给既是劳动力市场供求关系的体现，也是个体为了自身效用的最大化而进行消费和闲暇的理性选择。但是，具体到母亲的劳动供给，则需要从家庭的整体性视角来考察。换言之，家庭结构与资源对母亲劳动参与的影响至少是不逊于某些个体特征的，甚至有些时候所发挥的效力更大。故本研究将丈夫的收入、子女数量及年龄段和家庭育儿支持纳入家庭结构与资源的范畴，重点考察了上述每个变量对于女青年是否参与社会劳动的单独影响及其之间的交互作用。其中，模型1代表家庭结构与资源对于女青年劳动参与的主效应，模型2至模型4则是在主效应模型的基础上，分别引入丈夫收入与其他自变量的交互项。

在这里，借鉴世界银行对于收入水平的划分方法，本研究将男性被访者的收入从高到低进行排序，在这一序列中，排名前10%的人群作为高收入者，最后的40%作为低收入者，而中间的50%的人群作为中等收入人群，以丈夫的收入水平为切入点，重点考察家庭内部是如何通过家庭效用与个体利益之间的博弈来决策女青年的劳动供给（见表2-4）。

表2-4 家庭结构/资源与已育女青年劳动供给的logistic回归

变量	模型1		模型2		模型3		模型4	
	Exp（B）	S.E.	Exp（B）	S.E.	Exp（B）	S.E.	Exp（B）	S.E.
子女数量	0.361***	0.064	0.388***	0.096	0.363***	0.064	0.360***	0.064
子女学龄（幼儿园＝0）								
小学	0.842*	0.084	0.846*	0.084	0.770	0.140	0.842*	0.085
初中	0.804*	0.100	0.810*	0.100	0.667**	0.152	0.800*	0.100
家庭育儿支持（无＝0）	2.416***	0.071	2.421***	0.071	2.408***	0.071	1.792***	0.107
丈夫收入（低＝0）								
中等收入	1.223**	0.074	1.601*	0.205	1.145	0.154	1.002	0.097
高收入	0.896	0.119	0.729	0.321	0.597*	0.203	0.659**	0.150
子女数×丈夫中等收入			0.825	0.135				
子女数×丈夫高收入			1.159	0.211				
小学×丈夫中等收入					1.012	0.185		
小学×丈夫高收入					1.788*	0.268		
初中×丈夫中等收入					1.260	0.214		
初中×丈夫高收入					2.030*	0.356		
丈夫中等收入×家庭育儿支持							1.604**	0.150

续表

变量	模型1		模型2		模型3		模型4	
	Exp(B)	S.E.	Exp(B)	S.E.	Exp(B)	S.E.	Exp(B)	S.E.
丈夫高收入×家庭育儿支持					7		2.238**	0.255
常量	8.216***	0.125	7.380***	0.163	9.030	0.150	9.438***	0.132
χ^2	475.009***		478.512***		482.907***		490.581***	
−2 LL	5055.231		5051.728		5047.333		5039.659	
Cox & Snell R^2	0.093		0.094		0.095		0.096	
Nagelkerke R^2	0.137		0.138		0.139		0.141	
N	4861		4861		4861		4861	

注：*** $p<0.001$，** $p<0.01$，* $p<0.05$。

如表2-4所示，不考虑交互项时（即模型1），家庭结构与资源的相关变量对于女青年劳动参与的影响都很显著。具体来说，子女数量的增多或学龄的增长均降低女青年的劳动供给，家庭育儿支持的获得则能够促进女青年的劳动供给，而丈夫的收入水平则对女青年的劳动参与产生不同的影响。

在其他因素不变的情况下，每多生育一个孩子，使得女青年的就业概率下降63.9%。相较于子女在幼儿园阶段的女青年，子女在小学阶段和初中阶段的女青年的就业概率分别下降了15.8%和19.6%；而获得家庭育儿支持的女青年的就业概率是其本人作为子女的主要照顾者的2.416倍。此外，相较于丈夫为低收入者的已育女青年，丈夫的收入在中等水平时其就业概率是前者的1.223倍；而丈夫的收入为高水平时将降低后者的劳动供给，尽管该项并不显著。这预示着丈夫的高收入对已育女青年劳动供给存在着"收入效应"，即丈夫工资收入的上升将刺激已育女青年的闲暇（或家庭照顾）需求并减少劳动供给。

为了进一步观察丈夫处于不同收入水平时子女的特征、家庭育儿支持分别对已育女青年劳动供给的影响，在模型2至模型4中分别增加了丈夫收入与上述变量的交互项。结果显示，丈夫的收入对女青年劳动供给的影响并不存在子女数量方面的差异，但是子女学龄的差异、家庭育儿支持的可获得性则与丈夫的收入水平产生不同的组合效果。

模型 3 则在模型 1 的基础上进一步加入了子女学龄与丈夫收入的交互项。结果显示，控制了其他变量之后，对于子女在幼儿园阶段的女青年而言，丈夫高收入者比丈夫低收入者的就业概率下降了 40.3%；而对于子女在小学阶段的女青年而言，丈夫高收入者比丈夫低收入者的就业概率增加了 6.7%（1.788×0.597－1）；对于子女在初中阶段的女青年而言，丈夫高收入者比丈夫低收入者的就业概率增加了 21.2%（2.030×0.597－1）。在这里，体现了丈夫收入、儿童照顾成本与女性的市场工作收益之间的动态关系。当丈夫的收入处于低水平时，维持家庭运转的需要会刺激女性增加劳动供给，但若儿童照顾成本大于女性的市场工作收益时，则会促使女性减少劳动供给而选择从事家庭照顾。而当丈夫的收入处于中高水平时，即丈夫的收入足够维持甚至大于家庭生活需要，此时收入效应大于替代效应，女性的劳动供给将减少。若结合子女的年龄来考虑，则在子女年幼时，较高的儿童照顾成本使得丈夫收入的提升所致的收入效应占据支配地位，导致女青年减少劳动供给。随着子女的长大，儿童照顾成本的降低使得丈夫收入的提升对女青年的劳动供给产生替代效应，从而导致女青年增加劳动供给。

模型 4 则在模型 1 的基础上加入了家庭育儿支持与丈夫收入的交互项。结果显示，控制了其他变量之后，对于没有家庭育儿支持的女青年而言，丈夫中等收入者较丈夫低收入者的就业概率不存在显著差异（Exp（B）＝1.002），但丈夫高收入者比丈夫低收入者的就业概率下降了 34.1%。同时，对于具有家庭育儿支持的母亲而言，丈夫中等收入者比丈夫低收入者的就业概率增加了 60.7%（1.604×1.002－1），丈夫高收入者比丈夫低收入者的就业概率增加了 47.5%（2.238×0.659－1）。在这里，家庭育儿支持由于对女青年的育儿责任具有相当程度的替代性，从而对女青年的劳动参与具有较强的促进作用。因此，上述在丈夫的收入、儿童照顾成本与女性的市场工作收益三者之间的博弈则简化为丈夫收入和家庭育儿支持的可获得性二者之间的互动。

（二）人力资本效应

在劳动力市场中，女青年的劳动供给受到学校教育、在职培训和工作经验的影响，而这三者皆可以被视为个体的人力资本投资。同时，鉴于女性的劳动供给明显且有随着家庭生命周期而波动的特点，女性因生育而中断职业则可以被视为个体人力资本的流失。因此，本研究将女性的受教育水平、在职培训、工作经验和职业中断经历均纳入人力资本效应的范畴，并重点考察了上述每个变量对于已育女青年劳动供给的单独影响及其之间的交互作用。其中，模型1代表人力资本对于已育女青年劳动供给影响的主效应；模型2至模型4则是在主效应模型的基础上，分别引入"职业中断"与其他自变量的交互项（见表2-5）。

表2-5 人力资本和已育女青年劳动供给的 logistic 回归

变量	模型1 Exp(B)	模型1 S.E.	模型2 Exp(B)	模型2 S.E.	模型3 Exp(B)	模型3 S.E.	模型4 Exp(B)	模型4 S.E.
受教育程度（初中及以下=0）								
高中/中专	1.085	0.102	1.082	0.160	1.086	0.102	1.092	0.102
大专	1.623***	0.124	2.741***	0.190	1.621***	0.124	1.618***	0.124
本科	3.336***	0.157	7.097***	0.232	3.302***	0.158	3.195***	0.157
研究生	4.483***	0.337	9.186***	0.482	4.433***	0.338	3.751***	0.343
进修（否=0）	2.683***	0.087	2.592***	0.087	2.880***	0.164	2.658***	0.087
工作年限	1.021	0.015	1.023	0.016	1.021	0.015	1.157***	0.035
职业中断（否=0）	0.344***	0.095	0.501***	0.140	0.356***	0.117	7.520**	0.744
高中/中专×职业中断			1.010	0.104				
大专×职业中断			0.641***	0.124				
本科×职业中断			0.469***	0.158				
研究生×职业中断			0.448*	0.368				
进修×职业中断					0.907	0.191		
工作年限×职业中断							0.857***	0.037

续表

变量	模型1		模型2		模型3		模型4	
	Exp(B)	S.E.	Exp(B)	S.E.	Exp(B)	S.E.	Exp(B)	S.E.
常量	2.047*	0.307	1.455	0.319	1.988*	0.312	0.168**	0.685
χ^2	745.455***		781.950***		745.715***		763.699***	
-2 LL	3867.057		3830.562		3866.798		3838.813	
Cox & Snell R^2	0.156		0.163		0.156		0.160	
Nagelkerke R^2	0.240		0.251		0.240		0.245	
N	4861		4861		4861		4861	

注：*** $p<0.001$，** $p<0.01$，* $p<0.05$。

如表2-5所示，不考虑交互项时（模型1），除了工作年限，人力资本的相关变量对于已育女青年劳动供给的影响都很显著。而且，虽然工作年限对于女青年的劳动供给影响并不显著，但仍可以看出前者对后者有正向促进作用。那么，与假设相符，自身的受教育水平、进修经历和工作经验对女青年的劳动供给具有积极影响，而职业中断经历则对女青年的劳动供给具有消极作用。

具体来看，在其他因素不变的情况下，相较于初中及以下学历者，拥有大专、本科或研究生学历的已育女青年的就业概率分别是前者的1.623倍、3.336倍和4.483倍，基本呈现出已育女青年的劳动供给随着受教育水平的提高而增强的趋势。同时，相较于未参加在职培训者，参加过在职培训的已育女青年的就业概率是前者的2.683倍，而职业中断经历使得已育女青年的就业概率下降65.6%。

为了进一步观察人力资本增量与人力资本减量之间的相互抵消效应及其对女青年劳动供给的影响，在模型2至模型4中分别增加了职业中断与受教育水平、在职培训、工作年限的交互项。结果显示，除了进修经历与职业中断的交互项不显著之外，受教育水平与职业中断的交互项及工作年限与职业中断的交互项均显著。这说明，一方面，教育和工作年限对女青年劳动供给的积极作用均受到职业中断的干扰；另一方面，由于生育后女性因雇主歧视所获得的在职培训较少，有可能导致这种进修经历对于阻隔职业中断的负面效应小，使得二者的交互效应被掩盖。

具体来看，模型2在模型1的基础上加入了受教育水平与职业中断的交互项。结果显示，对于初中及以下文化程度的已育女青年而言，有过职业中断经历者比没有职业中断经历者的就业概率下降了49.9%（1－0.501）；对大专学历的已育女青年而言，有过职业中断经历者比没有职业中断经历者的就业概率下降了67.9%（1－0.641×0.501）；对本科学历的已育女青年而言，有过职业中断经历者比没有职业中断经历者的就业概率下降了76.5%（1－0.469×0.501）；对研究生学历的已育女青年而言，有过职业中断经历者比没有职业中断经历者的就业概率下降了77.6%（1－0.448×0.501）。在这里，可以清楚地看到，已育女青年的学历越高，职业中断对其劳动参与的阻力越强。可能的原因在于，高学历者比低学历者被附着了更高的职业中断成本，包括与高学历相匹配工作的稀缺性、职业中断期高学历者的人力资本贬值速度高于低学历者、高学历者在工作转换时因对新工作的高期盼（如宁缺毋滥）而付出更多的工作搜寻成本等。

模型4则在模型1的基础上加入了工作年限与职业中断的交互项。结果显示，对于没有职业中断经历的已育女青年而言，工作年限每增加一年，则使得其就业概率提高15.7%（1.157－1）。对于有职业中断经历的已育女青年而言，工作年限每增加一年，则使得其就业概率下降了0.8%（1－1.157×0.857）。这一方面说明，持续性就业对于女性劳动参与有正面累积性效应。另一方面，也可以看到职业中断加速了女性的人力资本的"折旧"，导致女性的职业发展"事倍功半"。

此外，纵观人力资本的各个模型，工作年限这个变量几乎总是处于沉默的"缺席"状态。在本研究中，除了在模型4中该变量通过了显著性检验，在其他模型中皆不显著。但是，通过概率值，仍可以判断其对已育女青年劳动供给的影响是正向的，即工作年限的增加有利于已育女青年的劳动供给。在这里，之所以工作年限变量几乎总是处于"不发声"状态，可能与女性就业的间断性及其工作经验测量的不够精确有关。有别于男性的持续就业，女性受到生命周期的影响，可能会多次进入或退出劳动力市场。那么，以计算男性工作经验的方法（年龄－受教育年限－6）来测量女性的工作经验就会产生误差，使得统计结果偏低（雅各布·明塞尔，2001）。因此，对已育女青年工作经验的精确测量值得相关女性职业研究者的高度关注和深入推进。

五、影响因素分析

在多种因素共同作用的情况下，影响已育女青年劳动供给的因素又有哪些呢？鉴于此，除了上述家庭结构与资源、人力资本等变量，本研究还将劳动力市场、工作家庭冲突、女青年的个体特征、地域、性别观念、对生育和母职的社会态度等一并纳入回归模型。如表2-6所示，经过来自社会制度与文化、劳动力市场、家庭、个体等多种力量相互之间的叠加或消磨，最终影响已育女青年劳动供给的因素包括个人的收入水平及其对家庭的经济贡献力、职业中断经历、生育后是否继续在原单位工作、生育后工作转换的原因及方式、工作与家庭的冲突程度、生育与工作之间的双向影响、丈夫的文化程度、子女3岁前家庭育儿支持的获得。

表 2-6 已育女青年劳动供给的影响因素

变量	Exp(B)	S.E.
职业中断经历（否＝0）	0.586*	0.233
产后继续在原单位工作（是＝0）	0.197*	0.671
换工作原因（非子女照顾＝0）	0.247*	0.636
求职方式（自谋＝0）	3.670**	0.467
单位性质（非国有部门＝0）	4.128*	0.646
女性收入水平（低水平＝0）		
中等水平	8.493**	0.815
高水平	8.397	1.227
女性对家庭的经济贡献	3.297*	0.493
丈夫的文化程度（初中及以下＝0）		
高中/中专	0.469	0.526
大专	0.322	0.630
本科	0.168*	0.688
研究生	0.176	0.904
子女0—3岁的家庭育儿支持（否＝0）	2.982*	0.497

续表

变量	Exp（B）	S.E.
工作与家庭的冲突程度（无=0）		
冲突小	0.452	0.491
冲突大	0.228*	0.574
家庭对工作的冲突	0.521*	0.272
工作对家庭的冲突	0.389**	0.287
常量	9.726*	0.579
χ^2	162.373***	
−2 LL	371.938	
Cox & Snell R^2	0.181	
Nagelkerke R^2	0.334	
N	4861	

注：1. *** $p<0.001$，** $p<0.01$，* $p<0.05$。
2. 统计分析结果中影响不显著的变量均未列出。

在劳动力市场中，女青年的职业中断经历、生育后因为照顾子女的需要而更换工作及无法继续在原单位任职均会降低其就业的可能性，而生育后通过社会资本或国家（或学校）分配的形式获得工作，在国有部门就职则有利于女青年的劳动供给。

首先，因生育所致的工作转换和职业中断给女青年的劳动参与带来不利影响。本研究显示，在其他因素不变的情况下，生育后无法继续在原单位工作使得女青年的就业概率下降80.3%，生育后因为照顾子女的需要而更换工作使得女青年的就业概率下降75.3%，而职业中断的经历使得女青年的就业概率下降41.4%。根据英国平等和人权委员会的报告，在英国，有十分之一的女性在产后复职时会被公司开除（中国新闻网，2015）。而本研究则显示，近一半的女性在生育后更换过工作。那么，女性生育后无法回到原单位继续工作则意味着无法收回生育前工作经验的收益，并且由于工作的转换无法保证新旧工作在人力资本的具体要求及收益上的对等性而增加生育前专项人力资本贬值的风险，从而影响了已育女青年劳动参与的实际收益及其积极性。而且，生育后出于家庭照顾而非职业发展的原因更换工作则明显地表现出青年女性群体的工作-家庭倾向，这种倾向会进一步表现为对工作投入的减少，影响其劳动力供给并加大其退出劳动力市场的风险。职业中断时间的延长，不仅增加了女性因人力资本流失所导致的重新就业困难，反过来也削弱了其重返职场的主观积极性，从而影响其劳动供给。

其次，从女性生育后的职业获得方式来看，社会资本或社会再分配形式有助于已育女青年的劳动参与。本研究显示，相较于那些生育后通过自身能力而获得职业的女青年，通过社会资本或国家及学校分配的形式获得工作的女青年的就业概率是前者的 3.67 倍。大部分研究认为，尽管在职业流动的过程中先赋性因素和自致性因素同时发挥着作用，但由于两性在关系资源占有方面的差异，女性比男性更依赖于家庭资源和社会网络来获得职业，即男性倾向于利用"信息资源"，而女性则更倾向于利用"人情资源"（Davis，1992；李春玲等，2011；张文宏，刘琳，2013）。因此，本研究结果则从生育后职业获得的角度证明了社会资本对于已育女性劳动供给的积极影响，也支持了以往的研究发现。

此外，相较于非国有部门的从业者，供职于国有部门的已育女青年参与就业的概率是前者的 4.128 倍。这在一定程度上说明在我国的劳动力市场中，确实存在着部门分割或者体制内外的差别。

在家庭领域中，女青年自身收入水平的提高、对家庭经济的贡献增大、幼龄儿童照顾的获得均有利于其劳动供给。本研究显示，在其他因素不变的情况下，已育女青年对于家庭经济贡献的增加使其就业的概率增加 2.297 倍。相应地，收入水平的提升也有利于已育女青年的劳动供给，特别是中等收入对于后者的正向作用尤为明显。具体来说，相较于低收入的已育女青年，中等收入的已育女青年的就业概率是前者的 8.493 倍。而且，高收入水平也趋向于促进已育女青年的劳动参与，尽管在 5% 的显著性水平下影响并不显著，但观察其概率值，仍可以发现二者呈正向关系。

综上，无论是女青年收入的绝对值，还是相较于丈夫收入的相对值，二者的提高皆有利于已育女青年的劳动供给。这也解释了为何丈夫的收入水平这个变量在家庭结构与资源模型中对已育女青年劳动供给的影响显著，而在多因素的综合模型中不显著。关键在于，在多因素协同作用的综合模型中，工资收入的上升对于女性个体劳动供给的替代效应支配了夫妻之间的博弈结果，即当女性的收入增加时，女性倾向于增加劳动供给。同时，其对家庭经济的贡献力也增大，令其获得一种相对于丈夫收入的议价效应，而后者使得母亲在夫妻双方的博弈中处于有利地位（Ott，1995）。由于两性在市场工作、家务劳动及闲暇的时间分配上存在显著差异，故经济学家认为支配二者劳动供给的行为逻辑存在着明显的区别，尤其是已婚女性的劳动参与主要受到工资率变化的替代效应影响（雅各布·明塞尔，2001）。而且，西方社会的相关研究也陆续证明，决定已婚女性劳动供给的主要是替代效应，而非收入效应（Lehrer, Nerlove, 1981; Dasgupta, 2000）。那么，结合本研究的结果观之，西方社会的上述发现在当今中国具有一定的适用性。

本研究还显示，在其他因素不变的情况下，相较于由女青年本人作为幼龄（0—3岁）儿童的主要照顾者，能够获得家庭育儿支持的女青年的就业概率是前者的2.982倍。这说明在我国，这种代与代之间的资源交换和照顾支持保证了工作母亲对工作的正常投入。而相较于丈夫为初中及以下学历者，丈夫为本科学历的已育女青年的劳动供给下降了83.2%。可能的解释是人力资本的差异在一定程度上导致了收入的差别，即学历为初中及以下的丈夫相对地收入也较低，需要妻子外出工作才能维持家庭的日常开销，而本科学历的丈夫获得较高收入的可能性相对较大，因而在家庭日常开销得到保证的基础上，妻子退出劳动力市场的选择权利更大。

此外，在工作与家庭的交叉领域，工作与家庭之间的冲突对已育女青年的劳动供给具有负面影响。具体来说，在其他因素不变的情况下，较大的工作家庭冲突使得已育女青年的就业概率下降77.2%。而且，无论是家庭对工作的冲突，还是工作对家庭的冲突，都分别使得已育女青年的就业概率下降47.9%和61.1%。可见，子女抚育依然是女青年劳动参与的重要阻碍性因素，而如何维持工作与育儿之间的平衡是每个母亲都必须面对的问题。

第二节 生育型职业中断及其瘢痕效应[①]

围绕着个体的生命周期,结婚、怀孕、产子和抚养未成年子女既是时间轴上里程碑式的标记,又对女性的就业行为产生了迥异于男性的深远影响。在西方与日韩国家,女性通常在生育时彻底退出劳动力市场,等到子女进入学龄期时再重新就业。而在我国,社会转型使得女性的就业模式由计划经济时代的持续性就业向西方社会的中断式就业过渡(金一虹,2013),生育政策的相继调整令女性因生产和养育子女而中断就业的现象愈加普遍,甚至出现主妇化的回流(吴小英,2014)。

根据第三期中国妇女社会地位调查的数据测算,2010年,女性因婚育或抚养未成年子女而中断就业的比例已达到三成,并造成就业不充分、发展空间受挤压、工作满意度低等不良影响(张银,2017)。同时,结合我国现实来看,传统的家庭性别分工和劳动力市场歧视依然根深蒂固,使得原来针对女工的"制度庇护"在市场化的冲击下逐渐失灵(吴愈晓,2010)。那么,二孩政策的全面开启无疑将增加女性职业中断的可能性(黄桂霞等,2017)。生育政策的调整对女青年的职业发展究竟是"二次伤害"还是能够"软着陆"呢?想要解答这个问题,基于现状的梳理和成因探究势在必行。遗憾的是,国内的相关研究仍相对匮乏。

一、职业中断的界定

职业中断,又被称为职业生涯中断(career interruption)、就业中断(employment interruption),常常与非持续性就业(discontinuing career)联系起来。尽管学界对于职业中断的性别差异及其带给女性的负面影响已初步达成共识,但是对职业中断的具体概念并未给出明确的界定,笼统地将劳动年龄人口暂时或永久地退出劳动力市场称为职业中断。

实际上,根据发起方的不同,职业中断可以划分为自愿性职业中断和非自愿性职业中断两种类型。前者一般由雇员发起,即通常意义的个体辞

[①] 本部分曾刊发于《河北学刊》2018年第6期,有所调整。

职；后者则主要由雇主发起，包括裁员、解雇等形式。而自愿性职业中断根据离职原因又被进一步区分为家庭原因导致的自愿性职业中断和非家庭原因导致的自愿性职业中断。其中，女性是因家庭原因导致的自愿性职业中断的高发人群，具体原因包括结婚、怀孕、生子、抚养子女、照顾老人或随配偶工作调动等。值得注意的是，从发起的过程来看，这种自愿性职业中断表面上是由女性本人主动提出的，但却是女性对特定工作与家庭冲突所作出的一种妥协，因而极有可能带有非自愿性的色彩（Stone，2007；Williams，2000）。而且，雇主所发起的非自愿性职业中断也可能是雇主对雇员照顾子女责任的歧视性反应，尤其是当女性休完产假，发现自己的岗位已被裁掉时（Calvert，2010）。因此，与家庭相关的自愿性职业中断与非自愿性职业中断的分界线有时并不是特别清晰。此外，在操作层面上，学术界就如何划归生育假期中女性的劳动力状态尚存在一定的分歧。受到不同福利体制的影响，欧洲学者倾向于将休假（产假、亲职假、哺乳假）中的女性视为市场中活跃的劳动力，而美国学者则将劳动力市场之外、没有从事有偿工作的阶段均视为职业中断，将生育假期期间的女性划归为相对静止的市场劳动力或非市场劳动力。前者界定的缺陷主要在于无法将生育所致的职业中断与其他类型的职业中断加以区分，继而无法评估生育相关的职业中断对女性带来的确切影响。

鉴于此，结合本研究的研究目的，这里将职业中断界定为因怀孕、生子或子女照顾而自愿暂停就业或彻底退出劳动力市场，并在此期间没有从事有偿劳动或在读的状态。简言之，本研究的关注点在于生育型职业中断。

（一）理论假设

理论层面上，学界从个体生命历程、人力资本和信号传递论三个视角对女性的职业中断进行了诠释，本研究在此基础上提出以下假设：

1. 基于个体生命历程论的假设

该理论指出，个体生命过程中的每个重大事件都会对其工作、生活产生程度不一的影响。作为个体生命历程重大事件的生养和抚育，由于女性不论在生理还是社会分工上都是上述二者的主要承担者，故它们对女性的影响要远超对男性的影响。本研究认为，在从结婚、怀孕、生产再到抚养未成年子女的过程中，女性投入的时间与精力会随着子女的年龄或健康状况而发生不同的变化,故假设:女青年受婚育等重大生命事件的影响而多次出入劳动力市场,并形成不同类型的职业中断。

2. 基于人力资本论的假设

该理论认为,职业中断不仅会减少女性自身的人力资本存量,还将降低雇主对其进行投资的理性预期,从而导致培训等增长专用人力资本途径的减少或无法获得(Frieda,Joy,2005)。鉴于业已存在的"职业天花板"和女性就业歧视等现状,本研究假设:职业中断将对已育女青年的劳动供给、职业获得产生负面影响,后者可能表现为对母亲的收入惩罚。

3. 基于信号传递论的假设

该理论强调,现有的企业组织文化具有男性特质,即以男性作为理想员工的原型,故职业中断被视为一种无法保证对组织忠诚和承诺的信号,从而强化了劳动力市场针对女性的歧视(Marco,2002)。本研究认为,上述歧视的信号不仅左右企业的用人决策,对女性亦传递出负面信息,从而导致其就业行为和心理的变化。因此本研究假设:职业中断将对已育女青年的职业流动产生负面影响,并可能挫伤其就业的积极性,将其驱逐出劳动力市场之外,增加再次生育和做全职妈妈的可能性。

(二)职业中断在现实中普遍吗?

根据研究目的,本研究首先通过被访者的家长角色分类(即孩子的父亲或母亲),锁定母亲为研究对象。接下来,通过被访者是否有过职业中断经历的回答,进一步缩小研究对象的范围。

如表2-7所示,超过一半(53.3%)的已育女青年经历过职业中断。就受教育水平来看,低学历女青年发生职业中断的比例显著高于高学历者。随着教育水平的提高,女青年职业中断的发生率递减。就年龄来看,30岁以下的已育女青年是职业中断的高发人群,其比例均达到75%以上。就是否为独生子女的身份来看,青年女性中非独生子女者发生职业中断的比例(56.6%)高于独生子女者(38.9%),而后者持续就业的比例(61.1%)高于前者(43.3%)。就生育子女的数量而言,多子女[①]的女青年发生职业中断的比例(72.2%)显著高于只有一个孩子的女青年(46.6%)。就子女

[①] 这里,多子女是指生育两个及以上孩子。

的年龄而言,在第一个孩子0—3岁时女青年发生职业中断的比例最高(55.3%),其次为第一个孩子7岁及以后(54.7%);对于有2个或更多子女的女青年而言,整体上第二个孩子的存在会加重多子女母亲的职业中断比例,其发生率均接近或达到了70%,尤其在第二个孩子4—6岁时是多子女母亲职业中断的多发期(78.2%)。

表2-7 样本概况

变量		有无职业中断占比/(%)		频数	卡方检验
		有过	没有		
受教育水平 ($N=4681$)	初中及以下	76.7	23.3	(910)	$\chi^2=994.086$, df=4,$p=0.000$
	高中/中专	73.9	26.1	(1293)	
	大专	50.5	49.5	(1040)	
	本科	23.6	76.4	(1197)	
	研究生	14.5	85.5	(241)	
年龄 ($N=4690$)	25岁以下	80.8	19.2	(26)	$\chi^2=118.696$, df=4,$p=0.000$
	26—30岁	75.7	24.3	(412)	
	31—35岁	55.4	44.6	(1378)	
	36—40岁	47.9	52.1	(1949)	
	41—45岁	51.0	49.0	(925)	
是否为独生子女 ($N=4658$)	独生子女	38.9	61.1	(944)	$\chi^2=96.347$, df=1,$p=0.000$
	非独生子女	56.6	43.4	(3714)	
子女数量 ($N=4686$)	1个	46.6	53.4	(3423)	$\chi^2=247.077$, df=1,$p=0.000$
	2个及以上	72.2	27.8	(1263)	
第一个孩子的年龄 ($N=4629$)	0—3岁	55.3	44.7	(103)	$\chi^2=12.056$, df=2,$p=0.002$
	4—6岁	48.6	51.4	(1023)	
	7岁及以上	54.7	45.3	(3503)	
第二个孩子的年龄 ($N=1241$)	0—3岁	69.4	30.6	(340)	$\chi^2=7.074$,df $=2$,$p=0.029$
	4—6岁	78.2	21.8	(335)	
	7岁及以上	72.1	27.9	(566)	
家庭来源 ($N=4670$)	农村	63.7	36.3	(2056)	$\chi^2=161.274$, df=1,$p=0.000$
	城市	45.0	55.0	(2614)	

续表

变量		有无职业中断占比/（%）		频数	卡方检验
		有过	没有		
地域 ($N=4690$)	东部	49.2	50.8	(1502)	$\chi^2=17.171$, $df=2$, $p=0.000$
	中部	54.1	45.9	(1668)	
	西部	56.6	43.4	(1520)	
城市类型 ($N=4690$)	大中城市	48.7	51.3	(3151)	$\chi^2=83.905$, $df=1$, $p=0.000$
	小城市	62.9	37.1	(1539)	
合计		53.3	46.7	100.0	
(N)		(2502)	(2188)	(4690)	

就家庭来源而言，成长于农村家庭的已育女青年发生职业中断的比例高于成长于城市家庭者，二者的比例分别为63.7%和45.0%。在地域上，西部地区已育女青年发生职业中断的比例最高（56.6%），其次为中部地区（54.1%），东部地区女青年的职业中断比例最低（49.2%）。而就城市规模来看，小城市中已育女青年的职业中断发生率显著高于大中城市的女青年，前者为62.9%，后者为48.7%，这说明了不同地方经济发展水平对女青年职业中断具有差异性效应。

二、职业中断的类型及其记忆效应

（一）不同职业中断类型的比较

基于总体样本，女青年由于生育和照顾子女而中断职业的比例为53.3%。换言之，一半以上的女青年经历过生育型职业中断。

鉴于个体会根据自身及家庭的需要而选择在家庭生命周期的不同阶段进行职业中断，本研究进一步将这种职业中断划分为五种类型，分别是：之前工作，结婚后就辞职，生育后重新工作（A型）；之前工作，怀孕后就不再工作，一直做全职主妇到现在（B型）；之前工作，怀孕后辞职，生育后重新工作（C型）[①]；之前工作，孩子出生后就不再工作，一直做全职主

---

① C型职业中断与持续性就业的区别在于：其一，产后是否受雇于同一雇主；其二，产假时间是否在国家法律规定的时限之内。

妇到现在（D型）；之前不工作，生育后才开始工作（E型）。同时，将出现某一类型职业中断的人群占有过职业中断的全部女性青年人群的比例视为该类型职业中断的发生率。

研究结果显示，结婚、怀孕、产子是女青年职业中断的重要诱因。按照发生率的高低，C型职业中断的发生率最高（44.4%），其次为A型职业中断（23.3%），B型职业中断排在第三位（15.2%），D型职业中断排在第四位（12.8%），而E型职业中断的发生率最低（4.3%）。那么，从就业轨迹来看，有过职业中断的女青年大多采取的是"暂停式就业"，即从学校毕业后初次进入劳动力市场，在结婚或怀孕后退出劳动力市场，生育后再重返劳动力市场。相应地，在本研究中，女青年发生职业中断时的年龄也呈现出在30岁之前达到峰值，30岁以后有下降的趋势。这从侧面证明了我国女性的就业模式正逐步向西方国家的M型就业曲线靠近。

实际上，围绕着结婚与生育等重大生命事件而发生的职业中断，将女性的就业模式精细区分为四种：除了上述的持续性就业、暂停式就业之外，还包括生养期就业和中年期就业。顾名思义，后两者是指女性首次进入劳动力市场的时间是在怀孕、抚养子女期间或者在完成上述职责之后（Velsor, Orand, 1984）。而且，一项对美国白人女性的追踪调查发现，在上述四种就业模式中，生养期就业和中年期就业对女性收入的负面影响最大（Budig, Hodges, 2010）。鉴于此，本研究进一步考察了不同类型的职业中断对女青年收入的影响。在这里，收入是指在职的被访者当前每月的工资收入，故将目前被访者属于未就业状态的B型和D型职业中断排除在外，着重考察目前被访者处于就业状态的A型、C型和E型职业中断（见表2-8）。

表 2-8　不同职业中断者的收入与中断期

职业中断的类型	收入均值/元	职业中断期/年		
		平均值	最小值	最大值
A 型	3676.48	2.82	0.5	13
C 型	3904.61	2.42	0.1	18
E 型	3331.67	3.83	0.2	18
N	1509			
差异性检验	$F=1.307$, df$=2$, $p>0.05$	$t=4.415$, df$=1046$, $p=0.000$		

如表2-8所示，就平均月收入而言，经历过职业中断且目前在职的已育女性中，经历C型职业中断者的收入最高，其次为经历A型职业中断者，而经历E型职业中断者的收入最低，尽管三者之间的差异并不显著。相应地，C型职业中断者的职业中断期最短（平均值为2.42年），A型职业中断者的中断期稍长（平均值为2.82年），而E型职业中断者的职业中断期最长（平均值为3.83年），且三者之间差异显著。可以看到，职业中断期越长，职业中断者的收入越低。人力资本理论假设，人力资本存量的减少或贬值将导致职业回报的下降。同理，职业中断的时间越长，越意味着人力资本储备的大量流失，故会导致职业中断个体收入的下降。

此外，鉴于上述三种职业中断者在首次进入及重返劳动力市场的时间上存在着差异，可推论首次进入劳动力市场时间愈晚、生育后重返劳动力市场时间愈拖延，对女青年收入的负面影响越大。对应由职业中断所分割出来的四种就业模式，则在本研究中，C型职业中断者相对处于有利位置，因为其既有生育前的工作经验，而且又是在怀孕时中断职业，故生育前工作经验要多于另两种类型的职业中断；E型职业中断者则相对处于不利位置，因为其是在抚养子女之时或完成该责任之后才首次进入劳动力市场，故其只有生育后的工作经验，生育前工作经验为零；而A型职业中断者的职业中断时间点是在结婚时，故其生育前的工作经验要少于C型职业中断者，但优于E型职业中断者，所以它居于二者之间。

（二）职业中断的"记忆效应"

纵观女性整体的职业生涯，职业中断在其中或许只是沧海一粟。然而，职业中断的经历不仅记录着人力资本存量的减少，还可能导致雇主的歧视以及女性在后续职业发展中的受阻，可谓为职业中断的"记忆效应"。鉴于此，本研究将被访者是否有过职业中断的经历作为区分标志，通过描述有过职业中断的女青年与持续就业女青年的从业现状、职业流动和职业心态，以比较二者的异同。同时，考虑到多孩政策的全面普及，这里将职业中断和已经育有一孩的女青年的再生育意愿相关联，希望进一步考察二者之间的内在联系。

首先，在生育后的职业流动方面，有过职业中断经历的女青年与持续就业的女青年存在显著差异。如表2-9所示，从工作职务的流动来看，持续就业的女青年在生育后工作职务向上流动的比例（32.4%）显著高于有过职业中断经历的女青年（17.5%），而有过职业中断经历的女青年在生育后工作职务向下流动的比例（15.1%）显著高于持续就业者（2.9%）。从工作岗位的流动来看，有过职业中断经历的女青年在生育后工作岗位向下流动的比例（20.8%）高于持续就业者，大部分持续就业的女青年则在生育前后保持了水平的岗位流动（74.8%）。而从收入变化来看，持续就业的女青年在生育后收入增长的比例（36.6%）要高于有过职业中断经历者（26.0%），而有过职业中断经历的女青年在生育后收入下降的比例（12.0%）显著多于持续就业者（3.1%）。

表 2-9 职业中断与已育女青年的职业流动

项目		职务流动/（%）			岗位流动/（%）			收入变化/（%）		
变化		向上	水平	向下	向上	水平	向下	向上	水平	向下
职业中断与否	是	17.5	67.4	15.1	17.5	61.6	20.8	26.0	62.0	12.0
	否	32.4	64.7	2.9	20.9	74.8	4.3	36.6	60.3	3.1
N		4344			4347			4292		
显著性检验		$\chi^2=276.963$, df=2, $p=0.000$			$\chi^2=201.885$, df=2, $p=0.000$			$\chi^2=150.472$, df=2, $p=0.000$		

作为对上述收入变化趋势的印证，职业中断与否还影响着已育女青年当前的月收入和生育后的平均收入增益。在表 2-10 中可以看到，有过职业中断经历的女青年的当前月收入均值为 3768.937 元，持续就业女性当前的月收入均值为 5482.771 元，后者显著高出前者 1713.834 元。同样地，持续就业的女性在生育后的收入增长值显著高于有过职业中断经历的女性，二者的差值约为 541.672 元。

表 2-10 职业中断与已育女青年的收入值

项目		均值/元	平均增加值/元	平均减少值/元
职业中断与否	是	3768.937	2056.432	2208.587
	否	5482.771	2598.104	1752.273
N		4026	987	228
差异性检验		$F=183.147$, df=1, $p=0.000$	$F=5.325$, df=1, $p=0.03$	$F=0.354$, df=1, $p>0.05$

综上，职业中断对于已育女青年工作职务的向上流动、收入及其增长均带来负面影响，但是对于已育女青年的工作岗位流动的影响则具有双向性。这是因为人力资本与工作搜寻匹配共同作用于职业流动的过程之中。一方面，在同等条件下，专用人力资本的提高要求劳动力个体对同一（或相似）工作的累积性投入，才能将其进一步转化为劳动力市场收益。另一方面，鉴于劳动力市场信息的非对称性及劳动个体的异质性，职业流动则是个体以较小的工作搜寻成本获得更大职业回报的"快速通道"，在雇主与雇员之间的非对称性"匹配"或低学历低技能劳动人群中尤为明显（吴愈晓，2011）。故在本研究中，职业中断虽然不利于专用人力资本的增加，但是理想的工作转换在一定程度上可以弥补上述人力资本的不足。

正是由于职业中断对已育女青年的职业流动以负面影响居多，接连导致了其在当前就业状况中的不利局面。如表2-11所示，相较于持续就业的已育女青年，有过职业中断经历的已育女青年在就业现状方面明显处于劣势。

表2-11 职业中断与已育女青年的就业现状

项目		现职状态/（%）			单位性质/（%）			
		全职工作	兼职工作	未就业	国有部门	公司企业	个体经营	其他部门
职业中断与否	是	55.6	15.7	28.7	7.0	36.6	20.7	35.7
	否	91.7	2.9	5.4	39.8	40.8	9.9	9.5
N		4286			4690			
显著性检验		$\chi^2=708.279$, df=2, $p=0.000$			$\chi^2=992.124$, df=3, $p=0.000$			

首先，从现职状态来看，职业中断对于已育女青年的劳动力供给具有较强的阻隔作用。持续就业的女青年绝大部分从事的是全职工作（91.7%），而有过职业中断经历的已育女青年从事兼职工作和未就业的比例显著高于持续就业的女青年，特别是近三分之一的有过职业中断经历的已育女青年处于未就业状态。

其次，从单位属性来看，持续就业者供职于国有部门的比例显著高于职业中断者，而职业中断者从事个体经营及在其他部门供职的比例显著高于持续就业者。实际上，单位的所有制形式和已育女青年的职业中断发生与否是密切相关的。一方面，单位所有制形式在组织规范性、福利待遇以及国家法规的遵守和执行上的差别在相当程度上决定了女雇员职业中断发生的可能性。通常，国有部门比私有部门更有利于女性的持续就业。另一方面，部门之间的壁垒（如准入门槛、跨部门工作经验的兼容性、岗位的更替率与饱和度）可能阻碍有过职业中断经历的女性在不同所有制形式的单位之间进行职业流动。

表 2-12　职业中断与已育女性的职业心态

项目		工作满意度/（%）			职业生涯高原/（%）		成就动机/（%）	
		高	中	低	是	否	低	高
职业中断与否	是	46.6	38.8	14.8	71.9	28.1	55.8	44.2
	否	60.4	28.2	11.4	69.6	30.4	52.7	47.3
N		4381			4272		4349	
显著性检验		$\chi^2=86.544$, df$=2$, $p=0.000$			$\chi^2=2.710$, df$=1$, $p>0.05$		$\chi^2=4.051$, df$=1$, $p>0.05$	

而且，职业中断还进一步影响到已育女青年的职业心态。如表 2-12 所示，持续就业的已育女青年的工作满意度更高（60.4%），而有过职业中断的已育女青年对工作持中立态度和消极评价的比例高于前者。职业中断所导致的向下职业流动和职业回报的受损，是该人群工作满意度不高的客观原因。反过来，与职业中断前相比，职业中断后重新就业所经历的向下职业流动和下降的职业回报则进一步导致心理期望的落差，从而在主观上加剧对工作的负面评价。此外，就职业生涯高原来看，本研究并未发现持续就业和中断就业的已育女青年存在着差异（$p>0.05$），但总体上女青年在生育后出现职业生涯高原心态的比例较高。而在成就动机方面，不论是否经历过职业中断，已育女青年的成就动机普遍不高（$p>0.05$）。

既然职业中断使原本就非坦途的女性职业发展之路变得更加不顺遂，那么，是否会加剧女青年对家庭的依赖呢？在多孩政策全面推广的当下，最直接的表现莫过于职业女性的"解甲归田"——做全职妈妈或生育二孩（或三孩）意愿的提高。如表 2-13 所示，有过职业中断经历的已育女青年的再生育意愿显著高于持续就业的已育女青年，后者则倾向于不生育第二个孩子。相应地，职业中断与否也对女青年是否愿意做全职妈妈产生显著影响。从全职母亲意愿来看，有过职业中断经历的女青年愿意做全职妈妈的比例显著高于持续就业的女青年，而持续就业的女青年不愿意做全职妈妈的比例则显著高于前者。显然，本研究的结果更指向了生育的"逆向选择"，即当个体职业发展得越糟糕时，个体越倾向于生育（Lundberg, Elaina, 2000）。

表 2-13 职业中断与已育女青年的主观意愿

项目		全职母亲意愿/（%）		再生育意愿/（%）	
		愿意	不愿意	愿意	不愿意
职业中断与否	是	30.2	69.8	53.2	46.8
	否	24.4	75.6	45.1	54.9
N		4630		1109	
显著性检验		$\chi^2=19.903$, df$=1$, $p=0.000$		$\chi^2=6.992$, df$=1$, $p=0.008$	

三、职业中断的影响因素

从结婚、怀孕，再到产子、抚育，不断地有女性退出或重新进入劳动力市场。这种内嵌于个体生命周期的非持续性就业在女性身上表现得尤为突出，而且由此形成了有别于男性的职业生涯轨迹。那么，究竟是哪些因素导致了女青年的职业中断呢？其中是否存在"缓冲带"或"安全阀"？鉴于此，本研究进一步建立了逻辑斯蒂模型，以生育为连接点，来考察劳动力市场、家庭、社会政策与制度、社会态度对女青年职业中断的协同作用。

统计结果如表 2-14 所示，显著影响女青年职业中断的因素包括第一个孩子的年龄、女性的工作与家庭倾向、家庭对工作的冲突、产后是否回到原单位、产假时长、产假期间工资福利的发放情况、幼龄子女的照顾、雇主歧视、文化程度及是否为独生子女。

表 2-14 女青年职业中断的影响因素

变量	Exp（B）
第一个孩子的年龄	0.272*
工作与家庭的倾向（家庭=0）	0.295*
工作家庭冲突程度	1.362

续表

变量	Exp(B)
家庭对工作的冲突	2.597**
初育年龄	0.454
丈夫的受教育水平	0.654
个人对家庭经济的贡献力	0.798
个人收入	0.987
产后回到原单位（否＝0）	0.093***
进修（否＝0）	0.954
歧视因素（否＝0）	1.538*
换工作原因（非子女照顾＝0）	4.089
求职方式（国家/学校分配＝0）	
自谋	1.987
亲友介绍	1.753
工作年限	0.907
单位性质（国有部门＝0）	1.890
分娩费用报销比例（全额报销＝0）	1.399
产假期间的工资福利（无＝0）	0.329**
组织支持（无＝0）	0.621
目前孩子的主要照顾者（母亲＝0）	0.422
孩子0—3岁的主要照顾者（母亲＝0）	0.161**
产假时间（3—5个月＝0）	
少于3个月	1.093
6—12个月	4.617**
大于1年	2.800
是否为独生子女（是＝0）	5.973*
受教育水平	0.478*
常量	－11.822*
χ^2	267.190***
－2 LL	179.134

续表

变量	Exp（B）
Cox & Snell R^2	0.561
Nagelkerke R^2	0.751
N	4861

注：1. *** $p<0.001$，** $p<0.01$，* $p<0.05$。

2. 统计分析结果中影响不显著的变量均未列出。

首先，从女青年的个体特征来看，受教育水平的提高和独生子女的身份能够降低其职业中断发生的可能性。具体来说，在其他因素不变的情况下，女青年受教育水平每上升一个等级，其职业中断发生的概率下降52.2%。由于学校教育相当于对人力资本的早期投资，因此，较高的受教育水平不仅拥有相对较多的通用人力资本来对抗生育型职业中断所导致的人力资本流失，还能以此作为进入对工作母亲较为友好的部门的跳板，从而减少职业中断的发生。本研究还显示，相较于作为独生子女的女青年，非独生子女的女青年发生职业中断的概率是前者的5.973倍。可能的解释是：其一，独生子女的独立性较强，体现为较高的成就动机和对经济独立的自我要求，使得他们倾向于持续就业；其二，家庭中教育资源向独生子女的集中，使之文化程度普遍较高并能借此进入职业中断发生较少的行业和领域；其三，独生子女能够获得更为强大的家庭育儿支持，而不必如非独生子女那般必须同育龄期的兄弟姐妹争夺育儿支持资源（如老年父母），尤其是在兄弟姐妹的生育时间相近的情况下。

其次，生育支持对女青年的职业中断具有良好的阻隔作用，集中表现在政策支持和家庭支持。就家庭支持而言，幼龄儿童（0—3岁）照顾对于女青年职业中断与否的影响尤为突出。具体来说，在其他因素不变的情况下，如果女青年能够获得家庭成员对幼龄儿童的照顾，这将使其发生职业中断的概率降低83.9%。而就政策支持而言，生育假期政策及相关福利制度能够有效地减少女青年职业中断的发生。具体来说，在其他因素不变的情况下，产假期间享有正常工资和福利使得女青年职业中断的概率下降了67.1%。相较于按照国家规定期限（3—5个月）休产假的女性，产假时间在半年至1年的女青年的职业中断发生概率是前者的4.617倍。而产后回到原单位继续工作则使得女青年职业中断发生的概率下降90.7%。可见，生育假期政策通过提供育儿时间和收入补偿保障了女青年在产后能够继续回到原工作岗位，既减少了女性人力资本的流失，又确保产前的特定工作经验能够继续为产后工作服务并转化为收益。同时，生育假期及保险制度能够使雇主在减少人力搜寻成本、稳定专业人才、提高生产率等方面获得长期收益（陈琳，2010），从而最终达到双赢。

然后，工作与家庭之间的冲突、第一个孩子的年龄及劳动力市场歧视也是显著影响女青年职业中断的重要因素。研究结果显示，在工作与家庭冲突方面，控制了其他变量之后，女青年在工作与家庭发生冲突时优先考虑工作，将使职业中断发生的概率下降70.5%。同时，家庭对工作的冲突每增加一个量级，将使得女青年职业中断发生的概率上升159.7%。这说明工作与家庭之间的冲突是女青年职业生涯中断的重要起因，尤其表现为工作与生育及子女抚养之间的相互冲突和干扰。有学者认为，虽然现代女性能够走出家门，投入到市场中去，但依然承担了传统性别分工所规定的家庭照顾的责任，故在性别领域是一场"停滞"的革命（Paula，2010）。而固有的性别歧视则无疑是其背后的重要推手。本研究显示，相较于没有遭遇过劳动力市场歧视的女青年，遭遇过劳动力市场歧视的女青年的职业中断概率是前者的1.538倍。

此外，子女的年龄也是女青年能否持续就业的关键要素。在其他因素不变的情况下，第一个孩子的年龄每上升一个年龄段，使得女青年职业中断的概率下降72.8%。鉴于全面二孩政策带来的生育堆积释放，可以预见的是，二孩家庭中唯有两个子女的年龄均达到了入园年龄（≥3岁），才能确保子女年龄增加对女青年的职业中断具有正向作用。

第三节 从个体到国家的三道防线联动

本章在勾勒已育女青年劳动供给的宏观分布的基础上，探讨了已育女青年进行劳动供给决策的影响因素，尤其是家庭结构与资源及人力资本等要素的作用。同时，就女青年所特有的职业中断，根据成因进一步区分了其具体的类型及其对工作母亲职业发展的后续影响，在此基础上考察了导致女青年发生职业中断的相关因素。

研究发现，在宏观层面，已育女青年的劳动供给随着地方经济发展水平的提高而增加。在家庭内部，子女数量的增多及其学龄的增长均会降低女青年的劳动供给，而丈夫的收入水平与子女特征、家庭育儿支持的获得情况的不同组合，则对女青年的劳动参与产生不同的影响。

同时，本研究以生育为切入点，将女性的职业中断划分为五种类型，并发现无论哪一种类型的职业中断均会对女青年后续的收入和向上职业流动带来惩罚效应，进而降低工作满意度，职业生涯高原负面心态频现，并助推生育的"逆向选择"——提高该类群体担任全职妈妈和再生育的意愿，从而验证了已有假设。在影响因素中，随着子女年龄的增长、女青年受教育水平的提高及独生子女的身份能够降低女青年发生职业中断的可能性。而工作与家庭之间的冲突和劳动力市场歧视则增加了女青年发生职业中断的可能性。但是，幼龄子女的家庭育儿支持和生育假期政策及制度对于保障女青年持续就业、避免职业中断则发挥了强大的阻隔效应。

结合我国的现实来看，当多孩政策的开启遭遇老龄化的浪潮之时，传统的家庭育儿支持（特别是隔代照料）可能面临失能的危险。那么，根据女性特有的生命历程，通过孕前合理规划生育时间及生育间隔、孕育中依靠普惠型的生育保险、生产后依托公共的托幼服务，从而构筑由个体到国家层面的三道基础防线。具体包括如下内容。

一、时间轴：女性合理规划初育年龄与生育间隔，降低生育对职业的冲击

对职业女性而言，无论是生育间隔的拉长或缩短，还是生育年龄的提前或推迟，皆是个人的生育愿望与经济激励之间相互角逐和竞争的结果。在这里，个人的生育愿望表现为女性希望尽早生育，以享受更多子女所带来的心理满足感与愉悦感。而经济激励则表现为女性通过推迟生育年龄来降低生育的机会成本，如在照顾子女期间所损失的工资收入、职业中断期间因人力资本的流失或贬值导致的收益损失或晋升受阻（Budig，Hodges，2010）。在多孩政策背景下，结合我国的就业形势，高学历女性由于教育年限的延长使得生育年龄推后，故如何调整生育间隔以降低其对职业生涯的干扰，成为平衡工作与家庭的重中之重。而低学历女性则面临着生育时机与生育间隔抉择的双重关卡，应该警惕生育的逆向选择所造成的挤出效应，

即就业质量不高或有限的职业发展驱使低学历女性倾向于早育和多生,而这反过来将加速其对劳动力市场的离心化,可能导致这些女性提前退出劳动力市场、回归家庭。

二、托底线:设立普惠型生育保险,确保女性合法权益,再塑人口红利

作为一种社会保障制度,生育保险通过向生育的女性提供诸如产假工资、生育医疗费用、生育假期和生育津贴等,致力于保障特殊时期女性的生育权和就业权、实现为企业减负、刺激人口再生产等目标,希冀出现"多赢"的局面。在多孩政策运行的当下,生育保险制度的重要意义不言而喻,其供需矛盾也日益突出。具体表现为以下几点:① 生育保险的覆盖面较为狭窄,受益人群主要为城镇就业且在岗的女职工,尚未将待业、失业、非正式就业的女性纳入保障范围,农村女性、女农民工、不符合国家生育政策的女性也被排除在外;② 缴费主体大多仍为用工单位,本应由社会分摊的生育成本转嫁给了用人单位,这成为女性遭受职场歧视的重要来源;③ 惩罚门槛过低和惩罚力度过轻使得该制度在部分用人单位有令不行、监管乏力;④ 城乡、户籍、地方经济发展水平、是否在体制内就业等因素均造成生育保险的发放标准不统一、生育津贴标准含混不清等现象(张琪,张琳,2017)。由于在现代社会中,儿童具有公共物品的属性,因此,我们看待生育问题时,也应突破女性个体乃至家庭的局限,呼唤国家承担相应的责任和义务。迫切需要建立由政府托底、企业缴费和政府财政补贴双管齐下、全民覆盖的普惠型生育保险制度,才可能乘着三孩政策的东风,再塑人口红利。而在医疗保险和生育保险即将合并之时,如何实现二者在保障对象、资金筹措、待遇标准以及城乡接轨时的公平性则是值得细致推敲的问题。

三、保障线:重点培育幼龄儿童的公共照顾服务,解决工作母亲的后顾之忧

就女性的就业曲线来看,由于0—3岁儿童的照顾负荷最重,因此女性在子女3岁前的就业率最低,这一阶段是职业中断的高发期。而自市场转型之后,公共育儿系统的萎缩、政府在加大义务教育投入的同时对幼龄儿

童的早期教育及照顾服务投入不足，造成了幼龄儿童公共照顾服务的供需失衡，亦成为母亲重返工作岗位的一个主要障碍。随着三孩时代的全面开启，上述矛盾将愈加明显。因此，培育幼龄儿童的公共照顾服务，为工作母亲扫清就业障碍迫在眉睫。

尽管各国针对幼龄儿童的公共照顾服务尚处在发展阶段，且在具体的操作层面上也不尽相同，但有以下两点值得借鉴：其一，将公共照顾服务的资金来源建立于公共税收的基础之上，这样有利于避免政策的服务成本向个体或家庭的转嫁；其二，考虑货币与服务两种形式的交替与互补，即除了由政府提供高质量的幼龄儿童照顾体系这种直接的服务形式之外，还可以通过提高母亲的工资水平来鼓励其寻求市场育儿服务的间接替代。就目前发达国家的经验来看，幼龄儿童的公共照顾服务在促进母亲劳动参与上的效果尤为突出，远胜于生育假期与家庭津贴等其他家庭政策（李亮亮，2013）。

第三章　生育"魔咒"下的职业流动

职业流动既是一个动态的过程,也是一种客观的结果。在布劳-邓肯的地位获得模型中,职业流动主要是指以初职地位为参照系,强调现职地位的获得及其影响因素(周怡,2009)。而在学术讨论中,其概念更为宽泛,既包括跨组织之间的横向流动,也包括组织内的相对职业位置的变化,对个体的工资收入、就业岗位、职务升迁、就业心态等均产生一定的影响。当然,也有学者从应用的领域对职业流动及相近概念进行了严格的区分,认为"职业流动"更强调职业的变更,"跳槽"则强调了供职部门(或组织)的转换,而"工作转换"则同时囊括了上述两种类型(风笑天,王晓焘,2013)。在操作层面上,现有文献往往通过从初职到现职的职业声望得分变化(吴晓刚,2007;刘群,张文宏,2015)、工资水平变化(吕晓兰,姚先国,2012)或工作部门的转换(刘士杰,2011)等途径来衡量个体的代内职业流动。此外,按照流动的方向,则可以将职业流动划分为垂直流动和水平流动,而垂直流动又包括了向上流动和向下流动。

经验研究表明,职业流动的实现不仅是个体通过自身努力奋斗的结果,还受到个人努力与综合素质之外的先赋性因素的影响,如家庭资本的代际传递、劳动力市场结构、重大历史事件等。而且,两性在职业流动的方向及方式上均存在着显著差异,女性的职业流动对于生育的介入比男性更为敏感。美国学者研究发现,女性的收入曲线在其生育后呈扁平状发展,这说明母亲的收入增长乏力,职业发展空间有限(Miller,2011)。而2010年第三期妇女社会地位调查也显示,我国城镇中20—50岁女性的在岗率变化表现为"向下倾斜的梯形曲线"(中国妇女社会地位调查课题组,2011)。在职业流动中,女性更倾向于使用家庭资源和社会网络,而男性则倾向于利用信息资源,以弱关系的方式来实现流动(Davis,1992;李春玲等,2011;张文宏,刘琳,2013)。

那么，比照生育前后，女青年的职业地位是否发生了变化？究竟是向上流动还是向下流动？影响因素有哪些？是否与男青年的职业流动存在着差异？本研究将从生育前后个体在收入、工作职务和岗位这三个维度的相对变化来探索其职业流动的方向与趋势，并着重考察生育对于女青年职业流动的影响并寻找性别差异。

第一节 潜在的职业流动倾向

由于女性在人口再生产中的不可取代性及传统的性别角色期待，因此家庭照顾责任主要由女性来承担。但是在时间与精力的双重约束下，女性用于家庭照顾的时间通常是以市场活动时间的减少为代价的。人力资本理论认为，任何非市场活动时间均将导致人力资本存量的减少或贬值。这种非市场活动时间既可能来自于工作领域向家庭领域的部分时间转移，也可能来自彻底中断职业生涯而将工作领域内的时间全部让渡给家庭领域。因此，相较于男性，女性不仅面临着更大的工作角色与家庭角色的冲突，还因对市场工作的投入不足而导致职场竞争力的下降，并接连导致收入受损、晋升受限、职业中断、雇主歧视等不良后果。而且，生育子女数量的多寡及子女年龄的差异均对女性的家庭投入时间和精力做出了不同的要求。不过，鉴于目前在我国的城市家庭中老人帮助年轻夫妇照顾小孩的现象非常普遍，这将缓解职业女性的工作家庭冲突，为其职业的发展提供了有力的支持和保障。因此，本研究提出以下假设。

假设1：女青年在工作与家庭之间的相对投入决定了其职业流动的方向。

假设2：子女的数量越多、年龄越小，越不利于女青年职业的向上流动。

假设3：女青年的工作家庭的冲突越大，越不利于其职业的向上流动。

假设4：来自家庭其他成员的育儿支持有助于女青年的职业向上流动。

假设5：已育青年在职业流动方面存在着性别差异。

就个人特征而言，教育在女性的职业流动中扮演着重要角色。它不仅通过提升人力资本来增强女性的市场竞争力，而且向雇主发送了具有象征意义的价值信号（王骏，刘泽云，2015）。经验研究显示，教育水平的提高能够降低生育对于女性收入的负面影响，并缩减工资性的性别歧视（郭凤鸣，张世伟，2012）。同时，其作为一种重要的自致性因素，在改变先赋性因素对个体职业流动的影响时起到了积极作用。在我国，鉴于城乡二元结构的存在，政府在资源有限的情况下，出于战略发展的需要，对城市的政策倾斜明显，而户籍制度则牢牢地将个体的社会福利与资源和地域归属捆绑在了一起。但是，高考制度则在很大程度上改变了户籍制的刚性设置，使得众多的农村子弟通过大学教育实现改变命运、向城市流动的愿望。此外，女性受教育年限的增加也延迟了女性初次生育的时间，可能更有利于女性职业生涯的稳定与积累。有研究显示，由于早育的女性更容易出现职业起步期与家庭组建期相冲突的状况，故其比晚育的女性面临更大的收入损失（Tanguchi, 1999）。当然，对于已经进入职场的女性而言，入职后的在职培训及工作经验的丰富均能达到增加人力资本的效果，从而促进其职业流动的向上发展。因此，本研究提出以下假设。

假设6：人力资本的增加对女青年的职业流动有促进作用。本研究中，人力资本主要体现为受教育水平、进修与否和工作年限。

假设7：城乡出身对于女青年职业流动的作用不显著。换言之，由于在城市中自致性因素对个体职业流动作用的增强，农村家庭出身的女青年（城市移民）与城市家庭出身的女青年（原住民）在职业流动方面的差异不显著。

假设8：晚育比早育更有利于女青年职业的向上流动。

由于我国的就业历史分别经历了"统包统配"式的完全计划就业阶段和以市场配置为导向的自主就业阶段，因此，个体的职业流动也被打上了社会转型的烙印。在计划经济向社会主义市场经济转型的过程中，我国的劳动力市场出现了以单位所有制为分割标准的市场隔离，类似于西方学者对于劳动力市场的二元化区分。这种以国有部门与非国有部门所形成的对我国劳动力市场的分割，则成为影响我国城市个体职业流动的重要因素（吴愈晓，2011）。由于国有部门在劳动力配置和工资分配等方面仍受到国家的直接监管，故在利益的再分配和性别平等的意识等方面保留了对女性员工的倾斜与保护，具有就业稳定、薪资福利齐全、职业发展前景可观等"首要市场"的特点。非国有部门则在经济效益先行的导向下将女性员工置于和男性员工平等竞争的位置,相较于男性员工,因雇佣女性员工而额外产生的生育成本则降低了女性员工的市场竞争力,并引致劳动力市场歧视。因此,与国有部门的女性员工相比,供职于非国有部门的女性向上流动的概率小,且遭遇到更多的雇主歧视(张展新,2004;边燕杰等,2006)。据此,本研究提出以下假设。

假设9:供职于不同单位的女青年在生育后职业流动的趋势上存在着差异。

假设10:劳动力市场歧视将阻碍已育女青年的职业向上流动。

第二节 工作母亲的职业流动

一、生育前后女青年职业变化的众生相

基于社会分层的视野,本部分着重考察了生育子女的数量、出生年代、教育水平及成年前的城乡生活背景对女青年生育前后职业流动及职业心态的影响。

(一)一孩母亲与多孩母亲的职业变化

关于女性生育的子女数量与其劳动力供给之间的负向关系,学术界已经普遍达成共识,研究认为生育子女数量的增多会削减女性的劳动力供给,尤其是在城镇地区(蔡昉、王美艳,2004;张川川,2011)。本研究通过比较育有不同数量子女的女青年在生育前后的职业相对变化,进一步探讨了子女数量对女青年的职业流动趋势及其结果的影响,以及相应的职场心态转变。

1. 职业流动

本研究根据女青年生育前后在工资收入、工作职务和工作岗位三个维度上的相对变化来判断其职业流动方向。如表3-1所示,一孩母亲和多孩母亲[①]在职业流动方面存在着显著差异。

---

① 在这里,多孩母亲是指生育子女数量在两个及以上的女青年。

表 3-1　一孩母亲与多孩母亲的职业流动

		一孩母亲	多孩母亲	合计
工资收入变化/（%）	减少	6.3	9.5	7.0
	没变化	56.1	67.7	58.5
	增加	37.6	22.9	34.5
(N)		(2870)	(770)	(3640)
$\chi^2=61.126$, df=2, $p=0.000$				
工作职务变化/（%）	变低	6.8	10.7	7.6
	没变化	62.3	72.4	64.5
	变高	30.9	16.9	27.9
(N)		(2897)	(779)	(3676)
$\chi^2=64.629$, df=2, $p=0.000$				
工作岗位变化/（%）	变差	8.6	12.2	9.4
	没变化	67.2	72.6	68.3
	变好	24.2	15.2	22.3
(N)		(2910)	(785)	(3695)
$\chi^2=34.209$, df=2, $p=0.000$				

从生育前后工资收入的变化来看，子女数量的多寡显著影响女青年生育前后收入的变动。相较于一孩母亲，多孩母亲的收入增长陷于停滞，且生育后收入减少的比例高于前者。具体来说，就生育后收入增长的人群而言，一孩母亲的比例相对较高（37.6%）。就生育后收入下降的人群而言，多孩母亲的比例相对较高（9.5%）。而且，在生育前后收入保持不变的人群中，多孩母亲的比例也高于一孩母亲。进一步比较二者当前月收入的均值，则发现一孩母亲与多孩母亲的平均收入存在显著差异。如表 3-2 所示，由组中值推算，一孩母亲的月平均收入为 4867.352 元，而多孩母亲的月平均收入为 4159.994 元，前者比后者高出 707.358 元，且通过了差异性检验。可是，就平均的增值（或减值）来看，二者并不存在差异。由此，本研究认为子女数量的确能够引发收入差距，但是子女数量的增加是否会加重对母亲的收入贬损还需要补充更直接的证据。

表 3-2　一孩母亲与多孩母亲的收入状况

	均值	平均增加值	平均减少值
一孩母亲收入/元	4867.352	2485.193	2350.758
多孩母亲收入/元	4159.994	1915.152	2383.261
(N)	(3674)	(935)	(178)
	$F=19.688$, df$=1$, $p=0.000$	$F=2.277$, df$=1$, $p>0.05$	$F=0.001$, df$=1$, $p>0.05$

类似地，女青年生育子女的数量也显著影响着其生育前后工作职务和工作岗位的流动。如表 3-1 所示，相较于一孩母亲，多孩母亲无论是在工作职务还是工作岗位方面，都以水平流动和向下流动居多。

首先，就生育后女青年的工作职务变化来看，一孩母亲工作职务向上流动的比例（30.9%）远远高于多孩母亲（16.9%），而多孩母亲工作职务水平流动和向下流动的比例则高于一孩母亲，且通过了显著性检验。其次，就女性生育前后的工作岗位变化来看，一孩母亲工作岗位向上流动的比例（24.2%）显著高于多孩母亲（15.2%），而多孩母亲工作岗位水平流动和向下流动的比例则多过一孩母亲，分别为 72.6% 和 12.2%，且通过了显著性检验。根据贝克尔的家庭经济学推论，由于女性长期在家庭领域进行专门化投资及其主要所塑造的是照顾性角色，子女数量的增多则意味着女性投入到市场工作的时间和精力的减少，必然会导致其在市场回报方面的折损，比如收入下降、职业向下发展。而本研究中，多孩母亲相对于一孩母亲更处于职业流动的劣势位置，这无疑再次证实了上述家庭经济学的推断。

反过来，多孩母亲在工作职务和岗位上的水平及向下流动，不仅体现在上述与一孩母亲的收入差距上，还造就了其当前就职单位的分布形态。如表 3-3 所示，育有不同子女数量的女青年在就职单位的属性上也存在着显著差异。其中，一孩母亲在国有部门就职的比例（33.3%）大大超过多孩母亲（16.6%），供职于公司/企业的比例也略高于后者，而多孩母亲从事个体经营的比例（34.8%）则显著高于一孩母亲（11.0%）。简言之，一孩母亲更可能进入"正规"组织、维持传统的雇佣关系，而多孩母亲则更可能进入"非正规"组织，进行自我雇佣。这里，"正规"与"非正规"组织的划分标准主要基于传统的就业价值观，即在传统就业观中，就职于国有部门或公司组织并受其庇护，才算是正规就业，其他的都只能划归为"不正规的"就业。那么，为何多孩母亲游离于"正规"组织之外而自我雇佣的比例较高呢？强制实行四十载的计划生育政策为我们提供了一个解读视角。

表 3-3　一孩母亲与多孩母亲的现就职单位

	一孩母亲	多孩母亲	合计
国有部门/（%）	33.3	16.6	29.8
公司/企业/（%）	51.7	43.7	50.0
个体经营/（%）	11.0	34.8	16.1
其他/（%）	3.9	4.9	4.1
（N）	(2846)	(776)	(3622)

$\chi^2 = 280.134$，df=3，$p=0.000$

众所周知，城镇地区之所以能够创造相当普遍且长期维持一个家庭只生育一个孩子的"奇迹"，很大程度上得益于计划生育政策与个体、家庭乃至就业单位的行政和财务的双重捆绑。对于一个有"正规"工作的城镇居民而言，超生不仅需要缴纳价格不菲的社会抚养费，还面临着开除公职和一系列行政处分的风险，就连其所在单位亦难逃"连坐制"，甚至对其户口所辖的社区居委会政绩都具有"一票否决"式的决定意义。因此，在二孩政策出台之前，单胎生育数量多于一个孩子[①]的女性几乎是不可能进入国有部门和正式组织的，这在一定程度上导致其从事个体经营是没有选择的选择。当然，随着市场转型和网络经济的崛起，又有相当一部分母亲（多为一个孩子的母亲）从传统的国有部门和公司企业中脱离而自主创业，这无疑加大了一孩母亲从事个体经营的比例。

2. 职业心态

生育作为重大生命事件，不仅在客观上会对女性的职业流动产生深远影响，还将引发主观上的连锁反应。鉴于此，本研究重点选取了职业生涯高原和成就动机[②]两个维度来考察女性生育后的职业心态。

---

① 在这里，单胎生育多胞胎和再婚再育的女性不在此列。

② 这里，通过被访者对自身晋升或事业发展的看重程度来测量。

如表 3-4 所示，无论是在职业生涯高原还是在成就动机上，一孩母亲和多孩母亲都不存在显著差异。但是，通过职业生涯高原这个变量，仍可以清楚地看到生育使女性在对自身职业发展可能性进行主观判断时容易陷入自我设限的境地。毕竟，职业生涯高原这个变量虽然是个体主观认知的一种体现，但是它并非纯粹的"空中楼阁"，而是个体结合实际的就业经历做出的主观判断，故其更多了一层现实基础。

表 3-4 一孩母亲与多孩母亲的职业心态

		一孩母亲	多孩母亲	合计
职业生涯高原/（%）	否	29.0	31.5	29.5
	是	71.0	68.5	70.5
(N)		(2890)	(779)	(3669)
$\chi^2=1.776$, df=1, $p>0.05$				
成就动机/（%）	低	46.9	43.7	46.3
	高	53.1	56.3	53.7
(N)		(2910)	(785)	(3695)
$\chi^2=2.622$, df=1, $p>0.05$				

统计结果显示，一孩母亲出现职业生涯高原心理的比例高达 71%，而多孩母亲的相应比例也不低，达到了 68.5%，但并未通过显著性检验。这说明，不论生育子女数量的多少，生育事件本身就会刺激女青年出现职业生涯高原的心理。而且，鉴于生育对两性的职业发展和家庭生活发挥着迥异的影响，足以推论在职业心态上二者亦存在着显著差异，我们对接下来的研究拭目以待。

（二）不同年代已育女青年的职业变化

在讨论社会发展时，社会学家普遍将第二次世界大战以来的每个十年作为一个研究阶段，由此，在美国有"Y一代"，而在我国，则对应诸如"60后""70后""80后"之类的出生年代标签。出生年代的差异不仅仅体现为年龄的区别，更因成长过程中经历了重大事件和特殊事件而被打上了鲜明的时代烙印，具有较高的辨识度。参照上述划分标准，本研究根据被访者的出生年份，以不同的出生年代来称谓被访者。比如，若被访者的出生年份是在 1980—1989 年之间，则将其归为"80后"，其他出生年代人群照此类推。据此，本研究希望通过比较不同出生年代的女性在生育前后的相对职业变化，进一步考察出生年代及成长经历对女性的职业流动和职业心态的影响。

1. 职业流动

在职业流动方面，出生于不同年代的女青年存在着显著差异。首先，从生育前后的工资收入变化来看，出生年代显著影响女性生育前后收入的变化。如表3-5所示，就自我报告收入增加的人群来看，"70后"和"80后"已育女青年遥遥领先，占比分别为35.5%和34.5%，"90后"已育女青年则位居第三（27.3%）。就自我报告收入减少的人群来看，"90后"已育女青年自评减幅最大（13.6%），"80后"已育女青年次之（8.8%），而"70后"已育女青年的相应比例最低（5.7%）。进一步比较不同出生年代已育女青年的收入均值，则发现它们亦存在显著差异。如表3-6所示，根据组中值推算，各出生年代已育女青年的月收入由高到低依次排序为："70后"的月均收入为4935.094元，"80后"已育女青年的月均收入为4491.269元，"90后"已育女青年的月均收入为3455.046元，且通过了差异性检验。其中，最大的收入落差来自"70后"和"90后"已育女青年群体，前者比后者高出1480.048元。

表3-5 不同出生年代女青年的职业流动

		"70后"	"80后"	"90后"	合计
工资收入变化/（%）	减少	5.7	8.8	13.6	7.1
	没变化	58.7	56.8	59.1	58.3
	增加	35.5	34.5	27.3	34.6
(N)		(2164)	(1302)	(22)	(3488)
		$\chi^2=23.713$, df=2, $p=0.001$			
工作职务变化/（%）	变低	7.2	7.8	13.6	7.6
	没变化	62.4	67.0	77.3	64.4
	变高	30.4	25.2	9.1	28.0
(N)		(2192)	(1308)	(22)	(3522)
		$\chi^2=22.186$, df=2, $p=0.001$			

续表

		"70后"	"80后"	"90后"	合计
工作岗位变化/（%）	变差	9.1	9.5	9.5	9.4
	没变化	68.8	67.1	57.1	68.2
	变好	22.2	23.5	33.3	22.4
(N)		(2194)	(1309)	(21)	(3524)
		$\chi^2=9.139$, df=2, $p=0.001$			

表 3-6 不同出生年代已育女青年的收入均值与变化值

	均值	平均增加值	平均减少值
"70后" 收入/元	4935.094	2557.112	1715.294
"80后" 收入/元	4491.269	2155.245	3016.024
"90后" 收入/元	3455.046	5100.000	1266.667
(N)	(3648)	(931)	(178)
	$F=7.712$, df=3, $p=0.000$	$F=1.450$, df=3, $p>0.05$	$F=0.926$, df=3, $p>0.05$

不难发现，无论是在收入的绝对值，还是在收入的增长上，"70后"和"80后"已育女青年相对具有优势。其背后的原因，可以归纳为两点。其一，作为重要的人力资本，教育和工作年限均能有效地刺激女性收入的增长。就教育而言，随着时间的推进，女性的教育普及面更广且接受高等教育的比例更高，故可以解释"70后""80后"女青年的收入及涨幅较高。可是，教育在收入的增长中只是提供了一个重要的起跳板，到了职业发展的中后期，工作经验（普遍操作化为工作年限）的积累则更为关键。那么，"90后"女青年尽管可能在教育水平上并不输给"70后"和"80后"，但由于她们工作经验相对较少，故现收入水平低于前两者。其二，从女性生命周期来看，"90后"母亲正遭受繁重的抚育幼儿期与职业起步期的双重夹击，在此阶段生育和抚养行为将侵占其大量时间和精力，对工作的负面冲击也是最大的。而其他出生年代的女青年则因子女的长大而职业发展趋于稳定，生育和工作相互干扰的程度大为减轻。因此，最终在劳动回报上则体现为"90后"已育女青年的收入最低。

类似的是，在女性生育前后的工作职务变化方面，"70后"和"80后"女青年继续保持着相对优势。就工作职务的变化来看，在生育后工作职务向上流动的人群中，"70后"女青年最多（30.4%），"80后"女青年紧随其后（25.2%），"90后"女青年"垫底"（9.1%）。而在生育后工作职务向下流动的人群中，则是"90后"女青年最多（13.6%），"80后"和"70后"的相应比例最低，分别为7.8%和7.2%。究其原因，则与上述影响收入的情形相似。但是，就工作岗位的变化来看，"90后"女青年"成功逆袭"，"70后"和"80后"女青年则"稍逊一筹"。具体来说，在生育后工作岗位向上流动的人群中，"90后"女青年最多（33.3%），"80后"在其次（23.5%），"70后"的相应比例最低（22.2%）。而在生育后工作岗位向下流动的人群中，则是"80后"和"90后"已育女青年的比例（9.5%）略高于"70后"（9.1%）。一方面，相较于其他出生年代的人群，"90后"人群对于职业的自主性和以人为本的理念有着更强烈的诉求，加之网络经济所带来的就业形态多样化，均加速了"90后"人群进行岗位流动的频率和概率，从而使"90后"女青年在工作岗位的向上流动方面更能"随心所欲"。另一方面，由于知识老化及职业天花板的存在，出生年代越靠前的已育女青年越可能成为公司进行"岗位调整"的牺牲品。

反过来，出生于不同年代的女青年在上述职业流动中所呈现的独有特征，也同样体现在其就职的单位属性中，其中亦折射出了我国经济的转型之路。如表3-7所示，女青年出生年代的不同导致了其所在单位的所有制差异。具体来说，"70后"和"80后"女青年均表现出以下共性：在公司和企业中就业的比例最高，国有部门位居第二，而自我雇佣的比例居于第三位。而"90后"女青年则几乎呈现出相反的就业规律，即她们从事个体经营的比例最高，在公司和企业中就业的比例居于第二，在国有部门就业的比例居于第三。同时，纵向观之，在国有部门中，"70后"已育女青年的比例最高（32.0%），"90后"的比例最低（9.5%）；在公司/企业中，"70后"和"80后"女青年的从业比例最高，均达到50%以上，"90后"的从业比例最低（38.1%）；在从事个体经营的人群中，"90后"的从业比例最高（42.9%），"80后"和"70后"的从业比例（18.9%和13.8%）显著低于前者。由此，可以清楚地看到，改革开放以来由市场转型所引发的从产业配置、公私经济权重变更再到个体就业归属的一系列连锁反应，即随着单位制的瓦解和国企改革,更多的劳动力从国有部门中释放出来,大量地涌入公司和企业,而后信息时代的降临则加速了第三产业和自我雇佣型就业人群比例的攀升。因此,"90后"女青年的重"个体"而轻"国有",乃是市场转型的应有之义。

表 3-7 不同出生年代已育女青年所在的单位

	"70后"	"80后"	"90后"	合计
国有部门/(％)	32.0	26.9	9.5	29.8
公司/企业/(％)	50.3	50.2	38.1	50.1
个体经营/(％)	13.8	18.9	42.9	16.0
其他/(％)	3.9	4.0	9.5	4.1
(N)	(2160)	(1288)	(21)	(3469)
$\chi^2=40.598$,df=3,$p=0.000$				

2. 职业心态

生命历程理论认为,个体生活的轨迹是社会历史车轮所碾过的辙印,个人的发展往往会受到重大社会变迁事实的影响(李强,邓建伟等,1999)。同理,不同年龄段的人群因个人经历的差异而心态各异。如表3-8所示,出生年代的差别使得女性生育后的职业心态存在显著差异。

表 3-8 不同出生年代的女青年的职业心态

		"70后"	"80后"	"90后"	合计
职业生涯高原/(％)	否	26.9	34.6	27.3	29.4
	是	73.1	65.4	72.7	70.6
(N)		(2189)	(1304)	(22)	(3515)
$\chi^2=29.780$,df=2,$p=0.000$					
成就动机/(％)	低	48.7	41.6	27.3	46.3
	高	51.3	58.4	72.7	53.7
(N)		(2194)	(1309)	(21)	(3524)
$\chi^2=25.173$,df=2,$p=0.000$					

普遍来看,已育女青年的职业心态较为消极。就职业生涯高原来看,存在这种负面职业心态的人群随着出生年代的靠后基本上有衰退的趋势,

但还需考虑到个体生命历程的影响。生育后出现职业生涯高原心态的女青年比例,由大到小依次排序为:"70后"(73.1%)、"90后"(72.7%)、"80后"(65.4%)。一般认为,育儿对工作的干扰、在职培训的匮乏所导致的人力资本存量的减少以及劳动力市场歧视,使得女性职业上升通道受阻,职业生涯高原心态丛生。因此,统计结果显示,在"70后"和"80后"这两个出生年代人群中,随着出生年代的靠后,女青年出现职业生涯高原心态的比例逐渐减少,且差异显著。同时,颇为有趣的是,这里排在最末位的不是"90后",而是"80后",这说明"90后"母亲对职业前景更悲观,更感到晋升的重重压力。那么,这就意味着需加入女性个体所对应的生命历程来综合考虑。就女性的生命历程而言,"80后"与"90后"母亲的区别主要在于子女的年龄和入职时间长短。相较于"90后","80后"母亲照顾子女的任务相对较轻,而且进入劳动力市场的时间相对较长,故工作与家庭之间相互的正面影响居多,使其能够在二者之间游刃有余,从而有利于减少职业生涯高原心理的发生。

相反地,出生年代越靠后,已育女青年的成就动机越高。统计结果显示,女青年的成就动机随着出生年代的靠后而递增。高成就动机者的比例从低到高依次为:"70后"(51.3%)、"80后"(58.4%)、"90后"(72.7%)。一方面,从发展心理学的角度来理解,不同年龄阶段的人群具有不同的个性特征,相对而言,年轻人更加"斗志昂扬",年长者趋于"淡泊明志"。另一方面,生育和家庭照顾职责为女性职业生涯设置了重重关卡,它们随着年龄的增加而逐步凸显并叠加,从而累加性地抑制了成就动机。

(三)不同学历的女青年的职业变化

在劳动力市场中,教育不仅大大提高了女性的就业率,还在其职业流动中发挥着人力资本累积和雇佣价值信号的双重作用。但是,受教育水平的高低显然会影响到上述效用的发挥。因此,本研究通过比较不同受教育水平的女青年在生育前后的职业相对变化,进一步探讨了受教育水平对女青年职业流动的影响及其造成的主客观职业结果。

1. 职业流动

在职业流动方面,不同学历的女青年存在着显著差异。统计结果显示,女性教育水平的提高有利于其生育后收入的增加、职务的升迁以及工作岗位的向上流动（见表3-9）。

表3-9 不同学历女青年生育前后的职业流动

		初中及以下	高中/中专	大专	本科	研究生	合计
工资收入变化/（%）	减少	8.1	10.0	7.5	4.1	4.7	6.9
	没变化	67.6	62.2	55.2	56.2	46.4	58.5
	增加	24.2	27.8	37.4	39.7	48.9	34.5
(N)		(565)	(873)	(832)	(1135)	(233)	(3638)
$\chi^2=100.349$，df=4，$p=0.000$							
工作职务变化/（%）	变低	12.6	11.4	6.8	3.8	2.2	7.6
	没变化	70.9	70.7	64.2	59.3	51.3	64.5
	变高	16.6	17.9	29.0	37.0	46.6	28.0
(N)		(573)	(888)	(837)	(1144)	(232)	(3674)
$\chi^2=208.388$，df=4，$p=0.000$							
工作岗位变化/（%）	变差	14.0	13.7	8.3	5.7	3.4	9.4
	没变化	69.8	65.7	66.0	70.7	71.2	68.3
	变好	16.3	20.7	25.7	23.6	25.3	22.3
(N)		(572)	(886)	(841)	(1147)	(233)	(3679)
$\chi^2=76.600$，df=4，$p=0.000$							

首先，从生育前后的工资收入变化来看，受教育水平显著影响女青年生育前后收入的增减。如表3-9所示，报告生育后收入有所增长的女青年群体随着受教育水平的提高而递增，而报告生育后收入有所下降的女青年群体基本上随着受教育水平的提高而递减。吊诡的是，虽然教育水平为本科及以上的女青年在生育后收入减少的比例显著低于教育水平在本科以下者，但是，学历为研究生的女青年报告在生育后收入减少的比例要大于学历为本科者。这说明教育对于女青年收入的投资收益并非直线性上升，而极可能存在一个临界值，当超过了这个临界值之后，教育的边际效用开始下降。当教育水平在本科及以下时，已育女青年的学历越高，越有利于其收入的增长。一旦已育女青年的教育水平高于本科，达到研究生层次，则这种收

入增长的趋势放缓。

进一步比较不同学历的已育女青年的收入均值及其变化值，则发现它们同样存在着显著差异。如表 3-10 所示，受教育水平越高，已育女青年的收入越高。其中，最大的收入落差来自学历为研究生和学历为初中及以下的女青年，前者比后者高出 5575.855 元。此外，教育水平的提高也有利于女青年生育后收入的增长。研究结果显示，随着受教育水平的提高，女青年在生育后的收入增幅逐渐加大。可见，教育提升了女性的人力资本，对其劳动的经济性回报作用显著。

表 3-10　不同学历已育女青年的收入情况

	均值	平均增加值	平均减少值
初中及以下收入/元	2875.500	1290.278	889.286
高中或中专收入/元	3496.563	2007.143	2730.303
大专收入/元	4452.881	2138.075	2900.714
本科收入/元	6040.148	2657.462	2102.941
研究生收入/元	8451.355	4489.767	2687.500
(N)	(3670)	(935)	(178)
	$F=157.633$, df=4, $p=0.000$	$F=9.124$, df=4, $p=0.000$	$F=0.770$, df=4, $P>0.05$

类似的是，在女青年生育前后的工作职务和岗位变化上，教育继续发挥着积极作用。首先，就工作职务的变化来看，教育水平的提高有利于已育女青年的工作职务的向上流动。如表 3-9 所示，生育后职务向上流动的女青年群体随着受教育水平的提高而递增，而生育后职务向下流动的女青年群体则随着受教育水平的提高而递减。其次，就工作岗位的变化来看，受教育水平的提高整体上有利于已育女青年工作岗位的向上流动，但需结合教育的稀缺度及工作年限来考虑。如表 3-9 所示，生育后工作岗位向下流动的女青年群体人数随着受教育水平的提高而递减，而生育后工作岗位向上流动的女青年群体比例则并非完全跟受教育水平呈正相关。按照受教育水平，具体比例依次为：学历为初中及以下者（16.3%）、学历为高中或中专者（20.7%）、学历为大专者（25.7%）、学历为本科者（23.6%）、学历为研究生者（25.3%）。这里，已育女青年的工作岗位随着受教育水平提高而

向上流动的趋势在本科学历的群体中出现了"塌陷",即生育后,本科学历的女青年的岗位向上流动比例不仅低于研究生学历的女青年,也低于大专学历的女青年。而学历为研究生的女青年的岗位向上流动比例虽然高于本科学历者,但仍然低于大专学历者。

欲理解这种有趣的现象,还需从教育的稀缺度和在职时间的关系说起。就教育的稀缺度而言,根据教育投入年限、学位获得人群的比例以及市场回报的期望值,学历越高,越具有稀缺性。但是,随着大学的扩招,在城市中,本科学历已逐渐成为进入正式劳动力市场的硬性条件,从而丧失了其稀缺性。同时,对于相同年龄的不同学历者而言,教育时间的延长在一定程度上也意味着进入劳动力市场的时间相对较晚,工作年限相对较短。换言之,工作年限的增加可以弥补学历较低所引发的短板。因此,在本研究中可以看到,大专学历者的岗位向上流动比例不仅高于本科学历者,还高于研究生学历者。

反过来,受教育水平的高低在上述职业流动中所呈现的种种特性,也同样体现于其就职单位的属性上。如表 3-11 所示,已育女青年受教育水平的不同导致了其在单位属性上存在显著差异。具体来说,学历越高,在国有部门就业的比例就越大。按照受教育水平,在国有部门就业的已育女青年比例依次为:学历为初中及以下者(8.4%)、学历为高中或中专者(10.5%)、学历为大专者(21.4%)、学历为本科者(53.9%)、学历为研究生者(62.7%)。而在公司和企业就业的母亲群体中,则以大专教育水平为分界线,呈现出"先升后降"的趋势。当受教育水平在大专以下时,女青年在上述部门就业的比例随着受教育水平的提高而增加,具体为:初中及以下者(43.4%)、高中或中专者(56.2%)、大专者(65.2%)。而当受教育水平在大专及以上时,女青年在上述部门就业的比例随着受教育水平的提高而减少。

表 3-11 不同学历母亲的单位性质

	初中及以下	高中或中专	大专	本科	研究生	合计
国有部门/(%)	8.4	10.5	21.4	53.9	62.7	29.8
公司/企业/(%)	43.4	56.2	65.2	40.6	33.5	50.0
个体经营/(%)	42.5	28.5	8.9	2.8	1.3	16.1

续表

	初中及以下	高中或中专	大专	本科	研究生	合计
其他/（%）	5.7	4.8	4.5	2.7	2.5	4.1
（N）	(537)	(868)	(838)	(1139)	(236)	(3618)
$\chi^2=1112.686$，df=4，$p=0.000$						

究其原因，则需回溯到我国劳动力市场的部门分割和就业观念中去探寻。首先，在市场转型的过程中，形成了国有部门与非国有部门的二元割据的劳动力市场（刘精明，2006）。相较于非国有部门，国有部门所提供的工作具有福利待遇好、稳定性高、晋升通道顺畅等特征，但准入门槛相对较高，不利于较低学历者的进入。以国家公务员为例，除了需达到较高的受教育水平之外，还需通过笔试、面试、政审、体检等层层选拔环节。其次，在就业观念中，人们将高学历与职业的"体面性"相关联，认为越是高学历者，越应该从事在权力、声望、财富三个维度的综合值较高的职业。这也正是"北大毕业生卖猪肉""人大女博士开农场"等新闻能引发广泛讨论的原因。而学历相对较低者则不受上述就业观念的束缚，不会在求职的过程中自我设限，从而自我雇佣的积极性更高。因此，在本研究中，可以看到学历为初中及以下的已育女青年从事个体经营的比例最高，高中或中专学历者居其次，且远远超过其他三类受教育水平的从业者。

2. 职业心态

在理想状态下，教育由于提升了女性的人力资本而使其获得丰厚的劳动力市场回报，这种客观的教育收益反过来又鼓舞了女性在劳动力市场的信心和自控感。二者形成良性循环，继而导致家庭（或社会）加大对女性的教育投入。

本研究所观察到的是，随着受教育水平的提高，已育女青年出现职业生涯高原负面心态的比例递减。如表3-12所示，处于教育金字塔最底端（学历为初中及以下）的女青年出现职业生涯高原负面心态的比例最高，而处于教育金字塔最顶端（学历为研究生）的女青年出现职业生涯高原负面心态的比例最低。由此可见，上述教育的良性循环效应初步显现。

表 3-12 不同学历母亲的职业心态

		初中及以下	高中/中专	大专	本科	研究生	合计
职业生涯高原/（%）	否	24.2	29.1	27.5	31.6	40.9	29.5
	是	75.8	70.9	72.5	68.4	59.1	70.5
(N)		(570)	(881)	(840)	(1141)	(232)	(3664)
		$\chi^2=26.495$, df$=4$, $p=0.000$					
成就动机/（%）	低	46.6	45.7	48.9	46.9	34.9	46.3
	高	53.4	54.3	51.1	53.1	65.1	53.7
(N)		(579)	(889)	(842)	(1146)	(235)	(3691)
		$\chi^2=15.002$, df$=4$, $p=0.005$					

然而，女青年受教育水平的差异导致了其生育后成就动机的两极分化，即越是处于受教育水平的两端，高成就动机的人群越多。其中，生育后仍保持高成就动机的人群比例，以研究生学历（最高受教育水平）的女青年最多（65.1%），而高中/中专和初中及以下学历（最低的两个受教育水平）的女青年则分别居于第二位（54.3%）和第三位（53.4%），且高于本科学历者的相应比例。

由于在我国历来就有崇尚教育的文化传统，研究生学历人群常常被赋予更多的社会赞许与社会期待，从而极大地激发了该人群在事业上大展拳脚的雄心壮志。加之高学历人才的知识含金量高及相对的稀缺性，使其工作时上手快、晋升迅速，从而客观上强化了其职业抱负，故在所有的受教育水平中，该群体具有高成就动机的人比例最大。而相对于前者的"为了理想而奋斗"，处于受教育水平底端的女青年则更多了些"越挫越勇"的味道。一般来看，她们既不具备高学历所赋予的种种就业优势，还大多就职于竞争激烈、流动性高、可替代性强的行业，现实生活的裹挟令其不得不以强大的内心作为前进的动力。

（四）来自不同家庭的女青年的职业变化

鉴于我国城乡二元结构的长期存在及其对个体社会资源与生活机会的绑定，本研究引入了"家庭来源"这个变量，通过比较源自农村（或城市）家庭的女青年在生育前后的相对职业变化，进一步探讨了家庭来源对女青年职业流动的影响及所造成的主客观职业结果。在本研究中,家庭来源是指被访者 18 岁前主要生活在城市还是乡村。

1. 职业流动

在职业流动方面,不同家庭来源的已育女青年存在着显著差异。统计结果显示,相较于出身于农村家庭的女青年,成长于城市家庭更有利于女青年生育后收入的增加、职务的升迁以及工作岗位的向上流动。

首先,从生育前后的收入变化来看,家庭来源显著影响女性生育前后收入的增减。如表 3-13 所示,在报告生育后收入增长的人群中,城市出身的女青年（35.5%）多于农村出身者（33.2%）,而农村出身的女青年报告在生育后收入减少的比例（8.3%）则高于前者（5.9%）,且通过了显著性检验。进一步比较不同家庭来源的女性的收入均值及其变化值,则发现它们同样存在着显著差异。如表 3-14 所示,根据组中值推算,农村出身的已育女青年的平均月收入为 3903.419 元,城市出身者的平均月收入为 5266.725 元,后者比前者高了 1363.306 元,且通过了差异性检验。此外,相较于农村家庭出身,城市家庭出身也有利于女性生育后收入的增长。研究结果显示,相对于生育前,生育后农村家庭出身的女青年的收入增长值为 2077.451 元,城市家庭出生的女青年的收入增长值则为 2620 元,二者相差 542.549 元,且通过了差异性检验。

表 3-13 来自不同家庭的女青年的职业变化

		农村出身的母亲	城市出身的母亲	合计
工资收入变化 /（%）	减少	8.3	5.9	6.9
	没变化	58.5	58.6	58.5
	增加	33.2	35.5	34.6
(N)		(1445)	(2174)	(3629)
$\chi^2=8.532$，df=2，$p=0.014$				
工作职务变化 /（%）	变低	10.1	5.9	7.6
	没变化	64.4	64.6	64.5
	变高	25.6	29.5	27.9
(N)		(1471)	(2192)	(3663)
$\chi^2=25.134$，df=2，$p=0.000$				

续表

		农村出身的母亲	城市出身的母亲	合计
工作岗位变化/（%）	变差	12.1	7.5	9.3
	没变化	67.1	69.2	68.3
	变好	20.8	23.3	22.3
（N）		（1488）	（2194）	（3682）
		$\chi^2=23.653$，df$=2$，$p=0.000$		

表 3-14 不同家庭来源的女青年生育后的收入状况

	均值	平均增加值	平均减少值
农村出身者	3903.419	2077.451	2503.750
城市出身者	5266.725	2620.000	2261.771
（N）	（3661）	（935）	（176）
	$F=105.739$，df$=1$，$p=0.000$	$F=4.009$，df$=1$，$p=0.046$	$F=0.092$，df$=1$，$p>0.05$

其次，家庭来源也显著影响女青年生育后工作职务和岗位的流动。具体来说，在报告生育后工作职务向上流动的女青年群体中，城市出身者（29.5%）多于农村出身者（25.6%），而农村出身的女青年报告在生育后工作职务向下流动的比例（10.1%）则高于前者（5.9%），且通过了显著性检验。并且，在报告生育后工作岗位向上流动的女青年群体中，也是城市出身者（23.3%）多于农村出身者（20.8%），而农村出身的女青年报告在生育后工作岗位向下流动的比例（12.1%）高于前者（7.5%），且通过了显著性检验。

从社会分层的角度来理解，个体在家庭来源上的城乡差异，实际上是基于地理空间而制造出资源与机会差异的一种结构性效应（刘精明，2014）。对个体的劳动力参与而言，它通过家庭资源与社会资本渗透于个体早期的教育机会和初职获得，并以代际传递的方式持续作用于个体的职业流动，从而影响其职业回报。在这种户籍分割的劳动力市场中，不少研究已证实城市原住民能够比城市移民[①]获得更佳的职业回报（袁志刚等，2005；田丰，2010）。因此，在本研究中，无论是在女青年生育后的收入增长，还是在其工作职务与岗位的向上流动方面，均呈现出有利于出身城市家庭者的趋势。换言之，已育女青年的职业流动再次验证了家庭来源的结构性效应，与前人的研究发现相呼应。

而且，国外研究通常按照所有制形式将城市经济结构划分为国有部门与非国有部门，而有的学者则观察到农村户籍身份会显著降低供职于国有部门的机会，加大从事最底端职业的概率（李骏，顾燕峰，2011）。如果将家庭来源理解为成年前的户籍身份的话，那么，本研究同样也发现，成年前农村户籍身份显著不利于女青年进入国有部门和正规的市场部门（即公司和企业）。如表3-15所示，生育后，城市出身的女青年在国有部门和公司企业的就职比例均高于农村出身的同伴。其中，城市出身者的相关比例分别为32.0%和53.1%，而农村出身者的对应比例为26.6%和45.5%，且通过了显著性检验。同时，农村出身的女青年从事个体经营的比例高于前者，且通过了显著性检验。

表3-15　不同家庭来源的女青年生育后所在的单位

	农村出身女青年	城市出身女青年	合计
国有部门/（%）	26.6	32.0	29.8
公司/企业/（%）	45.5	53.1	50.1
个体经营/（%）	23.4	11.1	16.0
其他/（%）	4.5	3.9	4.1
(N)	(1438)	(2169)	(3607)
$\chi^2=100.701$, df$=3$, $p=0.000$			

2. 职业心态

上述家庭来源对母亲所造成的在职业流动及其结果方面的客观差异，反过来也作用于其职业心态。如表3-16所示，家庭来源显著影响着女青年生育后职业生涯高原心态的出现，但对其成就动机没有影响。

---

① 在这里，城市移民是指成年前主要生活于农村，成年后以城镇为主要居住地的人群，不论其是否获得非农业户口。

具体来看,在出现职业生涯高原的女青年群体中,农村出身者(73.1%)多于城市出身者(68.1%),且通过了显著性检验。换言之,相较于城市出身的女青年,农村出身的女青年在城市中打拼时更容易对自身的职业发展感到悲观。这可能和农村出身的女青年在早期教育和就业中所经历的差别性(甚至是歧视性)对待有关。在城市的劳动力市场中,雇主对本地人的偏好是非常明显的。除了通过家庭而被代际传递给个体的社会资本之外,地方政府给予本地居民的种种就业福利更是背后的主要驱动因素(袁志刚等,2005)。因此,在本研究中,来自城乡家庭的女青年在城市劳动力市场中进行同台竞争时,职业生涯高原出现与否,实质上是基于其客观现实遭遇而进行的一种心理投射和预估性判断。

表3-16 不同家庭来源的母亲的职业心态

		农村出身女青年	城市出身女青年	合计
职业生涯高原/(%)	否	26.9	31.3	29.5
	是	73.1	68.7	70.5
(N)		(1478)	(2177)	(3655)
$\chi^2=8.018$, df=1, $p=0.005$				
成就动机/(%)	低	45.8	46.7	46.3
	高	54.2	53.3	53.7
(N)		(1488)	(2194)	(3682)
$\chi^2=0.293$, df=1, $p>0.05$				

有所不同的是,成就动机既容易受到就业经历的影响,更离不开家庭"惯习"的潜移默化。在布迪厄的眼中,这种家庭"惯习"实际上就是以家庭为媒介的早期社会化所塑造的家庭文化资本,对个体从生活品位、人际交往,再到职场"情商"产生无孔不入的影响,从而将家庭文化资本的差异演化为其他的社会不平等(Bourdieu, Passeron, 1982)。而在我国,现代化的城市因其生活的便利性与文化的兼容性吸引了大批农村人口向城市迁移。相较于城市出身的人群,他们虽然没有"地利人和",但长期在乡村的生活经历早已将诸如"勤奋"和"百折不挠"的个性特质内化为城市移民在城市打拼的精神武器。据此,我们似乎可以做出一个常识性的论断:农村出身人群的成就动机要高于城市出身人群。

然而，本研究所呈现的却是，农村出身的女青年和城市出身的女青年在成就动机上并无差异（$p>0.05$）。由于这里的研究对象是已育人群，那么，这就可能意味着生育抑制了女性的成就动机，削弱了城乡差异对后者的影响，使得农村出身和城市出身的女青年在成就动机上趋同。前面已经讨论过子女的数量对于母亲的成就动机不存在显著影响，即无论生育子女数量的多寡，只要是母亲，那么该人群的成就动机趋同。若想继续探讨母亲身份对于成就动机的影响，则需要从母亲群体与未育女性群体的比较中来获得答案。

二、影响因素分析

生育作为重大生命事件，不仅令女性的身心趋向成熟，也使女性的职业发展轨迹呈现出多元化的路径。为了进一步探究女青年职业发展中生育的作用力及其他相关因素，本研究在运用因子分析和 OLS 模型进行初步探索的基础上，进一步以有序逻辑斯蒂回归的方法从工资收入、工作职务和工作岗位三个维度分别探讨可能导致女青年在生育前后发生相应变化的相关因素，从而比较三者之间的异同。

（一）初步探索

通过因子分析，将女青年生育前后在工资收入、工作职务和工作岗位三个维度上的相对变化整合为一个综合因子，随后建立多元线性回归模型，来初步探索生育前后影响女青年职业发展的整体性因素。

首先，统计结果显示，巴特利特球体检验显著，说明观测变量适合做因子分析。KMO 值为 0.676，说明因子分析的效果一般。通过主成分分析法和最大正交旋转法的抽取，原有的三个变量刚好可以整合为一个综合因子（命名为"职业流动"），该因子能够解释总方差的 68.87%，具体的因子负荷参见表 3-17。

表 3-17　生育前后女青年职业流动的因子分析

指标	综合因子
工资收入的变化	0.820
工作职务的变化	0.873
工作岗位的变化	0.795

续表

指标	综合因子
方差贡献率	68.87%
Bartlett 球体检验	$\chi^2 = 3814.509^{***}$
Kaiser-Meyer-Olkin	0.676

注:$^{***}p<0.001,^{**}p<0.01,^{*}p<0.05$。

随后以上述因子分析中所抽取的综合因子"职业流动"作为因变量，引入相关自变量，建立多元线性回归模型。统计结果显示，Durbin-Watson 检验的 D 值为 1.927（约等于 2），满足误差独立性假设，说明残差与自变量互为独立，可以进行线性回归。如表 3-18 所示，对女青年的职业流动有显著影响的因素包括月收入、进修与否、换工作原因、家庭对工作的冲突及劳动力市场歧视。具体来看，已育女青年的月收入越高，近年来有过职业进修经历，则有利于职业的向上流动。而为了照顾孩子而更换工作、家庭对工作的冲突及歧视因素则可能对其职业发展带来负面冲击。需要注意的是，此线性模型的解释力一般，故提示我们需要选择更为有效的拟合模型。

表 3-18 线性回归：已育女青年职业流动的影响因素

变量	B	Beta
月收入	0.099	0.170^{*}
进修与否	0.217	0.112^{*}
换工作原因	-0.297	-0.139^{*}
家庭对工作的冲突	-0.135	-0.146^{*}
歧视因素	-0.150	-0.195^{*}
常数项	-1.115	
Adjust R^2	0.191	
F 值	2.868^{***}	
N	3793	

注：1. $^{***}p<0.001,^{**}p<0.01,^{*}p<0.05$。
2. 统计分析结果中检验不显著的 Beta 值均未列出。
3. B 的显著度同 Beta。

（二）有序逻辑斯蒂回归分析

以上探索性分析大致勾勒了影响已育女青年职业发展的要素轮廓，有利于后续研究的"按图索骥"。实际上,就问卷设计观之,工资收入、工作职务和工作岗位这三个变量均属于定序测量层次,故选用有序逻辑斯蒂回归更能诠释其丰富的变量内涵。

1. 生育前后女青年收入变化的影响因素

总体上,女青年在工作与家庭之间的冲突及平衡、因生育所导致的职业中断期、劳动力市场歧视及某些就业特征和个体特征均是影响女青年生育前后工资收入发生变化的重要因素。

如表 3-19 所示,就工作与家庭的冲突及平衡而言,女青年在工作与家庭之间保持适当的冲突度、将时间和精力等更多地投向工作、掌握好家务劳动与闲暇时间的尺度、家庭其他成员能够提供育儿支持,均有利于女青年生育后工资收入的提高。

表 3-19 生育前后女青年收入变化的影响因素

变量		回归系数	标准误
工作与家庭的冲突/平衡	工作与家庭的投入重心(家庭=0)	1.124*	0.465
	工作家庭冲突的程度(冲突大=0)		
	没有冲突	1.267	0.651
	冲突小	1.759***	0.464
	家务劳动时间	0.124**	0.045
	家务劳动时间的二次项	−0.002*	0.001
	闲暇时间	0.090*	0.038
	闲暇时间的二次项	−0.001	0.001
	目前孩子的主要照顾者(母亲=0)		
	社会服务	−0.108	1.656
	祖辈	1.417*	0.577
	夫妻共同	0.440	0.444
	父亲	2.921*	1.380
职业中断	产假时间(3—5个月=0)		
	少于3个月	−1.086*	0.530
	6—12个月	−1.532**	0.467
	大于1年	1.070	0.838

续表

变量		回归系数	标准误
就业特征	换工作原因（照顾子女＝0）	1.103*	0.476
	进修与否（否＝0）	0.962*	0.405
	职业生涯高原（是＝0）	0.872*	0.424
歧视因素	是否遭遇过职场歧视（否＝0）	−1.293*	0.581
	怀孕期或生孩子后被转岗（否＝0）	−1.071*	0.530
	怀孕期或生孩子后被降薪/降级（否＝0）	−1.462*	0.680
	怀孕期或生孩子后被解雇/辞退（否＝0）	−2.363***	0.616
个体特征	健康状况（差＝0）		
	好	1.480	0.836
	中等	2.201*	0.856
	初育年龄（23岁及以下＝0）		
	36岁及以上	−3.061**	1.117
	31—35岁	−3.219***	0.870
	24—30岁	−1.797**	0.675
	受教育水平（初中及以下＝0）		
	研究生	−3.003*	1.257
	本科	−0.295	0.927
	大专	−0.924	0.756
	高中或中专	−0.121	0.552
截点1		11.248	11.646
截点2		17.731	11.707
χ^2		182.231***	
Pseudo R^2		0.551	
N		3793	

注：1. 限于篇幅，仅列出影响显著的因素。

2. *** $p<0.001$，** $p<0.01$，* $p<0.05$。

3. 因变量：生育前后收入的变化。赋值情况：1＝减少了，2＝不变，3＝增加了。

具体来说，在其他变量不变的情况下，相较于将时间精力更多地投入到家庭领域的女青年，投入重心在工作领域的女青年的收入增长概率是前者的 3.078 倍 [Exp（1.124）=3.078）]。简言之，在工作领域投入越多，越有利于劳动力市场回报的增加。新家庭经济学理论曾指出，为了家庭整体利益的最大化，女性的时间配置大多以家庭为导向，这种"专门化"的家庭分工使其在无偿的家务劳动和子女照顾活动中居于绝对优势，但令其在有酬劳的市场工作中处于劣势（贝克，2001）。

就工作与家庭的冲突度而言，相较于工作家庭冲突较大的女青年，工作家庭冲突小的女青年的收入增长概率是前者的 5.807 倍 [Exp（1.759）=5.807]。而且，在统计结果上，工作家庭之间"没有冲突"并不显著，即就促进已育女青年的收入而言，没有工作家庭冲突相较于工作家庭冲突较大并不占有优势。承前推论，工作与家庭之间的冲突越小，越有利于已育女青年的职业发展。而工作家庭冲突为零的状态应该是该人群职业发展的理想状态。但是，显然在这里，工作与家庭的冲突度发挥的是一种"鲶鱼效应"：如果已育女青年完全没有工作与家庭冲突，则很可能安于现状，抑制向上职业发展的动机。如果工作与家庭的冲突过大，则很可能会令其身心负荷过重，容易进入"工作狂"或"全职妈妈"这两个极端。而保持适当的工作家庭冲突度，则既能够刺激已育女青年居安思危，又不致令其全面"崩溃"。

时间冲突是工作和家庭两个领域冲突的重要表现，对于"左手孩子、右手工作"的女青年而言，这种时间的争夺与压迫感尤为突出。本研究显示，家务劳动时间和闲暇时间唯有超过一定的数量，才会对已育女青年的收入增长带来冲击。具体来看，每周累计家务劳动时间与女青年的收入增长呈现出一种非线性关系。在控制了其他变量的情况下，适量的家务劳动时间不会影响女青年收入的增长，唯有超过临界值之后，家务劳动时间使得女青年收入增长的概率开始下降。由模型的回归系数来测算，这个具有转折意义的临界值[①]约为 31 个小时，即当已育女青年的每周家务劳动累计超过 31 个小时之后，其收入增长的可能性开始下降。

相似的是，每周累计闲暇时间与已育女青年的收入增长也呈现出一种非线性关系。在控制了其他变量的情况下，刚开始闲暇时间的增多有利于

[①] 临界值的计算：参见抛物线函数的顶点计算方法。参考郑德如：《回归分析和相关分析》，上海：上海人民出版社，1984 年版，第 68-80 页。下同。

女青年收入的增长，但是达到一定的小时数之后，则使得女青年收入增长的可能性开始下降。由模型的回归系数来测算，该临界值约为45个小时，即当已育女青年每周闲暇时间累计超过45个小时之后，其收入增长的可能性开始下降。

首先，从人力资本投资的角度来看，家务劳动时间和闲暇时间具有迥异的功效。按照贝克尔的"专门化投资"假设来推断，家务劳动时间主要是用以提高家庭领域所需的相关技能及满足家庭照顾需求，而闲暇时间却有可能通过继续教育和培训来增加个体的人力资本存量，从而提高市场工作的收益。令人无奈的是，个体每天的时间拥有量是固定的，撇开固定的工作时间，家务劳动时间与闲暇时间就处于此消彼长的拉锯战之中。因此，就提高职业回报而言，个体应该尽量减少家务劳动时间，而闲暇时间则是多多益善。所以，本研究关于需要给家务劳动时间设限的发现既符合理论假设，也经受得起生活常识的检验。可是，在本研究中，闲暇时间并非多多益善，也需要"适度"。究其原因，亦不难理解。如果我们将上述闲暇时间的临界值按照一周七天加以平均，则意味着每天的闲暇时间多达6.43个小时以上，而能如此"奢侈"地享受闲暇时间的人群多半处于未就业或兼职工作的状态。对于这两类人群而言，收入（及其增长）或许根本就是可有可无的存在。

作为解决工作与家庭冲突的重要手段，来自家庭其他成员的育儿支持则有利于已育女青年收入的增长。具体来说，在其他因素不变的情况下，家中孩子目前主要由祖辈或父亲照顾的女青年收入增长概率分别是由女青年本人照顾的 4.125 倍和 18.560 倍 [Exp（1.417）= 4.125，Exp（2.921）= 18.560]。西方研究证明，儿童照顾是女性就业的一只"拦路虎"。鉴于家庭代际互动模式的国别差异，西方社会的儿童照顾主要是由商品化的社会服务或母亲本人独自承担。经济条件较好的工作母亲通常采取前一种方式，位于底层的工作母亲只能暂时地退出劳动力市场，等到子女年龄大些时再走出家门就业（Hoem，1993）。而"含饴弄孙"的文化传统使得老人带孩子在我国非常普遍，特别是为双职工家庭中女青年的职业发展提供了重要支持。除此之外，配偶作为照顾子女的主力军，对于已育女青年收入增长的积极作用首次凸显，这说明有更多的男性加入育儿大军中来，传统的家庭分工模式发生了变化，家庭内性别关系趋于平等。

就职业中断而言,产假时间过短(或过长)均不利于女青年收入的增长,生育假期政策的保护效应凸显。换言之,在国家规定时限内休产假的女青年,其收入增长的趋势不受影响。研究结果显示,在其他因素保持不变的情况下,相较于正常休产假(3—5个月)的女青年,产假少于3个月使得女青年收入增长的概率下降66.2%[Exp(-1.086)=0.338)],产假介于半年至1年也使得女青年收入增长的概率下降78.4%[Exp(-1.532)=0.216)]。

一方面,无法享受国家规定产假时限(少于3个月)说明该女性群体缺乏与雇主进行议价的能力,那么这种议价能力的缺失同样也会体现在晋升机会的受限和涨薪要求的被拒方面。另一方面,一旦产假时间超过国家规定的时限,这部分被延长了的时间由于在生育假期政策的保护之外而被雇主视为非市场活动时间,故不仅影响个体的人力资本存量,还在投入决定回报的企业绩效考核制中处于劣势,由此影响女性的职业回报。那么,对于生育后重返工作岗位的新妈妈们而言,生育假期政策的缓冲作用是不言而喻的。

从就业特征来看,更换工作时优先考虑照顾子女而非职业发展、近年来在职培训的匮乏以及职业生涯高原心理的存在,均不利于女青年的收入增长。具体来看,在其他因素保持不变的情况下,相较于为了照顾子女而更换工作者,那些由于非照顾子女原因而更换工作的女青年的收入增长概率是前者的3.013倍[Exp(1.103)=3.013]。作为提升人力资本的重要手段,近年来参加过职业相关的进修则使得女青年的收入增长概率增加161.7%[Exp(0.962)=2.617]。同时,在职业心态方面,在控制其他变量的情况下,未出现职业生涯高原的女青年的收入增长概率是出现者的2.392倍[Exp(0.872)=2.392]。

就歧视因素来看,劳动力市场歧视的确会给女青年的收入带来负面影响,而这种负面影响直接地体现在生育型歧视中,即女青年在怀孕期间或生孩子之后被转岗、降薪(或降级),甚至被解雇和辞退。具体来说,在其他因素保持不变的情况下,总体上,劳动力市场歧视的存在使得女青年收入的增长概率下降72.6%[Exp(-1.293)=0.274]。而怀孕期间或生孩子后"被转岗"这种类型的歧视使得女青年收入增长的概率下降65.7%[Exp(-1.071)=0.343],怀孕期间或生孩子后"被降薪(或降级）"这种类型的歧视使得女青年收入增长的概率下降76.8%［Exp（-1.462）=0.232］，怀孕期间或生孩子后"被解雇或辞退"这种类型的歧视使得女青年收入增长的概率下降90.6%［Exp（-2.363）=0.094］。西方学者曾分别运用心理学实验和追踪调查的方法论证了雇主对怀孕或已生育的女性员工的歧视会对后者的应聘、晋升和涨薪带来负面影响（Correll，2007），而本研究则从收入增长可能性的角度对上述西方研究成果予以了积极的回应。

最后，从个体特征来看，女青年的受教育水平、初育年龄和健康状况也显著影响其生育前后的收入变动。具体来说，控制其他变量之后，相较于身体健康状况较差者，中等健康状况的女青年的收入增长概率是前者的9.034倍［Exp（2.201）=9.034］，再次印证了"身体是革命的本钱"这句话。而作为重要人力资本资源的教育，却并没有发挥想象中的作用。统计结果显示，在其他变量不变的情况下，相较于初中及以下学历者，研究生学历的女青年的收入增长概率反而下降了95%［Exp（-3.003）=0.050］。从我国劳动力市场的现状来看，一方面反映了市场薪酬体系对于研究生及其以下受教育水平的区分度还有待提高，应有经济价值的转换尚待明晰。另一方面，就收入而言，教育如同基础性的门槛，还有其他因素决定着收入的涨落，比如工作年限的长短、工作经验的积累、理论知识与操作技能的匹配度等。

此外，本研究还显示，在其他因素不变的情况下，相较于在23岁及以下首次生育的女性，在24—30岁之间、31—35岁之间或36岁以上首次生育的女青年的收入增长概率分别下降了83.4%、96%和95.3%［Exp（-1.797）=0.166，Exp（-3.219）=0.040，Exp（-3.061）=0.047］。换言之，推迟生育并没有给女性带来预期中的职业收益，至少在促进收入增长方面如此。而且，在我国的现实生活中，白领女性为了事业发展而将生育计划一推再推的现象也比比皆是。这样，对照行为发起的初衷与结果，貌似就陷入了"事与愿违"的尴尬境地。虽然有西方学者曾通过追踪调查发现，早育女性比晚育女性遭受更重的收入惩罚（Taniguchi，1999；Miller，2011）。但是，回到中国情境中来，早育确实可能给女性的职业发展带来积极作用。比如，祖父母的年龄相对年轻，在体能和精力上能够更优质高效地对女青年予以育儿支持。再者，女青年提前完成生育"大任"，既有利于其"轻装上阵",专心发展事业,也便于赢得雇主信任,增加以后被委以重任的可能性。

2. 生育前后女青年职务变化的影响因素

总体上,影响女性生育前后职务变化的因素主要来自育儿支持、职业中断及部分就业特征和个体特征(见表3-20)。

表3-20 生育前后女性职务变化的影响因素

项目	变量	回归系数	标准误差
工作与家庭的平衡	孩子3岁前的主要照顾者(母亲=0)		
	社会服务	3.576**	1.313
	祖辈	0.445	0.574
	夫妻共同	1.114	0.691
	父亲	0.061	1.640
职业中断	产假时间(3—5个月=0)		
	少于3个月	-2.816***	0.695
	6—12个月	-0.914	0.575
	大于1年	-0.315	1.088
就业特征	换工作原因(照顾子女=0)	1.914**	0.619
	进修与否(否=0)	1.199**	0.514
	工作年限	-0.736*	0.303
	工作年限的二次项	0.025**	0.009
	求职方式(国家或学校分配=0)		
	自谋	-1.650*	0.836
	亲友介绍	0.736	0.862
	工作满意度(不满意=0)		
	满意	1.976*	0.888
	一般	1.835*	0.906
	成就动机(高=0)	-1.040*	0.494
歧视因素	怀孕期或生孩子后被转岗(否=0)	-1.298*	0.647
个体特征	健康状况(差=0)		
	好	-1.828	1.003

续表

变量		回归系数	标准误差
个体特征	中等	3.263**	1.062
	初育年龄（23岁及以下＝0）		
	36岁及以上	−4.363**	1.501
	31—35岁	−3.508**	1.124
	24—30岁	−3.070**	0.894
	年龄	2.492**	0.842
	年龄的二次项	−0.034**	0.011
	家庭来源（城市＝0）	−1.538*	0.600
截点1		27.521	15.134
截点2		36.482*	15.421
χ^2		255.620***	
Pseudo R^2		0.708	
N		3793	

注：1. 限于篇幅，仅列出影响显著的因素。

2. ***$p<0.001$, **$p<0.01$, *$p<0.05$。

3. 因变量：生育前后工作职务（或职称）的相对变化。赋值情况：1＝比以前低；2＝没有变化；3＝比以前高。

如表3-20所示，就育儿支持来看，家庭之外的社会服务有助于女青年工作职务的向上流动。具体来看，在其他因素不变的情况下，对比幼龄儿童（0—3岁）的两类主要照顾者——母亲本人和社会服务机构（或个人），后者使得女青年职务升迁的概率是前者的35.730倍［Exp（3.576）＝35.730］。进一步观察回归系数可以发现，虽然家庭其他成员所提供的育儿支持并不显著，但对于母亲职务的向上流动亦是有正向作用的。其背后的原因在于，幼龄儿童的抚育是所有未成年子女照顾工作中负荷量最为繁重的，而这恰巧也是女青年产后身体恢复、重返工作岗位、添加家庭新成员后家庭关系的调整、初为人母的心理冲突与角色适应等多种问题集中爆发的"转折期"。如果育儿工作完全由母亲本人承担，多重压力之下，国家势必会被彻底地排挤出劳动力市场。所以，无论是来自家庭内的育儿支持，或是家庭外的幼儿托管服务，都有利于缓解已育女青年的照顾重担，保证其正常的工作投入。但是,在我国"重生(育)爱幼"的传统文化和职业女性追求工作与家庭平衡的双重驱动下,照顾幼龄儿童必定"牵一发而动全身",引发家庭成员不同程度地参与并相互干扰。因此,仅就为女性营造无干扰的工作空间而言,社会服务显然要比家庭支持更胜一筹。

在职业中断方面,法定生育假期之外的职业中断均影响女青年工作职务的向上流动,但以产假时间少于3个月最为显著。具体来看,相较于法定生育假期(产假时间为3—5个月),产假时间少于3个月使得女青年工作职务向上流动的概率显著下降了94%[Exp(−2.816)=0.06]。产假时间少于3个月,意味着此类女性群体无法享受国家所赋予的合法生育权利,这可能与其在雇佣关系中相对处于劣势位置有关。由于女职工的生育假期及其相关福利待遇受到国家的保护,违反相关规定的企业单位可能会被追究法律责任,因此,胆敢违反相关规定的这些企业单位多半经营规模较小或正式的组织化程度不高。换言之,这类单位通常具有进入门槛低、可替代性高、流动性大而受到文化程度较低、身无一技之长、社会资源有限的职业弱势群体的青睐,但同时,这类单位是以薪水微薄、福利体系不健全、职业发展前景黯淡为代价的。因此,产假时间少于国家规定值,更多地体现了女性在教育和技能上的"先天不足"所导致的就业劣势,并接连导致其在生育福利乃至晋升机会方面的话语权的丧失。

而在劳动力市场中,人力资本、换工作原因、求职方式、工作满意度、歧视及个体的成就动机则使已育女青年的职务流动呈现出复杂的态势。具体来看,在其他因素不变的情况下,相较于为了照顾子女而更换工作的女青年,那些为了职业发展等非子女原因而更换工作的母亲的职务升迁概率是前者的6.780倍[Exp(1.914)=6.780];相较于不满意自身工作者,那些对工作表示满意或持中立态度的女青年的职务升迁概率分别是前者的7.214倍和6.265倍[Exp(1.976)=7.214,Exp(1.835)=6.265];低成就动机则使得已育女青年的职务升迁概率下降了64.7%[Exp(−1.040)=0.353];而遭遇过"怀孕期间或生孩子后被转岗"这种形式的歧视,则使女青年职务升迁的概率下降72.7%[Exp(−1.298)=0.273]。此外,相较于国家(或学校)分配这种谋职形式,依靠自身力量而获得职业使得女青年职务升迁的概率下降80.8%[Exp(−1.650)=0.192];依靠社会资本(即亲友、同事或客户介绍)获得职业的方式虽不显著，但仍可以看出其起到的是正向作用。这可能源于职业获得方式所产生的就业结果差异。如今，通过国家或学校分配而获得职业的这种方式虽然正在逐渐退出历史舞台，但是其最终的就业归属大多指向了国有部门或垄断企业，而后者无疑在福利待遇、晋升前景上都具有相对优势和可预见性。而以社会资本谋得职业的方式由于是建立在彼此熟悉和信任的基础上的，因而对工作转换的结果更有保障，一般是向上流动（即比原工作好），或至少也是水平流动。显然，自谋这种形式的职业获得方式则更多地充满了变数，缺乏以上两种谋职方式所具有的先赋性资源便利。

在人力资本方面，进修经历和工作年限的积累均有利于已育女青年工作职务的向上流动。其中，控制其他变量之后，相较于近年来没参加过职业进修者，近年来参加过进修的已育女青年的职务升迁概率是前者的 3.317 倍 [Exp (1.199) =3.317]。而工作年限则与已育女青年的职务升迁呈现出一种非线性关系。在控制了其他变量的情况下，刚开始工作年数的增加并不能提升女青年职务升迁的可能性，但是达到一定的年限后，工作年数则使得女青年的职务升迁的概率大为增加。由模型的回归系数来测算，这个工作年限的转折点大约为 14.72 年，即从首次入职开始计算，在工作了约 15 年后，女青年职务升迁的可能性开始增加。可见，职务的向上流动在一定程度上也可被视作工作年限的积累、由量变到质变的过程。

相应地，已育女青年的年龄与其职务的升迁则呈现出一种倒 U 型的非线性关系。在控制了其他变量的情况下，随着女青年岁数的增长，其职务向上流动的可能性也在增加。但是到了一定的年纪之后，其职务向上流动的可能性开始下降。经测算，该年龄的分水岭大约为 36.647 岁，即约在 37 岁之后，女青年职务向上流动的概率开始下降。组织管理学者和心理学家将这种个体职业生涯发展中晋升的可能性变小的阶段，称为"职业生涯高原"。埃文斯和吉尔伯特则进一步区分了职业生涯高原发生的年龄段，39 岁以下为非职业生涯高原，45 岁以上则是标准的职业生涯高原，而中间阶段则是动态变化的灰色区域，它会随着个体的异质性而变动，有可能使职业生涯高原提前或延后（Evans，Gilbert，1984）。考虑到性别差异，这里预示着女青年职业生涯高原的负面心态可能提早发生于男青年，或者比已育男青年更普遍地具有这种负面职业心态。

就个体特征而言,健康状况、初育年龄和家庭来源显著影响女青年的职务向上流动。具体来看,在其他因素不变的情况下,相较于身体健康状况较差者,中等健康状况的女青年职务升迁的概率是前者的26.128倍[Exp(3.263)=26.128]。而推迟生育亦未能促进女青年工作职务的向上流动,即相较于在23岁及以下首次生育的女青年,在24—30岁之间、31—35岁之间或36岁以上首次生育的女青年的职务升迁概率分别下降了95.4%、97%和98.7%[Exp(-3.070)=0.046,Exp(-3.508)=0.03,Exp(-4.363)=0.013]。而且,女青年的初育年龄越推后,对其职务升迁的负面影响越大。此外,控制其他变量后,相较于成长于城市家庭者,成长于农村家庭的女青年的职务升迁概率下降了78.5%[Exp(-1.538)=0.215],这说明在个体的职业获得与流动中,能力与出身再次交锋,早期附着于城乡身份的先赋性资源及机会差异继续发挥着作用。

3. 生育前后女青年工作岗位流动的影响因素

总体上,影响女性生育前后岗位流动的因素主要来自工作与家庭的相对投入、育儿支持、部分就业特征及初育年龄等方面(见表3-21)。

表3-21 生育前后女性岗位流动的影响因素

	变量	回归系数	标准误
工作与家庭的冲突/平衡	工作与家庭的投入重心(家庭=0)	1.079*	0.466
	孩子3岁前的主要照顾者(母亲=0)		
	社会服务	2.151*	0.933
	祖辈	0.252	0.455
	夫妻共同	0.007	0.532
	父亲	0.123	1.188
就业特征	进修与否(否=0)	1.117**	0.399
	工作满意度(不满意=0)		
	满意	1.637*	0.732
	一般	1.613*	0.751
	成就动机(高=0)	-0.801*	0.385
个体特征	初育年龄(23岁及以下=0)		
	36岁以上	-2.738*	1.091

续表

	变量	回归系数	标准误
个体特征	31—35 岁	−1.946*	0.818
	24—30 岁	−1.659**	0.645
截点 1		12.589	11.739
截点 2		18.509	11.806
χ^2		144.826**	
Pseudo R^2		0.470	
N		3793	

注：1. 限于篇幅，仅列出影响显著的因素。

2. ***$p<0.001$，**$p<0.01$，*$p<0.05$。

3. 因变量：生育前后工作岗位的相对变化。赋值：1＝比以前差，2＝没有变化，3＝比以前好。

如表 3-21 所示，在工作与家庭的冲突及平衡上，工作与家庭的投入重心和子女 3 岁前的育儿支持显著影响女青年工作岗位的流动。具体来看，在控制其他变量的前提下，相较于将时间精力更多地投入到家庭领域的女青年，投入重心在工作领域的女青年的岗位向上流动概率是前者的 2.942 倍 [Exp (1.079) ＝2.942]。此外，相较于由母亲本人作为幼龄儿童（0—3 岁）的主要照顾者，由社会服务机构（或个人）作为主要照顾者使得女青年工作岗位向上流动的概率是前者的 8.593 倍 [Exp (2.151) ＝8.593]。综上，无论在女青年的收入增长，还是在工作职务和工作岗位的向上流动中，社会服务或家庭的育儿支持均起到了正向作用。

由就业特征来看，近年的进修经历、工作满意度和成就动机显著影响已育女青年的工作岗位流动。具体来看，在其他因素不变的情况下，相较于近年来没参加过职业进修者，近年来参加过进修的已育女青年工作岗位的向上流动概率是前者的 3.056 倍 [Exp (1.117) ＝3.056]。相较于不满意自身工作者，那些对工作表示满意或持中立态度的已育女青年工作岗位的向上流动概率分别是前者的 5.140 倍和 5.018 倍 [Exp (1.637) ＝5.140，Exp (1.613) ＝5.018]。而相对于高成就动机，低成就动机使得女青年工作岗位的向上流动概率下降了 55.1% [Exp (−0.801) ＝0.449]。

类似于上述收入和职务变化，推迟生育亦未能促进已育女青年工作岗位的向上流动，即相较于在 23 岁及以下首次生育的女青年，在 24—30 岁之间、31—35岁之间或36岁以上首次生育的女青年工作岗位向上流动的概率分别下降了81.0%、85.7%和93.5%[Exp（-1.659）=0.190，Exp（-1.946）=0.143，Exp（-2.738）=0.065]。而且，女青年的初育年龄越推后，对其工作岗位向上流动的负面影响越大。综上，推迟生育年龄并不能促进女青年的职业流动。

第三节 拐点效应：职业流动的性别差异[①]

《中长期青年发展规划（2016—2025年）》指出，人口结构的新特点、新变化使得青年一代的工作和生活压力陡增，使他们面临着就业、生育、养老等广泛的生命阶段性任务。在激烈的就业竞争与高企的养育成本的裹挟下，职场青年的生存焦虑无处遁形："生（孩）"与"升（职）"，孰先孰后？"再生"之后能否"再升"？那么，生育是否真如职场青年所焦虑的那样，成为职业发展的拦路虎、事业曲线的"滑铁卢"？无疑，比较在子女出生前后青年的职业流动趋势是一种最为直观的分析途径，即以子女的出生作为时间的分界点，如果相对于子女出生前青年呈现向下的职业流动，则考虑生育对青年职业流动的拐点效应的存在。

本研究通过比较青年在生育前后工资收入、工作职务和岗位的相对变化，来判断其职业流动方向，借以验证拐点效应的真实性和适用条件，并希望为多孩政策下青年的职业流动提供预测性依据，以推动就业环境与人口政策的优化，提升青年的自主性与获得感。

一、理论溯源：拐点效应从何而来？

生育是如何作用于青年的职业流动并产生性别差异的呢？经济学、劳动组织学与社会学为我们提供了多维度的解释视角。

（一）家庭内的专门化

经济学的专门化模式假设，一对夫妇是以家庭为单位进行共同决策的，故每一方在自己具有相对优势的领域投入更多的时间，以使家庭效用最大

[①] 本部分曾刊发于《中国青年研究》2017年第10期，有所调整。

化（Becker，Moen，1999）。通常，由于先天的生理特性与既有的性别收入差距，丈夫将增加有偿工作的投入而减少家务劳动的投入，妻子则反之，而生育将延续并强化原有的家庭内专门化趋向。主要表现在两个方面：其一，生育后女性的家务时间增多、市场活动与个体闲暇时间减少，男性的时间配置则较少受到生育的影响；其二，子女的降生使得"事业以丈夫为主、妻子为辅"的家庭策略性就业安排显性化（Becker，Moen，1999）。正是两性在生育后时间配置和工作生产力上的差异，使得个体的人力资本与职业预期被重塑，继而影响其职业流动与回报。由此，可推导出另一个命题，即女性对包括照顾子女在内的家务劳动的投入，实际上为已育男性向上的职业流动做出了贡献。

（二）工作匹配论与补偿差异论

是否所有的求职者均是以高收入为目标进行职业流动的呢？工作匹配论给出了肯定的答案，即在就业信息不对称的情况下，职业流动不仅是劳动者实现收入快速增长的途径，也是雇主实现成本-收益效用最大化的筛选机（Mortensen，1970）。然而，如何解释女性在生育后偏好"母亲友好型"工作（如请假容易、通勤方便、稳定且压力小）？在补偿差异论看来，已育女性的这种择业策略，实际上是以适宜育儿的工作环境来弥补较低的收入（Smith，1976）。但是，考虑到目前劳动力市场的非充分竞争，职业的金钱性收益与非金钱性收益补偿并非是对等的，且收入常作为职业流动的重要衡量指标，故以非金钱性收益为择业动机的人群可能从客观结果上表现为向下的职业流动。而生育的介入则可能使得两性的择业偏好更为分化，职业流动的差异不可避免。

（三）人力资本理论

该理论的核心观点是人力资本的存量决定了个体在劳动力市场中的回报。按照该理论的界定，人力资本既包括通过学校教育获得的通用性人力资本，也包括进入劳动力市场之后通过在职培训和在特定岗位上持续积累的工作经验（Mincer，1958）。由于通用性人力资本相对恒定，那么，专用性人力资本的增减是关键。而职业流动既是导致专用性人力资本发生变化的一个重要途径，也是人力资本-职业回报的连锁反应结果。考虑到现实生活中，女性更容易因生育而中断职业、为了兼顾工作与家庭更愿意选择

"母亲友好型"职业,以及雇主偏好给予男性更多的培训机会,故生育使女性的专用性人力资本流失量与速度均大于男性,从而导致生育对女性的职业流动所造成的负面效应要大于男性。

(四)雇主偏好与歧视

性别理论认为,在社会性别期待的潜在影响下,生育所引发的个体身份转变在家庭与职场两个系统内并非完全兼容,从而激发了雇主对两性职业流动的不同解读与行动策略。父亲身份与"家庭供养者"的传统性别角色高度吻合,故父亲身份可能被视为工作努力或对组织忠诚的一种象征,从而引发雇主偏好。相反地,由于母亲身份所暗含的"家庭照顾者"角色与专业的职场角色相背离,故其可能被视为二级劳动力而引发雇主歧视(Correll,Benard,Paik,2007)。而且,新古典经济学假定,女性因生育在人力资本积累、雇佣相对成本、产后工作生产力等方面相较于男性的劣势,则构成了雇主歧视存在的现实基础。因而可以推测,随着多孩政策的持续推进,劳动力市场中针对所有女性的统计性歧视和对女性就业者的工作表现进行偏见性预设的规范性歧视将有所抬头,并成为已育女性职业向上流动的内隐性障碍。

综上,生育通过改变个体的时间配置、工作投入度、择业偏好、人力资本存量和雇主的主观看法,对其职业流动发生作用,但显然这种作用对于两性的影响程度并不一致。由此,本研究推测,生育对于青年的职业流动具有拐点效应,并且对女性的作用更为明显。鉴于我国女性的就业模式已然由单位制时期的持续性就业向发达国家的M型中断式就业过渡(金一虹,2013),随着生育政策的进一步调整,这种拐点效应轻则体现为挫伤女性青年的就业积极性、职业流动不畅,重则出现以女性青年劳动力被驱逐出劳动力市场及其"主妇化"(吴小英,2014)为代价的现象。

二、拐点效应的非均衡性:职业流动趋势比较

在家庭生命周期中,虽然生育事件的里程碑意义不言而喻,但是经过传统社会规范和现实就业环境的相互作用,生育对于两性的职业流动和职业发展带来不一样的影响。统计结果显示,无论是在工资收入、工作职务和岗位的客观变化方面,还是在职业生涯高原的主观心态方面,已育男性

和女性都存在着显著差异。并且，生育事件一方面固化原有的职业性别隔离，另一方面又重塑着生育后的职业新格局。

从就业状况来看，由于本研究的样本为就业高峰人群，故已育青年的整体就业比例较高（均超过75%），但已育女性的未就业比例（24.8%）显著高于已育男性的未就业比例（14.7%）。

就收入的绝对值而言，生育后两性收入差距显著。根据组中值测算，已育男性的平均月收入为5824.596元，而已育女性的平均月收入为4568.006元，二者相差1256.590元，且通过了差异性检验。有经济学家认为，母亲收入的减损是造成性别收入差距的一个重要来源（Glass，2004）。可见，生育行为极有可能加剧生育前已存在的性别收入差距。

就收入的相对变化而言，虽然大部分青年报告生育前后没有变化，但是已育男性报告收入增加的比例高于已育女性，而已育女性报告收入减少的比例大于已育男性（见表3-22）。据此，本研究进一步考察了生育前后两性收入变化的均值：生育后男性收入平均增长2954.379元，而女性收入平均增长2359.524元，前者的增幅大于后者。就生育和两性收入的关系而言，美国的追踪调查曾验证过，生育导致女性收入的减少与男性收入的增加（Lundberg，Rose，2000；Glauber，2008）。虽然由于截面数据与统计不显著的缘故，本研究无法直接导出类似结论，但这值得以后进行深入探究。

表3-22　已育青年的职业流动与心态

变量	变化情况	男性	女性	合计
工资收入/（%）	增加	34.9	31.3	32.3
	没变化	60.9	61.2	61.1
	减少	4.2	7.5	6.6
(N)		(1344)	(3540)	(4884)
$\chi^2=19.193$, df=2, $p=0.000$				
工作职务/（%）	变高	28.1	24.7	28.5
	没变化	68.1	66.5	65.5
	变低	3.8	8.9	6.0
(N)		(1357)	(3577)	(4934)
$\chi^2=38.159$, df=2, $p=0.000$				

续表

变量	变化情况	男性	女性	合计
工作岗位/（%）	变好	22.2	20.8	21.2
	没变化	71.9	68.6	69.5
	变差	5.9	10.6	9.3
(N)		(1358)	(3590)	(4948)
$\chi^2=26.031$，df=2，$p=0.000$				
职业生涯高原/（%）	是	57.1	69.2	65.8
	否	42.9	30.8	34.2
(N)		(1348)	(3530)	(4878)
$\chi^2=62.741$，df=1，$p=0.000$				
成就动机/（%）	低	31.5	44.6	41.0
	高	68.5	55.4	59.0
(N)		(1368)	(3591)	(4959)
$\chi^2=70.052$，df=1，$p=0.000$				

研究还显示，虽然大部分青年报告生育后仍然从事相同的岗位或职务职称没有改变，但两性在工作职务和岗位的流动方向上均存在显著差异。如表3-22所示，相较于已育男性，无论是工作职务还是岗位，已育女性报告向下流动的人群皆多于男性。经济学家史密斯曾从收益交换的角度对于这种现象予以了解释。他指出，女性之所以在生育后出现收入减少、职务变低、岗位变差等向下的职业流动，是为了换取适宜育儿的工作环境（Smith，1976）。但是，已育女性对"母亲友好型"工作的这种偏好，将进一步固化原有的职业性别隔离。无独有偶，本研究接下来的发现也验证了上述推断，即"蓝领"与"粉领"职业壁垒在已育青年中依然泾渭分明，原有的职业性别隔离被延续。而这种横向隔离，实际上是与纵向的职业性别隔离、性别收入差距相挂钩的，具有内在逻辑的一致性（卿石松，郑加梅，2013），亦是导致已育女性职业向下流动的内嵌结构性因素。

相应的是，上述职业流动的客观结果也投射到已育青年的职业心态上。如表3-22所示，已育男性保持了较积极的职业心态，表现为高成就动机与低职业生涯高原发生率。而大多数已育女性则笼罩在职业生涯高原的心理阴影中，成就动机明显被抑制。无疑，这种负面的职业心态，将放大生育后职场客观变化的负面效应，进一步给工作母亲套上心灵的枷锁，从而使其职业的发展陷入停滞或加速向下流动。

三、生育的介入：职业上升通道的重塑

鉴于社会对两性生育和抚养行为的不同期待以及二者实际所承担的家庭分工，影响两性生育前后职业相对变化的因素也必然呈现出差异。那么，青年的职业流动在多大程度上受到生育的影响？职业上升通道是否依旧通畅？本研究运用有序逻辑斯蒂回归的方法，分别从工资收入、工作职务和工作岗位三个维度予以考察，并比较性别之间的异同。

（一）加薪：工作与育儿冲突首当其冲，对女性的冲击更甚

如表3-23所示，无论男性还是女性，第二个孩子的年龄、家庭对工作的冲突和工作满意度均对其收入有影响。在控制其他变量的情况下，随着第二个孩子年龄的增加，已育青年的收入增加概率有所提高。对于家长而言，孩子在不同年龄阶段所承担的抚育劳动量不尽相同，因而孩子的数量和年龄均是制约已育人群职业发展的重要因素（Dex，Josh，Macran，McCulloch，1998；张川川，2011）。在这里，本研究不仅印证了已有的研究结果，还进一步发现，子女的年龄较子女的数量更能影响已育青年的收入。

相较于对工作不满意者，对工作表示满意和持中立态度的已育青年的收入增长概率显著提高。这说明对工作的自我认同和激励是实现收入增长的重要主观条件。同时，鉴于家庭和工作领域在同一个体内的争夺和此消彼长，家庭对工作的冲击则使已育青年收入增长的概率均有所下降。

表3-23 已育青年工资收入变化的影响因素

变量	男性模型		女性模型	
	回归系数	标准误	回归系数	标准误
第二个孩子的年龄	0.089*	0.044	0.133***	0.037
配偶就业状况（全职工作=0）				
未就业	0.349	0.308	0.509	0.303
兼职工作	0.994*	0.437	0.011	0.478

续表

变量	男性模型		女性模型	
	回归系数	标准误	回归系数	标准误
单位性质（自我雇佣=0）				
国有部门	1.407*	0.569	0.466	0.462
市场组织	0.713	0.378	0.416	0.347
进修与否（否=0）	1.155***	0.293	0.392	0.237
闲暇时间	0.017	0.024	0.041*	0.021
投入重心（家庭=0）	0.181	0.296	1.150***	0.297
家庭对工作的冲突	-0.431***	0.146	-0.293*	0.115
工作对家庭的冲突	-0.014	0.148	-0.535***	0.131
工作家庭冲突度（冲突大=0）				
没有冲突	-0.275	0.461	0.312	0.400
冲突小	-0.576	0.386	0.902***	0.283
成就动机（高=0）	-0.809*	0.321	-0.235	0.242
工作满意度（不满意=0）				
满意	2.053***	0.497	1.382***	0.423
一般	1.838***	0.519	0.999*	0.423
截点1	1.298	8.423	4.476	6.231
截点2	6.861	8.437	9.220	6.248
-2 Log Likelihood	466.856		670.028	
Pseudo R^2	0.379		0.303	
N	1403		3880	

注：1. 限于篇幅，仅列出影响显著的变量。

2. *** $p<0.005$，** $p<0.01$，* $p<0.05$。

除此之外，配偶就业状况、单位性质、进修经历和成就动机则显著影响已育男性的收入变化。在其他变量保持不变的情况下，妻子从事兼职工作的男性的收入增长概率是妻子从事全职工作的男性的2.702倍［Exp（0.994）=2.702］。可见，已育男性的职业发展在一定程度上是以已育女性承担更多的家庭照顾为代价的，而且传统的"男主外女主内"家务分工模式在现代城市中依然具有强大的生命力。而单位的不同属性则可能加速或抑制收入的增长。在本研究中，相较于从事个体经营的已育男性，在国有部门工作的已育男性的收入增长概率是前者的 4 倍 [Exp（1.407）=4.084]。这似乎也为我们解读在自主创业一片叫好声中"国考"火爆的现象提供了新的注脚。同时，近年来接受过职业培训的已育男性的收入增长概率是未接受过培训者的 3 倍 [Exp（1.155）=3.174]，这说明就职后对人力资本的继续投资是提高收入的重要引擎。此外，成就动机的高低也能带来不同的职业回报。在本研究中，低成就动机将使已育男性的收入增长下降 55.5% [Exp（-0.809）=0.445]。

通过模型的比较发现，已育女性收入变化的相关因素则更多地来源于工作和家庭两个领域的冲突。具体来说，在其他因素保持不变的情况下，虽然随着工作和家庭的冲突升级，已育女性收入增长的概率将下降 41.4% [Exp（-0.535）=0.586]；但是若能将该冲突保持在合理的程度，则发现，冲突感受较小者的收入增长概率是冲突感受较大者的 2.465 倍 [Exp（0.902）=2.465]。在这里，工作家庭冲突之所以对已育女性收入的增长具有正向作用，原因在于工作和家庭冲突的增大也意味着已育女性加大了对工作领域的时间与精力投入及资源的转移，而在工作领域投入和产出亦是呈正比的，故最终导致经济性回报的增多。

研究还显示，生育后青年男性与女性的时间配置存在显著差异。如表 3-24 所示，男性每天的工作小时数和每周的闲暇时间显著多于女性，女性每周的家务时间显著多于男性。由于本研究所界定的闲暇时间是将家务劳动和子女照顾时间排除在外的，故已育女性的闲暇时间增多则意味着其进行职业培训和继续深造等活动的可能性增加，而后者则有利于人力资本存量的积累。本研究发现，已育女性每周的闲暇每增加 1 小时，其收入增长的比率将提高 4.2% [Exp（0.041）=1.042]。这在一定程度上，验证了贝克尔的"投资专门化"假设，即在市场工作领域的投入与其市场回报成正比。因此，在控制其他变量的情况下，将时间和精力更多地投入到工作领域的已育女性的收入增长概率是将生活重心置于家庭领域的已育女性的 3.158 倍 [Exp（1.150）=3.158]。

表 3-24　生育后两性的时间配置

	工作小时/天	家务小时/周	闲暇小时/周
男性	8.576	5.702	13.211

续表

	工作小时/天	家务小时/周	闲暇小时/周
女性	8.027	9.005	11.582
(N)	(4667)	(4928)	(4758)
	$F=65.750$, df$=1$, $p=0.000$	$F=104.555$, df$=1$, $p=0.000$	$F=14.281$, df$=1$, $p=0.000$

（二）升职：儿童照顾的获得是关键

由表 3-25 可知，家庭和工作的冲突、幼龄儿童的照顾、职业流动方式和工作满意度是影响已育青年职务升迁的共同因素。具体来说，在其他因素不变的情况下，家庭和工作的冲突每增加一个量级，已育男性和已育女性的职务升迁概率分别下降 28.3% 和 34.6% [Exp（-0.332）=0.717，Exp（-0.424）=0.654]。相较于对工作不满意者，对工作持赞同态度的已育男性和女性的职务升迁概率分别是前者的 3 至 4 倍 [Exp（1.317）=3.732，Exp（1.492）=4.446]，而对工作持中立态度的已育女性的职务升迁概率则是前者的 3 倍 [Exp（1.187）=3.277]。

表 3-25 已育青年职务变化的影响因素

变量	男性模型		女性模型	
	回归系数	标准误	回归系数	标准误
家庭和工作的冲突	-0.332*	0.160	-0.424***	0.121
受教育水平（初中及以下=0）				
研究生	-0.212	1.050	0.703	0.795
本科	0.324	0.592	-0.148	0.534
大专	-0.199	0.541	-0.732	0.456
高中/中专	-0.239	0.395	-0.645*	0.318
家庭来源（城市=0）	-0.089	0.328	-0.601*	0.269
单位性质（自我雇佣=0）				
国有部门	1.164	0.617	0.312	0.482
市场组织	1.144**	0.436	0.133	0.355

续表

变量	男性模型		女性模型	
	回归系数	标准误	回归系数	标准误
职业流动方式（国家分配＝0）				
自谋职业	1.107*	0.529	−0.933*	0.474
社会网	0.975	0.558	−0.633	0.482
健康状况（差＝0）				
好	0.586	0.787	1.019*	0.501
一般	0.144	0.383	−0.228	0.276
是否与女方父母同住（同住＝0）	−0.559	0.406	−0.643*	0.305
孩子3岁前的主要照顾者（本人＝0）				
社会服务	−0.673	1.244	0.783	0.614
祖辈	−1.416	0.922	0.314	0.294
夫妻共同	−1.001	0.939	0.778*	0.360
配偶	−2.031*	0.920	−0.555	0.923
投入重心（家庭＝0）	−0.033	0.321	0.618*	0.309
进修与否（否＝0）	0.568	0.316	0.586*	0.249
工作满意度（不满意＝0）				
满意	1.317**	0.550	1.492***	0.428
一般	0.988	0.584	1.187**	0.425
职业生涯高原（是＝0）	0.468	0.334	0.567*	0.268
截点1	1.645	9.333	9.191	6.518
截点2	7.923	9.327	14.198	6.553
−2 Log Likelihood	406.701		623.174	
Pseudo R^2	0.379		0.368	
N	1404		3880	

注：1. 限于篇幅，仅列出影响显著的变量。

2. *** $p<0.005$，** $p<0.01$，* $p<0.05$。

同时，职业流动方式则按性别对已育青年的职务升迁产生南辕北辙的效果。相较于通过国家分配而实现流动者，以自谋职业的方式实现流动的已育男性的职务升迁概率提高了两倍［Exp（1.107）=3.025］，而同样以此方式实现流动的已育女性的职务升迁概率则下降了 60.7%［Exp（−0.933）=0.393］。可能的解释是，劳动力市场的性别歧视使已育女性的"职业天花板"若隐若现，而后者在择业时为了平衡工作和子女抚育而偏好"家庭友好型"工作，更是迫使其过早地进入了职业发展的慢车道。

在本研究中，类似的这种性别差异还体现在幼龄儿童的照顾对已育青年职务变化的影响方面。相较于已育女性本人独自照顾，孩子在 3 岁前由夫妻共同照顾将使得已育女性的职务升迁概率增加 117.7%［Exp（0.778）=2.177］，从而验证了家庭支持对于已育女性职业发展的重要性。同时，相对于已育男性本人照顾，孩子在 3 岁前由其配偶独自照顾，将使得已育男性职务升迁的概率下降 86.9%［Exp（−2.031）=0.131］。这似乎与"男主外，女主内，各司其职，互不干扰"的传统印象相背离。这表明，城市男性在育儿活动中参与度提高，性别平等又向前迈出了一大步，这是时代进步的象征。首先，就客观条件而言，在育儿活动最为繁重的 0—3 岁阶段，在没有其他"外援"的情形下，即使有已育女性的全身心投入，城市男性也不可能完全从育儿活动中抽离出来而"独善其身"。这里，也预示着家庭其他成员（如老年父母）所提供的育儿支持对于青年职业发展的重要意义。其次，从主观情感出发，城市夫妻关系的亲密度更高，且被现代性教育赋予了更多的男女平权意识，因此，已育男性对家庭劳务分工可能具有更多的参与意识，而不是选择"袖手旁观"。如此一来，已育男性势必会为抚育 0—3 岁的幼儿付出一定的时间和精力，从而对其工作有所影响。

除此之外，已育男性的职务变化明显还受到单位性质的影响。在其他变量保持不变的情况下，供职于市场组织的已育男性的职务升迁概率是从事个体经营者的 3.139 倍［Exp（1.144）=3.139）。一方面，这说明在市场化的公司企业中个体晋升的渠道更为灵活；另一方面，这也预示着工作职务（或职称）在如今号召全民创业、组织结构趋于扁平化的时代正逐渐失去普适性。

通过模型的比较，居住模式、人力资本、主观心态等因素也作用于已育女性的职务变化。具体来说，控制其他变量后，相较于来自城市家庭的已育女性，来自农村家庭的已育女性的职务升迁概率下降了 45.2% [Exp(-0.601)=0.548]。由于本研究中的女性被访者业已在城市工作或定居，因此就社会网络资源而言，土生土长的城市女性可能更具有"地利人和"的优势，并利用这种先赋性的优势为自己的职业发展增加动力。再者，就人力资本的早期投资而言，城市中相对丰富的教育资源以及家庭中无性别偏好的教育投资，都为成长于城市的女性的职业之路奠定了良好的发展基础。同理，得益于计划生育政策在城市的普及，"生男生女都一样"的理念几乎渗透到每个城市家庭，甚至近年来在某些城市家庭还出现了明显的"女孩"偏好，掀起了有别于传统的"女儿养老"和"女方父母帮带外孙"的热潮。因此，在本研究中可以看到，女性与自己父母同住有助于其职务的向上流动。在其他因素不变的情况下，相较于与自己父母同住的已育女性，与自己父母分开居住的已育女性的职务升迁概率下降了 47.4% [Exp(-0.643]=0.526)。这再次验证，儿童照顾的获得为女性的升职保驾护航，且城市中出现了由女方父母提供育儿支持的趋势。

就人力资本来看，已育女性的学历、进修经历与职务升迁并非完全呈正向关系。在其他变量不变的情况下，近年来进修的经历将使已育女性的职务升迁概率增加 79.7% [Exp(0.586)=1.797]。可见，进修经历作为人力资本的再投资在这里继续发挥着效用。但是，相较于初中学历以下的已育女性，高中（或中专）学历的已育女性的职务升迁概率则降低了 47.6% [Exp(-0.645)=0.525]。而且可以看到，只有当受教育水平达到研究生层次时，学历对已育女性的职务升迁才呈现正向作用（尽管并不显著）。可见，首次进入职场的受教育水平并非个体职务流动的唯一要素，还有赖于个体在特定工作中的经验和技术积累。

此外，在控制其他变量后，身体健康的已育女性的职务升迁概率是身体健康状况较差者的 2.77 倍 [Exp(1.019)=2.770]，而将时间和精力更多地投向工作领域和努力克服职业生涯高原这种主观认知障碍，则使已育女性的职业升迁概率分别提高 85.5% 和 76.3% [Exp(0.618)=1.855，Exp(0.567)=1.763]。

（三）变岗：工作认同、子女照顾与人力资本的多重需求

如上，工作认同不仅对已育青年的收入增长和职务升迁具有正向作用，还对其岗位流动产生相似的影响。由表 3-26 观之，在其他因素不变的情况

下,相较于不满意现有工作者,对工作持满意态度的已育男性和已育女性的岗位向上流动概率均提高了近三倍[Exp(1.049)=2.855,Exp(1.061)=2.889]。

表 3-26 已育青年岗位流动的影响因素

变量	男性模型		女性模型	
	回归系数	标准误	回归系数	标准误
家庭来源(城市=0)	0.276	0.337	−0.532*	0.253
每天工作时间	−0.660*	0.346	0.137	0.272
每天工作时间的二次项	0.035*	0.018	−0.006	0.016
家庭对工作的冲突	−0.021	0.158	−0.322**	0.114
工作对家庭的冲突	0.200	0.165	−0.291*	0.130
进修与否(否=0)	0.390	0.317	0.657**	0.238
工作满意度(不满意=0)				
满意	1.049*	0.520	1.061**	0.404
一般	0.727	0.554	0.704	0.400
孩子3岁前的主要照顾者(本人=0)				
社会服务	−0.940	1.215	0.827	0.588
祖辈	−1.059	0.862	0.116	0.279
夫妻共同	−1.834*	0.902	0.458	0.336
配偶	−1.263	0.846	0.397	0.863
健康状况(差=0)				
好	−0.227	0.786	1.021*	0.475
一般	−0.458	0.388	−0.275	0.260
截点1	−10.217	9.515	1.886	6.076
截点2	−4.346	9.491	6.354	6.084
−2 Log Likelihood	415.086		700.158	
Pseudo R^2	0.315		0.290	
N	1404		3880	

注:1. 限于篇幅,仅列出影响显著的变量。

2. *** $p<0.005$,** $p<0.01$,* $p<0.05$。

就已育男性而言，影响其工作岗位向上流动的因素还包括每天工作的小时数和幼龄儿童的照顾。在控制其他变量之后，相较于已育男性本人独自照顾子女，孩子在3岁前夫妻共同照顾使其工作岗位向上流动的概率下降了74.0%［Exp（-1.834）=0.160］，从而再次提示家庭其他成员（如老年父母）所提供的育儿支持的重要性及必要性。而已育男性的工作时长与其工作岗位的向上流动，则呈现出一种U型的非线性关系。在控制了其他变量的情况下，每天工作小时数的增加并不能提高已育男性工作岗位向上流动的可能性，但是达到一定的工作小时之后则使其工作岗位向上流动的概率大为提高。由模型的回归系数来测算，这个日工作小时数的临界点大约为9.429个小时，即唯有每天工作时长超过9.429个小时，已育男性工作岗位向上流动的可能性才开始增加。若以每天工作8小时为一般标准，则意味着加班成为已育男性工作岗位向上流动的必经之路。或许，这也是加班文化在企业中盛行的根源所在。

就已育女性而言，影响其工作岗位向上流动的因素还包括部分个人特征、工作与家庭双向冲突以及进修经历。个人特征方面，在其他因素不变的情况下，成年前生活在农村的经历使得已育女性工作岗位向上流动的概率下降了41.3%［Exp（-0.532）=0.587］；相较于身体健康状况不佳者，健康的已育女性工作岗位向上流动的概率是前者的2.776倍［Exp（1.021）=2.776］，再次印证了"身体是革命本钱"这句话。其次，无论是由职业角色所引发的工作对家庭活动的干扰，还是由家庭角色所引发的家庭对工作的干扰，均不利于已育女性工作岗位的向上流动。此外，进修经历亦有利于已育女性工作岗位的向上流动。在控制其他变量之后，进修经历将使已育女性工作岗位向上流动的概率增加92.9%［Exp（0.657）=1.929］。

四、小结与讨论

本研究以生育作为分水岭，比较了青年在生育前后工资收入、工作职务和工作岗位的相对变化，以测量其职业流动的方向及其影响因素。有如下发现。

第一，由于孩子出生后青年女性的时间冲突、行为冲突与压力冲突均大于男性，因而女性面临更大的工作与家庭冲突，导致生育对于青年职业流动的拐点效应显著作用于女性。

第二，子女（尤其是第二个子女）的年龄对已育青年的职业流动具有正向作用，因此，幼龄儿童照顾的获得是已育青年职业向上流动的重要保障。在本研究中，它可通过协调家庭内部资源来实现：生育后女性与娘家父母同住或者妻子选择兼职工作。前者有益于已育女性的职务晋升，后者则能够促进已育男性收入的增长。

第三，进修经历和健康的体魄正向作用于已育青年的职业流动，且原生家庭在城市的女性更容易获得工作职务的晋升与工作岗位的向上流动。同时，生育后通过个人能力谋职的男性比以同种方式实现职业流动的女性更容易实现职务的升迁。

综上观之，随着多孩政策的全面推进，子女数量的增加必将进一步加剧已育青年的工作与家庭冲突，但生育对于职业流动所带来的拐点效应可能更加明确地指向女性。毕竟，按照标准人力资本理论来理解，生育之所以能对青年的职业流动产生负面影响，其首要原因在于子女出生后，个体的家庭领域向工作领域入侵，而对工作领域的时间与精力投入的减少则意味着人力资本投资的削减，不足以支撑职业的"匀速"发展，从而呈现下滑的态势。然而，在现实生活中，传统的家庭性别分工、固有的劳动力市场歧视以及逐渐失灵的"制度庇护"，均将已育女性推向职业发展的劣势。那么，如何才能消减这种拐点效应呢？

受上述启发，可结合我国的实际情况来因地制宜地寻求解决之道。比如，在幼龄儿童照顾方面，老人帮带孙辈是我国自古以来的传统，也是我国已育女性较之西方女性在保证持续就业方面的独特优势。在城市中，继续发扬这一优良传统，不仅能够实现家庭劳务与资源的重组，增强代际互动，还能够解决双职工家庭育儿的燃眉之急，为青年的职业发展铺平道路。不过，照顾二孩的祖辈年事已高、身体每况愈下以及曾经不愉快的抚育经历，均可能成为制约因素（李芬，风笑天，2016）。在企业中，则可以效仿西方成熟的做法，引入弹性工作制和内设托儿中心，以便已育女性平衡工作与家庭。同时，重启工会的协调功能，为已育人群争取更多的福利与资源。在制度层面上，为多子女家庭提供育儿津贴或减免收入所得税，借此由社会来分摊育儿成本；为父亲设立带薪的假期，鼓励已育男性参与育儿行为；尽快出台反性别歧视法，避免政策（或制度）成本对女性群体的各种"转嫁"，削减女性职业上升的阻力。对于有多孩生育计划的女性，则应合理规划首次生育年龄和两孩的生育间隔,将生育对职业发展的负面影响降至最低。

当然,本研究的局限在于未能追踪个体的整个劳动生命周期,故不排除生育对职业流动的拐点效应可能会随着子女年龄的增长而趋弱,或者随着个体步入中年,同时肩负上有老下有小的照顾重担而趋强。并且,回首"三孩"政策的缘起与发展,我国的生育政策由计划生育期过渡到家庭计划期,生育权全面回归至个人和家庭,乃是大势所趋(陈友华,孙永健,2021)。那么,生育与青年职业流动之间的关系则面临更加复杂多变的情境,相关研究还需要持续地关注与推进。

第四章　家庭与工作冲突：左手带娃，右手开工

对于生育后重返职场的女青年而言，新添的母亲角色使得她们在工作了一天之后，回到家中还得继续从事子女照顾与家务劳动，有学者将后者比喻为职业女性的"第二份工作"（second shift）。而日益崛起的"理想员工"与"完美妈妈"相结合的"新母亲崇拜"（the new momism）则使已育女青年所感受到的工作家庭冲突不仅有别于生育之前，更迥异于已育男青年，并在冲突的双向维度上呈现出差异，继而对其工作、家庭生活及身心健康带来不同程度的影响。

第一节　工作与家庭场域的竞争

工作与家庭关系的核心是两者之间的竞争性关系（即冲突），它源于个体在两个领域中的空间划分、时间分配、行为模式和预期，以及情绪传递的不相容性（林忠等，2013）。现代社会的快节奏迫使个体不得不在多重角色之间来回切换并迅速适应。而育龄女性在面对生育这一人生重大事件时，制度、环境与文化因素的相互交织使其在工作和家庭中承受着更大的生理和心理压力。

一、核心概念

工作家庭冲突（work-family conflict，WFC）是指"一种角色间冲突的特殊形式，在这种冲突中，来自工作和家庭生活领域的角色压力是不相容的"，可以区分为基于时间的冲突、基于行为的冲突和基于压力的冲突三种形式（Greenhaus et al，1985）。而且，工作家庭冲突具有双向性的特征。工作-家庭冲突（work to family conflict，WIF）是指因工作的时间、压力等对家庭相关责任所造成的干扰，家庭-工作冲突（family to work conflict，

FIW）则是指因家庭责任的履行对工作所造成的干扰。研究表明，二者是一种正向的相互作用关系（Carly et al., 2002）。通常，个体自我评价的工作-家庭冲突比家庭-工作冲突高。而且，工作-家庭冲突更多地受到工作领域的影响，而家庭-工作冲突则更多地受到非工作领域的影响（曹蓉，王磊，2009）。当然，就工作与家庭的关系而言，还有工作与家庭之间的平衡与促进等积极面，在这里仅就二者关系的消极面予以探讨。

整体上，由于工作和家庭相联系的正向协同效应仅作用于男性，故女性的工作-家庭冲突普遍高于男性（Grzywacz，2002）。这里，协同效应可以理解为一种双向促进作用。从功能论的角度来看，工作能够产生家庭所需要的经济和社会资源，满足个体自我实现的精神需求，而家庭使工作的意义得到升华。换言之，对于进入劳动力市场的女性而言，其家庭所需要的关注和照顾并未减轻，又新添工作负担，因此，较之于男性，女性具有更多的冲突体验。在双向维度上，早期社会化所形成的性别角色期待，导致了男性报告工作对家庭的冲突比例较高，女性报告在家庭对工作的冲突比例较高（Sullivan，2001）。但是，我国已有研究显示，女性在工作家庭冲突的双向维度上比例均高于男性（周春，郝兴昌，2009）。显然，中国的社会和文化背景能为上述跨文化差异做出注脚。

从影响工作-家庭冲突的前因变量来看，相关研究大致立足于个人和组织两个层面。就女性个体而言，已婚女性、已婚已育女性的工作-家庭冲突显著高于未婚女性和结婚未育者的冲突水平（梁日宁，2009），工作家庭冲突俨然成为职业女性职业发展障碍的前因变量之一（康婷，2007）。而生育行为和子女教育对职业女性的工作--家庭冲突存在显著影响：生育使女性尤其是知识型女性的工作投入减少，工作要求降低，子女教育需要女性投入更多时间，这些因素导致女性的工作-家庭冲突水平上升（张丽莉，2010）。同时，家庭的支持（尤其是配偶的支持）对降低女性工作-家庭冲突更有成效（Elliott，2003；Perrewe 等，2002）。对于职业女性来说，来自配偶和孩子的家庭压力大于工作压力，照顾孩子与配偶相矛盾，家务分配导致幸福感下降（白海峰，2006），因此，配偶和其他家庭成员的支持是影响职业女性工作-家庭冲突的重要因素（周新霞，2007；陈雪飞，张妙清，2011；陈万思，陈昕，2011）。在组织因素方面，则集中于家庭友好政策的影响，倾向于来自组织的各种家庭友好政策能够帮助女性更好地履行家庭职责，因此，它们对女性员工的工作-家庭冲突积极影响大于男性（Carlson，2011）。针对我国已婚女性员工的调查也发现，这些女性的生育行为及其引发的工作与生育互扰是工作满意度不高的重要原因，而主管支持则有助于大幅改善这一状况（陈万思，陈昕，2011）。

从影响工作-家庭冲突的后果变量来看，相关研究都倾向于工作-家庭冲突对个体家庭与工作所带来的消极影响（刘三明等，2013）。针对IT行业职业女性的调查发现，工作-家庭冲突可以有效预测职业女性的离职意向（吴霞，2006）。对公司女员工的研究显示，工作-家庭冲突对女性工作超载与工作绩效的负相关影响起调节作用（王丽娟，2008）。而女企业家的家庭-工作冲突导致了创业绩效不高（王华锋，2009）。

国外研究则进一步证实了工作-家庭冲突所带来的负面影响存在着两性差异。具体而言，工作-家庭冲突对男性和女性的家庭生活（如婚姻满意度）都有显著的负面影响，但是对女性影响的持续时间比男性要长。美国的研究发现，女性员工的工作-家庭冲突能够显著预测一年后作为父母的压力及幸福感，而男性的工作-家庭冲突则不能（Kinnunen，2004）。而且，女性更可能因为配偶的缘故而做出工作上的牺牲。一项关于已婚员工的调查发现，由于男性投入到家庭上的时间不足以弥补女性因工作而带来的家务劳动时间的减少，因此不少女性选择了兼职工作。而男性则很少因为自己的家庭做出工作上的改变（Maume，2006）。

二、理论视角

基于上述研究结果，学术界分别从角色冲突理论、边界理论、社会认同理论、文化理论等视角寻求解释，而且这些理论解释基本上是按照时间顺序相互替代式地涌入工作-家庭冲突研究领域之中的。

角色冲突理论认为，对于工作角色和家庭角色的不同社会期待会引发生理和心理压力，而工作-家庭冲突则是个体的工作角色压力与家庭角色压力的不兼容，导致了角色间相互冲突的结果（Greenhaus et al.，1985）。譬如，如果女员工频繁加班，势必在时间、精力与行为上影响到其操持家务、照顾子女的责任，那么冲突便在工作和妻子、母亲角色之间产生。

边界理论假定工作和家庭有各自的域，域又有其边界，而边界的模糊造成了工作-家庭冲突。根据工作域和家庭域的边界关系，又衍生出分割论、溢出论和补偿论。分割论主张，个体倾向于竭尽所能地维持清晰的边界，这种行为上的主动分割是工作-家庭冲突的解决途径之一。例如，"在家不工作、工作不想家"的提法。溢出论是工作家庭边界研究的基础，提出工作和家庭两个域的边界存在非对称性的渗透，二者往往根据一个域的需求向另一个域进行非平等性的侵入（Frone et al.，1992），这种溢出可分为积极溢出和消极溢出，而消极溢出是工作-家庭冲突发生的根本原因（Higgins，Duxbury，1992）。譬如，女性因担心工作而无法全身心投入到家庭活动中去，从而备受指责。补偿论则提出，一个域的不足可以通过另外一个域的加倍供给来补偿（Lambert，1990）。比如，某些职场女性在工作日期间拼命工作，节假日拒绝一切应酬活动，全身心陪伴孩子。

社会认同理论则从身份凸显入手，指出工作家庭冲突源于附着于同一个体的多种身份背后的不同价值观的碰撞（Ng，Feldman，2008）。例如，职业身份要求女性在工作岗位上努力工作，而母亲的身份要求个体在家中参与家庭活动，两种身份具有按地点分离的相对独特的价值观，因此会在工作和家庭之间产生冲突。

相关的文化理论包括个人主义和集体主义倾向、人本导向、专一性和扩散性及性别角色期望等研究维度。据此，女性的工作家庭冲突很大程度上源于非传统性别角色卷入（Duxbury，Higgins，1991）。在这里，非传统性别角色卷入是指承担了相反性别的责任所引发的消极后果。有研究表明，女性劳动者在工作域的时间增加时，其工作对家庭的干扰感更为强烈（Gutek et al.，1991）。

综上，角色冲突理论、边界理论、社会认同理论和文化理论侧重于对工作-家庭冲突发生的内在机理进行揭示，而社会支持视角更侧重于发现调节和缓解工作-家庭冲突的应对机制。工作-家庭冲突领域的社会支持，主要来源于组织支持和家庭支持。前者主要包括企业正式的相关规范、职场氛围和主管支持三个方面（Taylor et al.，2009），体现为企业主动借助其内在资源对员工予以关心和支持，从而达到资源共享、增加福祉、提升效率之目的（Hammer et al.，2011）。后者则包括行动支持、信息分享、情感抚慰等（Michel et al.，2011）。家庭支持通过单个个体压力在家庭内成员间的扩散，从而达到稀释的作用（Westman，2001）。经验研究也表明，来自丈夫（或妻子）的社会支持能够减轻夫妻另一方的压力与冲突感（Bhave et al，2010）。

三、研究假设

对于已育青年而言，孩子出生后所新添的家长角色对其工作和家庭都提出了不小的挑战，故其工作家庭冲突将会被加剧。尤其对于女青年，传统的性别角色期待和实际的家庭性别角色分工都使大部分家庭照顾的重担落在了她们肩上，从而使其工作与家庭领域相互冲突的负面感受更为强烈。而且，随着多孩政策的推行，女青年将面临更多的因再生育和子女照顾等家庭责任对履行工作角色所造成的干扰。因此，本研究提出以下假设。

假设1：总体上，女青年的工作家庭冲突高于男青年。

假设2：在双向冲突上，男青年的工作-家庭冲突高于女青年，而女青年的家庭-工作冲突高于自身的工作-家庭冲突。

就工作家庭冲突的产生及化解，管理学、心理学、社会学等领域主要从角色压力与聚集、边界理论、社会认同与文化、要求与资源模型、社会支持等视角予以了探讨。首先，就个体系统的维持来理解，由于资源的有限性和稀缺性，个体倾向于保存每个领域的资源并维持边界（Hobfoll，2001）。当两个（或单个）领域内的角色要求不断被提高，由此形成个体来自单领域（或双领域）的角色压力，并造成个体角色间"负能量"的聚集。后者包括角色间消极情绪的交叉传递、两个领域内时间和资源"耗损螺旋"的加速及行为方面的干扰（Demerouti，Bakker，2011）。而工作和家庭边界的不同强弱组合方式则决定了究竟是工作干扰了家庭，还是家庭干扰了工作。其次，就社会系统对个体系统所施加的结构性影响来理解，非传统性别角色的卷入（Duxbury，Higgins，1991）、附着于不同身份的价值观加诸同一个体时对个体认同所造成的紧张（Ng，Feldman，2012），以及个体主义与集体主义倾向、专一性和扩散性文化、文化的人本导向等因素在跨文化背景中的差异（Powell et al.，2009），皆对个体的工作家庭冲突感受带来不同的体验。上述理论视野的演进得益于实证研究的推动，并且后者还就工作家庭冲突的前因变量和后果变量进行了深入探索。现有文献表明，工作家庭冲突既受到人口学基本要素、个体的就业特征、家庭结构与资源等的影响，反过来也对个体的工作领域、家庭领域及身心健康带来一定的冲击，并表现出性别差异。据此，本研究提出以下假设。

假设3：工作家庭冲突对青年男女将带来差异化的后果。

假设 4：女青年在受教育水平、职业类型、收入水平、子女数量等方面的特征决定了其在工作-家庭冲突和家庭-工作冲突方面具有不一样的感受。

假设 5：男青年的工作家庭冲突更多地源自工作领域的相关因素，而女青年的工作家庭冲突则更多地受到家庭领域因素的影响。

第二节 工作家庭冲突：男女有别

社会角色论认为，角色冲突是造成个体工作与家庭冲突的主要来源。由于两性无论是在先天的生理特性，还是社会的角色建构中都存在着明显的差别，二者所扮演的工作角色和家庭角色必定有所不同。同时，随着现代化和全球化进程的加速，性别平等的意识不仅通过教育的普及深入人心，更在日常生活实践中影响着性别角色分工，并对传统的性别角色意识提出了新的挑战。而在这一过程中，相较于男性相对固定的社会角色，女性的社会角色则分别在工作场域和家庭场域经历了从无到有、由量变到质变的转变。由此，二者对于传统角色与现代角色之间的挤压、工作角色与家庭角色的冲突必然有着迥异的情绪体验。

鉴于此，本研究以性别比较的视角作为切入点，通过描述工作家庭冲突对已育青年的工作、家庭和身心健康等所带来的一系列影响，以寻找两性之间的同质性与异质性。

一、工作家庭冲突的后果及其性别差异

整体上，城市已育青年的工作家庭冲突处于中等水平，但女青年的工作家庭冲突要高于男青年。如表 4-1 所示，就总的工作家庭冲突而言，男青年的平均得分为 38.038，女青年的平均得分为 39.391，二者的分值差距不大，但通过了差异性检验。若转换为具体的冲突程度[①]，则男青年的工作家庭冲突程度处于中低水平，女青年的工作家庭冲突程度处于中高水平，后者的冲突程度显著高于前者。无论是性别角色的社会期待还是实际的家庭分工，工作母亲在参与市场活动的同时，依旧承担了大部分的家务劳动和

---

① 参见"表 1-4 城市已育人群的工作与家庭冲突程度"。

家庭照顾活动，但其时间和精力是有限的，故女青年比男青年更容易感知到来自工作和家庭之间的冲突。为行文方便，以下将已育女青年称为"母亲"，将已育男青年称为"父亲"。

表 4-1 工作与家庭冲突的性别比较

	工作家庭冲突		工作-家庭冲突		家庭-工作冲突	
	均值	标准差	均值	标准差	均值	标准差
父亲	38.038	20.216	51.548	14.781	39.471	15.843
母亲	39.391	20.182	47.586	14.966	44.849	16.248
(N)	(6406)		(6406)		(6406)	
	$F=6.935$, df$=1$, $p=0.008$		$F=109.194$, df$=1$, $p=0.000$		$F=172.095$, df$=1$, $p=0.000$	

若进一步具体到冲突的不同方向上，则父亲的工作-家庭冲突大于母亲，而母亲的家庭-工作冲突则大于父亲。就工作-家庭冲突而言，父亲的平均得分为 51.548，母亲的平均得分为 47.586，且通过了差异性检验。转换为具体的冲突程度，则父亲的工作-家庭冲突程度处于中高水平，而母亲的工作-家庭冲突程度处于中低水平，前者的冲突程度显著高于后者。而就家庭-工作冲突而言，父亲的平均得分为 39.471，母亲的平均得分为 44.849，且通过了差异性检验。转换为具体的冲突程度，则父亲的家庭-工作冲突程度处于中低水平，而母亲的家庭-工作冲突程度处于中高水平，前者的冲突程度显著低于后者。可见，在现代社会中，工作与家庭的边界虽然日趋模糊，但鉴于传统性别角色分工的存在，父亲更多地感受到工作领域对家庭领域的入侵和干扰，而母亲则更多地感受到家庭领域对工作领域的入侵和干扰。那么，工作家庭冲突是否会给个体的工作、生活及身心健康带来影响？而这些影响是否会因性别而发生不同的作用呢？这是本研究接下来着重讨论的话题。

(一) 工作领域

管理学研究显示，工作家庭冲突与员工个体的工作倦怠、离职倾向、工作满意度下降具有直接的因果关系或间接的预测联系（Netemeyer et al., 1996；刘永强，2006；李朝葵等，2012）。参照上述逻辑，本研究则"顺藤摸瓜"式地考察了工作家庭冲突对于已育青年在工作领域的相关影响，并试图通过性别比较以寻找二者之间的共性和特性。

1. 工作家庭冲突对工作压力的影响

本研究显示，一方面，随着工作家庭冲突水平的上升，已育青年的工作压力均呈递增的趋势；另一方面，父亲的工作压力显著大于母亲。具体来说，由表4-2可以看到，无论是父亲还是母亲，随着工作家庭冲突水平的上升，报告工作压力增大的人群均逐步增多。其中，母亲报告工作压力增大的人群比例由工作家庭冲突低水平时的37.3％上升为中低冲突时的50.1％，再激增为中高冲突时的71.4％，最终攀升为高冲突时的83.1％。无独有偶，父亲报告工作压力增大的人群比例也由工作家庭冲突低水平时的46.8％上升为中低冲突时的60.2％，再激增为中高冲突时的74.0％，最终激增为高冲突时的84.0％。而且，父亲报告生育后工作压力增大的比例（65.6％）高于母亲（60.8％），而母亲报告生育后工作压力不变或减轻的比例均高于男性，并通过了差异性检验。

表4-2 工作家庭冲突与工作压力

		工作家庭冲突的程度				合计	差异性检验
		低水平	中低水平	中高水平	高水平		
母亲的工作压力/（%）	减小	1.6	1.7	2.1	3.1	2.0	$\chi^2=$ 156.466, df=6, $p=0.000$
	没变化	61.0	48.3	26.5	13.8	37.2	
	增大	37.3	50.1	71.4	83.1	60.8	
(N)		(670)	(1494)	(1634)	(645)	(4443)	
		$\chi^2=473.942$, df=6, $p=0.000$					
父亲的工作压力/（%）	减小	1.5	0.8	1.5	2.6	1.4	
	没变化	51.7	38.9	24.5	13.5	33.0	
	增大	46.8	60.2	74.0	84.0	65.6	
(N)		(376)	(817)	(707)	(309)	(2209)	
		$\chi^2=16.588$, df=2, $p=0.000$					

上述研究发现既有力地回应了前人关于工作家庭冲突负向作用于工作压力的研究结论，更是从比较的视野诠释了工作家庭冲突对两性的工作压力所产生的差异化影响。两性之所以在面临不同程度的工作家庭冲突时所感受的工作压力存在着差异，主要是性别角色意识贯穿于工作和家庭两个领域，当二者发生冲突时，依然发挥了强大的支配作用。就男性而言，传统的性别角

色意识赋予了男性的"工作倾向",暗喻式地设定了男性作为家庭顶梁柱和主要经济收入来源的角色和责任,而子女出生后所导致的一些主客观变化(如家庭开支的增加、成人意识的增强)则在强化了男性固有角色设定的同时,又新添角色紧张和冲突体验。由于传统角色的设定使得男性无法在家庭领域排解这些角色紧张和冲突式体验,因此,只能在其工作领域堆积这些负面情绪体验,从而加剧了原有的工作压力。可是,对于女性而言,虽然传统的性别角色意识赋予了女性的"家庭倾向"并将其捆绑于家庭义务,但是,当工作家庭冲突增大时,女性所面临的情境则比男性灵活得多。相较于男性生育后必须肩负养家重担的"别无选择",女性在生育后则是"可进可退"——"进"是指谋求更好的职业发展,"退"则可以回归家庭、相夫教子或者更换为母亲友好型工作,因而其来自工作方面的压力要比男性小很多。

2. 工作家庭冲突对投入重心、工作类型的影响

在这里,投入重心是指在工作和家庭二者之间,被访者的时间和精力更多地投向了哪个领域。研究显示,整体上,母亲的投入重心在家庭领域,而父亲的投入重心在工作领域。由此导致了母亲从事兼职工作的比例显著高于父亲。随着工作家庭冲突水平的上升,二者从事兼职工作的比例同时递增。而且,工作家庭冲突的增加会改变已育青年原有的投入重心,使之加大对原来非重心领域的倾斜。母亲在这方面的表现尤为突出,父亲只有在工作家庭工作冲突达到较高水平时才会加大对家庭的投入(见表4-3)。

表4-3 工作家庭冲突与投入重心、工作类型

		工作家庭冲突的程度				合计	差异性检验
		低水平	中低水平	中高水平	高水平		
母亲的投入重心/(%)	工作	25.1	35.7	37.9	38.4	35.2	
	家庭	74.9	64.3	62.1	61.6	64.8	
(N)		(696)	(1511)	(1642)	(654)	(4503)	$\chi^2=$ 331.837, df=1, $p=0.000$
		$\chi^2=39.051$, df=3, $p=0.000$					
父亲的投入重心/(%)	工作	47.9	57.1	62.6	57.8	57.4	
	家庭	52.1	42.9	37.4	42.2	42.6	
(N)		(366)	(797)	(689)	(301)	(2153)	
		$\chi^2=22.386$, df=3, $p=0.000$					

续表

		工作家庭冲突的程度				合计	差异性检验
		低水平	中低水平	中高水平	高水平		
母亲的工作类型/(%)	全职	91.4	89.6	87.7	82.3	88.2	
	兼职	8.6	10.4	12.3	17.7	11.8	$\chi^2=9.632$, df$=2$, $p=0.001$
(N)		(519)	(1263)	(1289)	(470)	(3542)	
		$\chi^2=23.480$, df$=3$, $p=0.000$					
父亲的工作类型/(%)	全职	93.7	92.9	89.5	87.1	91.2	
	兼职	6.3	7.1	10.5	12.9	8.8	
(N)		(346)	(732)	(638)	(265)	(1981)	
		$\chi^2=13.251$, df$=3$, $p=0.004$					

如表4-3所示，仅就投入重心来看，母亲将时间和精力等投入到家庭的比例（64.8%）大于工作领域（35.2%），相反地，父亲则将时间与精力投入到工作的比例（57.4%）大于家庭领域（42.6%），且二者差异显著。正是这种两性在工作和家庭领域中被贝克尔称为"专门化投资"的差异，导致了母亲在人力资本投资及其构成的市场竞争力方面均逊色于父亲。加之社会文化对女性的家庭照顾角色的期待，故母亲从事兼职工作的比例（11.8%）显著高于父亲（8.8%），以达到工作与家庭的平衡。但是，随着工作家庭冲突水平的上升，二者从事兼职工作的比例同时递增。这表明工作与家庭的平衡已开始进入男性的视野和重要生活日程，性别平等意识在城市社会中崛起。

不过，两性的投入重心则随着工作家庭冲突的升级而向相反的领域移动。具体来说，随着工作家庭冲突水平的上升，母亲削减了对家庭领域的投入而加大了对工作领域的倾斜，后者由低冲突水平时的25.1%一路攀升至高水平时的38.4%。按照工作要求-资源模型来理解，在边界硬度越弱的领域之间，资源的流动性也越强（Freund, Riediger, 2001）。那么，当工作和家庭发生冲突时，较高的工作要求会消耗女性大量的工作资源，但是弱边界所带来的资源流动可以使女性从家庭领域调集资源来"填补"工作领域的"亏空"，从而维持了个体的工作家庭平衡。因此，本研究中，工作家庭冲突程度越大，越使母亲增大了对工作的投入力度，这实质上是其为了工作与家庭的平衡所做出的补偿。

而对于父亲而言，在工作家庭冲突到达高水平之前，随着冲突水平的上升，父亲依然持续增加对工作领域的投入，即由低冲突水平时的47.9%到中低冲突水平时的57.1%，再到中高冲突水平时的62.6%。可是，一旦达到工作家庭冲突的高水平时，父亲的投入重心虽然依旧在工作上，却明显加大了对家庭领域的倾斜。这说明，在现代城市中，工作与家庭的平衡不仅仅是女性要面对的问题，男性也同样难以避免。但是鉴于根深蒂固的传统性别意识，男性面对工作家庭冲突时，并非像女性那般在自身的工作-家庭边界系统内解决，而是视冲突水平的高低进行家庭内的合作博弈。当男性发生工作家庭冲突时，如果该冲突能够在家庭内部协调解决（通常是由妻子加大对家庭的投入来弥补男性在家庭投入上的不足），那么，男性将继续保持对工作领域较高的投入。一旦冲突程度超出家庭整体承受范围时，尤其是妻子的补偿能力不足时，男性会适度降低对工作的投入，增加对家庭的投入，以平衡二者之间的关系。

3. 工作家庭冲突对工作及收入满意度的影响

本研究显示，工作家庭冲突程度的加剧将降低个体对自身工作和收入的满意度。首先，就工作满意度而言，如表4-4所示，随着冲突水平的上升，已育青年对工作表示满意的比例下降，表示不满意的人群比例上升，且不存在性别差异。虽然二者均呈现出工作家庭冲突对工作满意度的负面影响，但其成因则有所不同。对于女性而言，当工作与家庭发生冲突时，其更容易因无法兼顾工作和家庭而滋生对家庭的愧疚感，这种愧疚感实际上是性别意识内化和长期的家庭性别分工实践的共同产物。这种家庭领域中的负面情绪会进一步地向工作领域溢出，从而带来工作领域的负面情绪体验。可是，对于男性而言，当工作与家庭发生冲突时，传统的性别角色定位使其更关心上述冲突对工作领域的冲击（如绩效、职业成就感），从而增强了对工作领域的消极情绪体验，并引发工作满意度的下降。

表 4-4 工作家庭冲突与工作及收入满意度

		工作家庭冲突的程度				合计	差异性检验
		低水平	中低水平	中高水平	高水平		
母亲的工作满意度/（%）	满意	67.2	58.4	48.5	40.3	53.4	
	一般	23.8	32.3	37.3	39.1	33.8	
	不满意	9.0	9.3	14.2	20.7	12.7	
(N)		(676)	(1502)	(1645)	(653)	(4476)	$\chi^2=1.867$, df=1, $p>0.05$
		$\chi^2=147.684$, df=6, $p=0.000$					
父亲的工作满意度/（%）	满意	65.0	58.8	47.8	47.5	54.7	
	一般	24.6	30.7	38.3	32.4	32.3	
	不满意	10.4	10.5	13.9	20.1	12.9	
(N)		(374)	(814)	(705)	(308)	(2201)	
		$\chi^2=54.851$, df=6, $p=0.000$					
母亲的收入满意度/（%）	不满意	38.3	41.3	53.2	57.4	47.5	
	满意	61.7	58.7	46.8	42.6	52.5	
(N)		(725)	(1519)	(1670)	(664)	(4578)	$\chi^2=2.271$, df=1, $p>0.05$
		$\chi^2=95.957$, df=3, $p=0.000$					
父亲的收入满意度/（%）	不满意	34.4	42.6	53.8	46.7	45.4	
	满意	65.6	57.4	46.2	53.3	54.6	
(N)		(374)	(814)	(705)	(308)	(2201)	
		$\chi^2=43.159$, df=3, $p=0.000$					

其次，就收入满意度而言，随着冲突水平的上升，已育青年对自身收入表示满意的比例下降，表示不满意的人群比例上升。如表 4-4 所示，母亲表示对收入满意的人群比例由低冲突水平时的 61.7% 下降为中低水平时的 58.7%，再降到中高冲突水平时的 46.8%，直至高冲突水平时的 42.6%。对应地，表示对收入不满意的人群比例由低冲突水平时的 38.3% 上升为中低水平时的 41.3%，大幅跃至中高冲突水平时的 53.2%，再上升为高冲突水平时的 57.4%。其背后的原因在于，工作家庭冲突的加剧催生了个体的相对剥夺感，从而促成了个体对自身收入的负面情绪体验，即工作要求的提高导致了个体资源在工作和家庭两个领域进行争夺，不仅工作与家庭的

冲突愈发凸显，同时也从心理上放大了个体付出与收益的非对称性。而这种非对称性将进一步转化为个体的相对剥夺感，使得个体倾向于对自身收入给予负面评价。

类似地，父亲的收入满意度大致上也随着工作家庭冲突水平的上升而递减。其中，表示对收入满意的人群比例由低冲突水平时的65.6%下降为中低水平时的57.4%，再降到中高冲突水平时的46.2%，但在高冲突水平时又反弹至53.3%。换言之，在工作家庭高冲突水平时，父亲的收入满意度非但没有继续下降，反而开始回升。该发现倒是与工作要求-资源模型中的"应对假设"不谋而合，即在工作资源充足的情况下，高工作要求在激励雇员工作动机和绩效水平方面的效果要优于低工作要求，故前者能够带给雇员更多的幸福体验（Demerouti et al., 2001）。换言之，在高冲突水平下，父亲会自觉地提高对工作的专注度来应对冲突，从而在达成工作目标的同时还实现了"增益螺旋"：不仅衍生出更多的工作资源，还获得了职业成就感、自控感等高峰体验。那么，为何母亲的收入满意度没有出现像父亲这般的反弹？这还得回溯到社会及文化对性别角色的构建中去寻找答案。

（二）家庭领域

早期研究认为，工作家庭冲突与员工的家庭福祉并不存在关联。但是，随着工作家庭平衡视角的引入及个体幸福感成为公众关注的焦点，近期的研究则倾向于工作家庭冲突和个体的生活满意度存在着负向连接（Kossek, Ozeki, 1998）。鉴于此，本研究接下来重点考察了工作家庭冲突对于已育青年的家庭领域的主要影响，并试图通过性别比较以寻找二者之间的共性和特性。

1. 工作家庭冲突对婚姻及性生活满意度的影响

本研究显示，工作家庭冲突的加剧将降低已育青年的婚姻满意度和性生活满意度。首先，就婚姻满意度而言，男性对婚姻表示满意的比例（92.5%）显著高于女性（89.0%），但是随着工作家庭冲突水平的上升，二者的婚姻满意度均呈递减之势。需要指出的是，工作家庭冲突与婚姻满意度之间很可能是一种相互作用的关系，既可以表现为上述工作家庭冲突的加剧对婚姻满意度的负面影响，也可能表现为婚姻满意度的下降激化了个体的工作家庭冲突。换言之，来自工作或家庭领域一方的负面情绪都可能消极溢出到另一领域之中。此外，在本研究中，尽管男性的婚姻满意度随着冲突水平的上升而下降，但基本保持在 90% 这条基准线之上。而女性婚姻满意度的降幅显著大于男性，在冲突为"中高水平"和"高水平"时，满意人群比例则降至基准线之下。这说明，在既要保持经济独立，又要相夫教子的双重规范之下，女性面临着更多的角色紧张和冲突体验。

其次，就性生活满意度而言，随着工作家庭冲突水平的上升，已育青年的性生活满意度均呈下降之势。具体来看，如表 4-5 所示，母亲对性生活表示满意的比例由低冲突水平时的 93.0% 下降为中低冲突水平时的 89.3%，再降至中高冲突水平时的 86.6%，直至高冲突水平时的 79.2%。类似的是，父亲对性生活表示满意的比例也由低冲突水平时的 92.5% 下降为中低冲突水平时的 90.1%，再降至中高冲突水平时的 85.9%，直至高冲突水平时的 85.6%。

表 4-5 工作家庭冲突与婚姻及性生活满意度

		工作家庭冲突的程度				合计	差异性检验
		低水平	中低水平	中高水平	高水平		
母亲的婚姻满意度/（%）	不满意	6.0	9.8	11.5	18.1	11.0	$\chi^2=$ 21.378, df$=1$, $p=0.000$
	满意	94.0	90.2	88.5	81.9	89.0	
（N）		(736)	(1524)	(1672)	(668)	(4600)	
		$\chi^2=55.874$, df$=3$, $p=0.000$					
父亲的婚姻满意度/（%）	不满意	5.6	5.7	9.6	9.7	7.5	
	满意	94.4	94.3	90.4	90.3	92.5	
（N）		(372)	(811)	(703)	(307)	(2193)	
		$\chi^2=12.802$, df$=3$, $p=0.005$					
母亲的性生活满意度/（%）	不满意	7.0	10.7	13.4	20.8	12.6	$\chi^2=$ 1.570, df$=1$, $p>0.05$
	满意	93.0	89.3	86.6	79.2	87.4	
（N）		(724)	(1506)	(1651)	(660)	(4541)	
		$\chi^2=66.349$, df$=3$, $p=0.000$					
父亲的性生活满意度/（%）	不满意	7.5	9.9	14.1	14.4	11.5	
	满意	92.5	90.1	85.9	85.6	88.5	
（N）		(374)	(814)	(704)	(308)	(2200)	
		$\chi^2=15.838$, df$=3$, $p=0.001$					

此外，尽管本研究显示绝大多数已育青年对夫妻性生活表示满意，但考虑到国人长久以来谈性色变和对性讳莫如深的态度，可以推测的是：一方面是严峻的就业形势和激烈的职场竞争，另一方面是"上有老、下有小"的家庭重担，二者或多或少使已育青年对性不那么关注。并且，鉴于满意度是基于不同参照系的相对感觉，故个人主观的满意标准可能和主流的话语体系存在着一定的出入，从而导致个体行为与主流倡导模式相背离。英国媒体曾对二孩政策做过不太乐观的估计，认为它并不会促使下一个"婴儿潮"的出现，而其中的一个重要原因就是育龄夫妻工作过于繁忙而导致的性生活频率过低（凤凰网，2015）。若果真如此，加之上述已育青年对性生活安于现状，那么，生育政策的调整是否能够符合现代已育青年的身心需求、达到最终的设计初衷亦有些堪忧了。

2. 工作家庭冲突对家务时间及分工满意度的影响

鉴于时间对于个体是相对恒定且较为稀缺的资源，时间冲突成为工作家庭冲突的一个重要表现。从时间配置的角度来看，男性的时间资源基本上是在市场劳动时间和闲暇时间方面进行二分式地分配，而女性的时间资源则由于其传统的家庭角色定位而使其时间配置更为复杂，在原有男性时间配置的二维基础上加入了家务劳动时间（包括家庭照顾在内）的考察，即构成了市场劳动时间、家务劳动时间和闲暇时间的三维时间配置模式（雅各布·明塞尔，2001）。因此，在家庭范围内，家务时间的多寡、家务分工满意度与工作家庭冲突三者之间存在着密不可分的关系。

总体上，随着工作家庭冲突水平的上升，已育青年对于家务分工的满意度递减，而母亲从事家务劳动的时间基本上呈递增的趋势。如表4-6所示，就每周平均的家务时间[①]而言，母亲平均每周的家务劳动时间为9.419小时，父亲平均每周的家务劳动时间为6.155小时，前者显著高于后者。而且，随着工作家庭冲突水平的上升，母亲投入到家务劳动中的时间激增，而父亲的家务劳动时间几乎不受工作家庭冲突的影响。具体来看，除了工作家庭冲突在中低水平时母亲的家务时间处于低谷，其基本上是一路上扬的趋势，即母亲的家务时间由低冲突水平时的9.473小时，增加至中高冲

---

① 在这里，家务时间并未包括照顾子女的时间，本研究将后者单列出来进行考量。

突水平时的 9.803 小时，再攀升至高冲突水平下的 10.568 小时，而父亲的家务劳动时间则无论冲突水平的高低，都基本维持在 6 小时左右。可见，即使是在现代的城市家庭中，传统的性别分工模式依旧占据了主导地位，家务劳动的"女性"色彩被展现得淋漓尽致。

表 4-6　工作家庭冲突与家务分工满意度、家务时间

		工作家庭冲突的程度				合计	差异性检验
		低水平	中低水平	中高水平	高水平		
母亲的家务分工	不满意/（%）	21.6	25.2	30.8	35.9	28.2	
	满意/（%）	78.4	74.8	69.2	64.1	71.8	
	（N）	（730）	（1522）	（1672）	（669）	（4593）	$\chi^2=$ 249.611, df=1, $p=0.000$
	$\chi^2=47.455$, df=3, $p=0.000$						
父亲的家务分工	不满意/（%）	8.7	9.4	16.8	12.3	12.1	
	满意/（%）	91.3	90.6	83.2	87.7	87.9	
	（N）	（393）	（840）	（739）	（317）	（2164）	
	$\chi^2=25.431$, df=3, $p=0.000$						
母亲的家务时间	均值/小时	9.473	8.478	9.803	10.568	9.419	
	（N）	（696）	（1457）	（1596）	（628）	（4377）	$F=$ 180.657, df=1, $p=0.000$
	$F=8.241$, df=3, $p=0.000$						
父亲的家务时间	均值/小时	6.171	6.013	6.028	6.817	6.155	
	（N）	（370）	（791）	（704）	（295）	（2160）	
	$F=0.818$, df=3, $p>0.05$						

两性在家务时间上的上述客观差距进一步引发了二者对于家务分工的迥异评价。本研究显示，整体上父亲的家务分工满意度高于母亲。并且，随着工作家庭冲突的加剧，母亲对于家务分工的满意度递减，父亲对于家务分工的满意度则经历了不同的变化。具体来看，随着工作家庭冲突水平的上升，母亲对家务分工表示满意的人群比例由低冲突水平时的 78.4% 下降为中低冲突水平时的 74.8%，紧接着再降为中高冲突水平时的 69.2%，直至高冲突水平时的 64.1%。相应地，对家务分工表示不满意的母亲人群

则由低冲突水平时的 21.6% 小幅升至中低冲突水平时的 25.2%，继续升至中高冲突水平时的 30.8%，最后跃至高冲突水平时的 35.9%。可以推测的是，先天的生理特征和性别的社会建构使得家庭领域对女性提出了更多的要求。一旦工作要求也被提高，则意味着个体同时在工作和家庭两个领域被消耗大量的资源，且无法从另一领域获得资源的补充，此时角色超载就发生了。那么，个体的角色超载在家庭领域中则表现为家庭成员之间的冲突加剧，满意度下降。因此，角色超载所引发的工作家庭冲突是家务分工满意度下降的重要原因。

而父亲的家务分工满意度变化大致与母亲相似，基本上也是随着工作家庭冲突水平的上升而趋于下降，但是在高冲突水平时，其家务分工满意度有所回升。如表 4-6 所示，随着工作家庭冲突水平的上升，父亲对家务分工表示满意的人群比例由低冲突水平时的 91.3% 下降为中低冲突水平时的 90.6%，再降为中高冲突水平时的 83.2%，但是在高冲突水平时反弹为 87.7%。社会认同理论指出，尽管个体扮演了多种角色，但每种情境中只有一种身份得以凸显（Ng，Feldman，2008）。那么，当夫妻双方都面临着较高程度的工作家庭冲突时，身份凸显使得二者做出不同的抉择。由于男性多半以"挣钱养家者"作为主要身份，以家务承担者"帮手"作为次要身份出现在家庭领域之中，故在遭遇较高的工作家庭冲突时，男性能够以"挣钱养家者"的主要身份来推卸家务劳动，女性则责无旁贷地承担大部分家务。换言之，在本研究中，我们之所以能看到表示满意家务分工的父亲人群在高工作家庭冲突水平时反而有所增加，极有可能是以增加母亲的家务劳动负荷为代价的。

3. 工作家庭冲突对全职妈妈意愿的影响

改革开放之后，我国城镇女性的劳动就业率趋于下滑。而且，每逢就业压力增大，"妇女回家"的呼声不断，而多孩政策的全面推行则增加了女性职业中断或彻底退出劳动力市场的预期。鉴于此，本研究试图考察工作家庭冲突水平是否对全职妈妈意愿有所影响，并倾听两性从各自立场所发出的不同声音。需说明的，在这里，全职妈妈意愿对于女性是指其是否愿意做全职妈妈，而对于男性则是指其是否愿意自己的妻子做全职妈妈。

本研究显示，工作家庭冲突与女性的全职妈妈意愿具有一定的正向联系。如表 4-7 所示，对于母亲而言，虽然大部分人群表示不愿意做全职妈妈（比例为 72.3%），但是随着工作家庭冲突水平的上升，愿意做全职妈妈的人群比例大致呈递增的趋势，尤其是从中低冲突水平开始，愿意做全职妈妈的女性比例由 24.7% 增加至中高冲突水平时的 26.8%，再上升至高冲突水平时的 32.9%。由于社会文化对女性的家庭角色定位以及女性在生活实践中对家庭领域的倾斜，当工作与家庭发生冲突时，摆在女性面前的便是一道在工作与家庭之间进行取舍的选择题（可能是双选，也可能则单选）。但是，当工作家庭冲突升级且难以调和时，女性所面临的便是一道"鱼和熊掌不可兼得"的单选题。而全职妈妈则是上述单选的可能结果，其因迎合了传统的性别角色期待而在社会中享有一定的社会认同。当然，也有学者认为，我国目前主妇化潮流的方兴未艾更可能代表了在政治意识形态和道德绑架松绑之后的个体选择（吴小英，2014）。因此，在本研究中也可以看到，当工作家庭冲突处于低水平时，愿意做全职妈妈的女性比例也是较高的，仅次于高冲突水平的对应值。这说明市场转型不仅对社会结构、制度及文化等公共领域带来冲击，更是在私人领域引发了一场尊重个体自主性和多元价值体系兼收并蓄的"革命"，由近年来在经济条件较好的家庭中"高知"全职妈妈的风靡可见一斑。

表 4-7　工作家庭冲突对全职妈妈意愿的影响

		工作家庭冲突的程度				合计
		低水平	中低水平	中高水平	高水平	
女性	愿意/（%）	31.3	24.7	26.8	32.9	27.7
	不愿意/（%）	68.7	75.3	73.2	67.1	72.3
（N）		(738)	(1536)	(1670)	(675)	(4619)
		$\chi^2=21.193$，df=3，$p=0.000$				
男性	愿意/（%）	41.2	42.4	40.9	43.5	41.8
	不愿意/（%）	58.8	57.6	59.1	56.5	58.2
（N）		(364)	(792)	(685)	(301)	(2142)
		$\chi^2=0.746$，df=3，$p>0.05$				

本研究还发现,工作家庭冲突几乎对男性的全职妈妈意愿不具备任何影响。如表 4-7 所示,尽管在工作家庭高冲突水平时,愿意自己的妻子当全职妈妈的男性比例最高(43.5%),但是大多数男性还是不愿意自己的妻子当全职妈妈(58.2%)。这似乎跟传统的性别角色期待有所不符,因为后者已将"男主外女主内"的家庭分工模式内化至男性的意识中,故男性应该倾向于自己的妻子全职在家照顾孩子。为此,本研究继续探究了男性不愿意妻子当全职妈妈的原因。调查结果显示,"保持双方的独立性"排在第一位(占比 40.2%),"为孩子树立榜样"居于第二位(占比 31.5%),"需要妻子赚钱养家"则是位列第三位的原因(占比 20.2%)。可见,除了家庭经济的现实考虑,城市父亲的性别角色意识在很大程度上已经由传统主义向现代主义转移,性别平等由此又被推进了一大步。

(三) 身心健康

对于同时活跃于工作和家庭两个领域的个体而言,边界的跨越不仅会给个体带来角色的冲突体验,更对其身心健康带来不可忽视的影响。国外已有研究证实,较高的工作家庭冲突将增加个体罹患高血压、抑郁症、酗酒等身心疾病的风险(Frone et al.,1997)。此本研究重点考察了工作家庭冲突对已育青年身心健康的影响,并通过性别比较以寻找二者之间的共性和差异。

1. 工作家庭冲突对身体健康的影响

本研究显示,工作家庭冲突对已育青年的健康状况具有负面影响。如表 4-8 所示,随着工作家庭冲突水平的上升,已育青年自我报告健康状况良好的人群比例一路下滑,而且女性的减幅大于男性。具体来看,母亲报告健康状况良好的人群比例由低冲突水平时的 73.4% 下降为中低冲突时的 65.4%,再降至中高冲突水平时的 58.7%,最终降至高冲突水平时的 50.5%,最大落差接近 23%。而父亲报告健康状况良好的人群比例由低冲突水平时的 78.9% 下降为中低冲突时的 76.0%,再降至中高冲突水平时的 64.7%,最终降至高冲突水平时的 64.5%,最大落差约为 14%。

表 4-8 工作家庭冲突与健康状况

		工作家庭冲突的程度				合计	差异性检验
		低水平	中低水平	中高水平	高水平		
母亲	好/(%)	73.4	65.4	58.7	50.5	62.1	$\chi^2=$ 79.494, df$=$2, $p=$0.000
	中/(%)	23.4	29.2	35.6	35.8	31.5	
	差/(%)	3.2	5.4	5.7	13.7	6.4	
(N)		(743)	(1536)	(1675)	(1671)	(4625)	
		$\chi^2=137.787$, df$=6$, $p=0.000$					
父亲	好/(%)	78.9	76.0	64.7	64.5	71.3	
	中/(%)	17.8	21.0	30.9	30.2	24.9	
	差/(%)	3.3	3.0	4.4	5.3	3.8	
(N)		(373)	(813)	(703)	(307)	(2196)	
		$\chi^2=44.267$, df$=6$, $p=0.000$					

作为工作家庭冲突的三个重要维度,时间冲突、行为冲突和精神方面的冲突都意味着对个体生理和心理资源的大量消耗。当个体不足以负荷一次较为剧烈的冲突或被长期的冲突所"掏空"而未能及时恢复时,健康状况就会亮起红灯。相较于男性,女性在市场活动之外,还承担了家庭照顾的大部分义务,加之怀孕、哺乳、生产等环节带给女性的生育性耗损,故在本研究中可以看到,母亲自我报告身体状况较好的比例(62.1%)显著低于父亲(71.3%)。

2. 工作家庭冲突对父母幸福感及压力感的影响

孩子的诞生在为家庭增添生机和乐趣的同时,也使众多父母感受到了育儿的艰辛和肩头的重担。那么,工作家庭冲突与已育青年作为父母的幸福感和压力感是否存在着关联?两性之间是否会再次产生差异性的结果呢?

本研究显示,工作家庭冲突将加重父母的压力感,削弱父母的幸福感。如表 4-9 所示,就作为父母的压力而言,尽管母亲报告"压力大"的比例(59.0%)显著高于父亲(55.5%),但是,二者的压力感与工作家庭冲突水平均呈正相关,即随着工作家庭冲突水平的上升,母亲报告"压力大"的比例由低冲突水平时的 43.1%增加为中低冲突水平时的 52.4%,再上升为中高冲突水平时的 65.9%,最后攀升为高冲突水平时的 74.1%。而父亲报告"压力大"的比例则由低冲突水平时的41.5%增加为中低冲突水平时的49.8%，再上升为中高冲突水平时的65.2%，直至高冲突水平时的65.8%。相较而言，母亲的压力增幅（31.1%）高于父亲（24.3%）。承前所述，工作家庭冲突除了表现为时间争夺、行为互扰之外，还表现为精神焦虑、紧张等冲突性心理体验。对同一个体而言，这种冲突性心理体验具有扩散效应，即放大原有的消极情绪，中和原有的积极情绪。因此，在本研究中可以看到，工作家庭冲突的加剧能够使已育青年作为父母的压力感倍增。而且，对于女性而言，由于家庭领域中的"好母亲"和工作领域中的"好员工"的角色期待是相互矛盾的，更容易令女性产生在两个领域之间被拉扯和分裂的消极情绪体验，从而加重其作为母亲的压力感。

表4-9　工作家庭冲突与父母幸福感及压力感

		工作家庭冲突的程度				合计	差异性检验
		低水平	中低水平	中高水平	高水平		
为人母的压力感/（%）	小	24.3	14.8	8.8	6.9	13.0	
	中等	32.6	32.7	25.3	19.1	28.0	
	大	43.1	52.4	65.9	74.1	59.0	
(N)		(740)	(1539)	(1680)	(671)	(4630)	$\chi^2=6.884$, df=2, $p=0.032$
		$\chi^2=242.694$, df=6, $p=0.000$					
为人父的压力感/（%）	小	26.1	15.5	9.3	10.0	14.6	
	中等	32.4	34.7	25.5	24.1	29.9	
	大	41.5	49.8	65.2	65.8	55.5	
(N)		(375)	(815)	(705)	(308)	(2203)	
		$\chi^2=109.333$, df=6, $p=0.000$					
为人母的幸福感/（%）	不幸福	0.3	0.6	0.8	1.8	0.8	
	一般	4.5	6.6	6.8	10.5	6.9	
	幸福	95.3	92.8	92.4	87.7	92.3	
(N)		(737)	(1521)	(1665)	(658)	(4581)	$\chi^2=6.673$, df=2, $p=0.034$
		$\chi^2=33.052$, df=6, $p=0.000$					
为人父的幸福感/（%）	不幸福	0.8	0.4	0.4	1.6	0.6	
	一般	6.6	6.0	10.9	11.4	8.4	
	幸福	95.3	92.8	92.4	87.7	92.3	

续表

		工作家庭冲突的程度				合计	差异性检验
		低水平	中低水平	中高水平	高水平		
(N)		(349)	(759)	(657)	(287)	(2052)	$\chi^2=$ 6.673, df$=2$, $p=0.034$
		$\chi^2=23.972$, df$=6$, $p=0.001$					

随着生产力的发展和社会文明程度的提高，生育的工具性效用正在弱化，逐步被情感性效用所取代。换言之，对于现代城市中的育龄夫妇而言，孩子不再是传宗接代、增添家庭劳动力的工具，他们更看重的是孩子所赋予的正面的"消费性主观感受"，如在亲子互动中所获得的归属感、满足感、成就感、权威感（Hoffman，1978）。因此，在本研究中可以看到，绝大多数已育青年都非常认可孩子所带来的幸福感，但是两性之间存在着差异。如表4-9所示，已育青年认为作为父母"幸福"的比例均达到90%以上。其中，母亲自我评价"幸福"的比例（92.3%）大于父亲（90.9%）。同时，有趣的是，母亲自我评价"不幸福"的比例（0.8%）也高于父亲（0.6%），且差异显著（$p<0.05$）。这或许跟女性在生育和抚养子女的过程中所扮演的主导性角色有关。相较于男性，先天的生理特性和后天的社会建构使得女性为孩子的成长付出较多的辛劳和心血，由此也带来更为丰富的积极（或消极）情绪体验。当积极的情绪体验（如满足感、成就感）超过消极的情绪体验时，女性作为母亲的幸福指数提高。而当消极的情绪体验（如挫败感、焦虑）超过积极的情绪体验时，女性作为母亲的幸福主观感受骤降。而且，生活中大大小小的事件的不断介入也会使女性作为母亲的主观幸福感处于动态的变化之中。

本研究还显示，工作家庭冲突的介入使得父母幸福感普遍下降。如表4-9所示，随着工作家庭冲突水平的上升，自我评价幸福的已育青年比例显著减少。其中，母亲自我评价"幸福"的人群比例由低冲突水平时的95.3%下降为中低冲突水平时的92.8%，再降至中高冲突水平时的92.4%，当冲突达到高水平时则跌至87.7%。相反，自我评价"不幸福"和"一般"的母亲人群比例则基本上随着冲突水平的上升而有所增加。类似的是，父亲的幸福感也受到工作家庭冲突的负面影响,即父亲自我评价"幸福"的人群比例由低冲突水平时的92.6%下降为中低冲突水平时的93.6%,再降至中高冲突水平时的88.7%,当冲突到达高水平时则跌至86.9%。承前所述,工作家庭冲突在个体的心理系统内具有扩散性,这种冲突性的心理体验会和原有的积极情绪体验进行中和,从而削弱了父母的主观幸福感受。并且,相对而言,母亲幸福感的减幅(7.6%)略大于父亲(5.7%),这说明女性对于工作家庭冲突的变化更为敏感。

二、已育青年工作家庭冲突的影响因素分析

承前所述,父亲和母亲在工作家庭冲突上存在着显著差异,其对各自的职业和生活带来不同的冲击。那么,工作家庭冲突的作用机制是如何运转的?两性之间是否会再次呈现出分化呢?鉴于此,本研究分别建立父亲模型和母亲模型,采用多元回归的方法进一步考察了工作家庭冲突的相关因素,以厘清来自工作领域、家庭领域、主观认知、社会支持及个人特征等方面的力量对工作家庭冲突的影响及其对两性所产生的差异化效应。研究结果显示,总体上,已育青年的工作家庭冲突皆受到来自工作领域、家庭领域、主观认知、社会支持及个人特征等方面的影响,但是,家庭领域对母亲工作家庭冲突的影响明显多于父亲。

1. 来自家庭领域的影响及其性别差异

如表4-10所示,在家庭领域,显著影响父亲工作家庭冲突的因素只有一个,而母亲则受到来自该领域的四个因素的影响。具体来说,在家庭领域,家务劳动时间对父亲的工作家庭冲突具有正向预测作用,即家务劳动时间越长,父亲所感知的工作家庭冲突越大。相反地,家务劳动时间对母亲的工作家庭冲突的影响并不显著,尽管二者之间也呈现出正向联系。这种家务劳动时间对于工作家庭冲突影响的性别差异,很大程度上源自家庭内传统的性别分工模式。这种"男主外女主内"的传统模式不仅从空间上划定了两性的主要活动范围,更给某些活动贴上了性别色彩的标签,譬如,繁杂的家务劳动是"女人该干"的活儿。

表 4-10 已育青年工作家庭冲突的影响因素比较

变量		父亲模型		母亲模型	
		标准回归系数	标准误	标准回归系数	标准误
家庭领域	配偶收入	0.006	0.016	0.050*	0.008
	子女数量	0.032	0.039	0.109***	0.028
	家务时间	0.068*	0.003	0.027	0.001
	陪伴子女的时间	−0.013	0.027	−0.049**	0.024
	夫妻关系	−0.015	0.010	−0.096***	0.006
工作领域	加班情况	0.175***	0.018	0.140***	0.012
	工作表现	0.087**	0.025	0.100***	0.018
	成就动机	0.063	0.039	0.129***	0.024
	工作满意度	0.068*	0.025	0.082***	0.018
主观认知	性别角色态度	−0.145***	0.018	−0.151***	0.012
	子女观念	−0.082**	0.019	−0.106***	0.012
	父母压力感	0.155***	0.024	0.124***	0.017
	父母幸福感	−0.064*	0.059	−0.026	0.044
社会支持	工作氛围	0.072*	0.049	−0.004	0.031
	制度执行	−0.054	0.046	−0.117***	0.031
	家庭支持	−0.015	0.095	−0.036*	0.026
个人特征	独生子女与否	0.076**	0.049	0.031	0.031
	受教育水平	0.058	0.019	0.051*	0.014
	健康状况	−0.058*	0.035	−0.107***	0.021
常量		−0.059	0.342	0.405	0.248
F 值		7.834***	22.121***		
R^2		0.176	0.232		
调整后 R^2		0.153	0.221		
N		2238	4861		

注：1. *** $p<0.001$, ** $p<0.01$, * $p<0.05$。

2. 这里仅列出影响显著的因素。

在实际生活中，这种标签化是一把"双刃剑"：一方面将加剧原有的性别不平等，另一方面却使女性的心理忍受阈值高于男性，从而降低相关消极情绪发生的可能性。换言之，由于女性早已对家务分工存有心理预期，故只要家务劳动量的增加不超出其心理所能忍受的极限值，前者就不会对其造成太大的情绪波动。而男性则因为社会建构的"偏袒"而在家务分工上"养尊处优"，一旦稍微增加家务劳动量，就可能立即达到男性的心理阈值，使之压力倍增，叫苦不迭。

而对于母亲而言，在家庭领域中配偶的收入、子女数量、陪伴子女的时间及夫妻关系才是真正影响其工作家庭冲突的主要因素。其中，配偶收入和子女数量对于母亲的工作家庭冲突具有正向预测作用，而陪伴子女的时间和夫妻关系则能够负向预测母亲的工作家庭冲突。具体来说，配偶的收入越高，生育子女的数量越多，母亲所感受的工作家庭冲突越大。究其原因，在于前者增加了母亲的外源性压力，而后者则加大了母亲的内源性消耗。在某种程度上，由于社会文化期待仅对男性做出工作领域的要求，男性的事业成功几乎可以等价于家庭幸福，故配偶收入越高，越意味着丈夫工作和家庭角色的完成度越好，从而能够理直气壮地对妻子的工作或家庭角色提出要求，并加重后者的工作家庭冲突感。而随着子女数量的增多，母亲对于家庭领域的投入增加且其家庭领域内资源被迅速消耗，并最终导致工作投入不足、时间冲突和工作倦怠等消极情绪体验。

同时，本研究还显示，抽空多陪伴子女及夫妻关系的融洽能够降低母亲的工作家庭冲突感。这说明受到传统文化的浸淫，现代城市女性依然将母职内化为首要角色。虽然子女陪伴时间的增加将提高与工作投入时间相冲突的可能性，但是母亲通过亲子互动所获得的情感收益能够弥补陪伴的时间成本，并带给其更为丰富的积极情绪体验。而融洽的夫妻关系则能在个体的情感系统内发挥良性的扩散效应，从而在整体上提高个体的正面情绪体验。

2. 来自工作领域的影响及其性别差异

在工作领域，父亲和母亲的情况较为相似，二者的工作家庭冲突皆受到加班情况、工作表现、成就动机及工作满意度的影响。具体来说，首先，加班情况越多，已育青年的工作家庭冲突越大。这主要是因为加班不仅意味着家庭时间被压缩而导致时间冲突，还可能增加边界跨越者由于无法维持边界的完整性所导致的愧疚感，后者在母亲身上表现得尤为明显。在加班大军中，身为母亲的女性职员频频给家里打电话或是中途结束加班任务的情况并不少见。

其次,工作表现越差,已育青年的工作家庭冲突感越强。从这里依然可以看到负面情绪在两个领域之间的交叉传递,而且工作家庭冲突也有可能会反过来影响个体对自身工作表现的评价,二者是一种相互作用的关系。

类似的是,对工作越不满意,已育青年的工作家庭冲突也越大。承前所述,作为工作家庭冲突的结果,工作满意度随着工作家庭冲突的上升而下降。在这里,我们可以看到二者互为因果的作用关系。

然后,成就动机越强,已育青年的工作家庭冲突感也越强。成就动机越强,意味着个体越看重职业的晋升或追求事业的成功,对工作提出了越高的自我要求。按照工作要求-资源模型来理解,在工作领域资源不足且无法动用家庭领域资源去弥补的时候,上述个体对工作的高要求将直接转化为无法化解的内在性压力而增加个体的冲突感。

3. 来自主观认知的影响及其性别差异

早期的相关研究认为,工作家庭冲突首要地表现为角色冲突,而由社会文化所构建的性别角色期待是造成上述角色冲突的重要来源。传统的性别角色期待将男性定位在工作领域之内,将其角色设置为职业工作者;而将女性定位在家庭领域之内,将其角色设置为家庭照顾者。当个体被卷入非传统性别角色时,就有可能带来角色紧张、角色模糊或角色超载,工作家庭冲突就发生了(Duxbury,Higgins,1991)。

西方学者曾对个体的性别角色态度和认知进行过两个维度的划分:一端是传统性的,代表了对父权制体系下性别差异及不平等的认同;另一端则是现代性的,代表了女性主义对上述性别不平等的反思及解构(March et al.,1999)。而个体的性别角色态度和认知则在这两个极端之内游移,男性和女性各自持有不同程度的倾向。借鉴这种双维度的划分,在本研究中可以看到,性别角色态度和子女观念越倾向于现代性的,越有助于减少个体的工作家庭冲突感。换言之,已育青年越是认同"男主外女主内"的性别角色分工,越是看重子女对于家庭的重要性,其所感受到的工作家庭冲突越强。

此外,本研究还发现,作为父母的压力感对于工作家庭冲突具有正向预测作用,即已育青年感到作为家长的压力较大时,其所感知的工作家庭冲突也较为强烈。可见,负面情绪会在个体的情绪系统内交叉传播,具有扩散效应。相对应地，父母幸福感则对工作家庭的冲突具有负向预测作用，尽管后者在母亲那里表现得并不显著，即父亲作为家长的幸福感能够缓和工作与家庭之间相互竞争所带来的冲突感。而由回归系数观之，母亲作为家长的幸福感与其工作家庭冲突之间呈现一种负向联系，但影响并不显著。结合前述来理解，虽然母亲作为家长的幸福感显著高于父亲，但是前者的工作家庭冲突也显著高于后者，故在此时母亲作为家长的幸福感对工作家庭冲突的调节出现了"失灵"。

4. 来自社会支持的影响及其性别差异

现有研究倾向于将社会支持作为解决工作家庭冲突的一个重要手段。但是，本研究发现，社会支持的类型不同，在两性之间所发挥的效力也有所差异。来自家庭的育儿支持能够普遍降低已育青年的工作家庭冲突，且对母亲的积极影响更大，但是社会支持则对两性的工作家庭冲突产生了不同的影响。

如表 4-10 所示，观察回归系数，家庭支持对于母亲工作家庭冲突的影响不仅显著，且其绝对值大于父亲的相应数值。这是因为女性所承担的来自家庭领域的压力远远超过男性，而同样来自家庭的育儿支持则能在很大程度上缓解该领域的时间和资源消耗，有利于女性工作与家庭的平衡。

同时，根据西方研究惯例，本研究将社会支持具体操作分为工作氛围、生育制度的执行、主管支持和同事支持。由于主管支持和同事支持对于已育青年的工作家庭冲突的影响并不显著（$p>0.05$），故在这里着重从工作氛围和生育制度的执行这两个层面展开讨论。需说明的是，工作氛围是指被访者所在单位通过设置内部托儿所或弹性工作制等便利措施，以营造对家庭友好的职场氛围。

首先，研究显示，生育制度的良好执行有助于降低已育青年的工作家庭冲突，对于母亲的利好影响尤为显著（$p<0.05$，且回归系数的绝对值大于父亲）。由于女性是生育的主要载体，而且诸如产假、亲职假等生育制度和福利的设计亦旨在帮助职业女性平衡工作与家庭的关系，故良好生育制度的执行对母亲的有益影响更大，这不足为奇。

其次，对家庭友好的工作氛围有利于减轻母亲的工作家庭冲突（尽管影响不显著），却显著加剧了父亲的工作家庭冲突。客观上，通过设置内部托儿所或灵活的工作模式以实现家庭友好的工作氛围，确实缓解了个体在工作和家庭两个领域之间的时间冲突和资源争夺，从而降低了其精神上的紧张感。但是，对于男性员工而言，这种家庭友好型工作氛围将加速其非传统性别角色（"家庭照顾"）的卷入，造成男性员工与传统角色（"挣钱养家"）相背离，从而产生对工作的愧疚或焦虑等消极情绪体验，进一步凸显了工作与家庭之间的冲突感。而且，部分学者认为，家庭友好政策存在着双面性（Mandel，2011），即虽然其有利于员工在工作与家庭之间进行平衡，但由此可能会导致雇主的歧视——主动选择利用家庭友好政策或福利的员工实际上宣告了自己的职业价值倾向（家庭为主、事业为辅），从而影响雇主对其在后续的培训、晋升机会及绩效考评等方面做出偏见性的判断。

5. 来自个人特征的影响及其性别差异

本研究显示，健康状况对已育青年的工作家庭冲突具有显著的负向预测作用，而非独生子女身份对父亲的工作家庭冲突具有显著的正向预测作用，受教育水平则对母亲的工作家庭冲突具有显著的正向预测作用。

首先，已育青年的健康状况越好，越能够降低其工作家庭冲突。而且，通过比较回归系数的绝对值，则发现良好的健康状况对于缓解母亲工作家庭冲突的影响力超过父亲。健康的体魄为个体保障工作和家庭领域活动的正常运转奠定了必需的物质基础，而且它也是积极情绪的生产性来源。但由于女性的先天生物特性和在家庭领域的相对操劳加速了女性的身体"折旧"，容易增加女性在工作领域和家庭领域共同竞争时的力不从心感。因此，健康的体魄对于降低女性的工作家庭冲突感尤为重要。

其次，随着受教育水平的提高，母亲的工作家庭冲突加剧。在这里，教育的作用主要是指现代性的性别意识对个体进行内化。而受教育水平越高，个体则越倾向于认可性别平等、女性也可以追求事业成功等现代性的性别角色态度。但是，在父权制的社会结构与文化根基相对深厚的大背景下，这些现代性的性别角色意识可能与传统的性别刻板印象同时并存于同一个体内，从而加剧了个体的角色冲突。并且，个体所受的教育程度越高，在不同情境下所感受到的传统与现代的性别意识之间的碰撞与拉扯感也越强烈。此外，相较于男性，从古至今，无论是在职场角色还是受教育程度方面，女性几乎经历了翻天覆地的变化，因此女性所感受到的冲突感更为强烈。

本研究还显示，相较于独生子女，非独生子女面临更多的工作家庭冲突，男青年表现得尤为显著。其背后的原因在于：其一，相较于非独生子女可能需与同在育龄期的兄弟姐妹争夺儿童照顾资源，独生子女拥有的家庭育儿支持相对较多，从而能够缓解其工作家庭冲突；其二，按照中国传统文化中的差序格局来理解，男青年除了跟女青年一样需要照顾自己的"小家"之外，还兼有照顾父系家庭成员的责任，尤其是出生于农村大家庭、扎根于城市的已育男性。这无疑对男青年提出了更多的家庭要求，加剧了对总体有限资源的争夺和竞争，从而引致个体层面的角色冲突和家庭层面的矛盾丛生。这种个人的工作家庭冲突与家庭矛盾相互交织的现象在《新结婚时代》《王贵与安娜》《双面胶》等一系列影响和文学作品中被展现得淋漓尽致。而且，鉴于工作和家庭领域之间交叉传递效应的存在，作为非独生子女的男青年在上述家庭领域的冲突将会对工作领域进行消极溢出，使得两个领域之间的冲突和对立感被强化。

第三节 母亲的双向冲突

由于工作家庭冲突的发生场域是在工作和家庭两个领域之间，且个体的资源和分配偏好具有差异性，故即使对于同一个体，在不同的情境中，上述两个相互竞争的场域也有高低和强弱之分，并根据不同的指向衍生出工作-家庭冲突和家庭-工作冲突。在这种双维的冲突结构中，工作-家庭冲突（WIF）是指个体因从事工作角色活动所产生的资源消耗或消极情绪而对家庭活动产生了干扰，家庭-工作冲突（FIW）则是指个体因从事家庭角色活动所产生的资源消耗或消极情绪而对职业活动产生了干扰（Frone et al.，1992）。国外有研究发现，个体所感知的工作-家庭冲突比家庭-工作冲突更为强烈。而且，前者较多地受到来自工作领域的因素的影响，后者则更多地受到非工作领域相关因素的影响（Kristin Byron，2005）。那么，将具体的研究情境移植到中国当代城市的女青年群体之中，又将是一幅怎样的画面呢？

虽然东西方社会对于女性的传统角色定位有其共通之处，但是西方社会文化背景中有别于东方社会的人本导向与个人主义倾向不容忽视，因而导致了东西方生育相关福利政策在架构与执行方面的差异。而且，值得关注的是，老年父母所提供的家庭育儿支持是中国社会相对特殊的现象，很大程度上填补了"单位制"瓦解之后社会福利制度"乏力"的空白，成为现实生活中已育女青年不可或缺的工作家庭冲突的缓冲器。因此，本研究将关注点聚焦于已育女青年（以下简称"母亲"）的工作-家庭冲突和家庭-工作冲突，具体描述不同母亲群体在上述两种冲突类型上的现状与差异，并利用多元回归模型进一步比较影响母亲工作-家庭冲突和家庭-工作冲突的相关因素。

一、不同指向的冲突：工作-家庭冲突和家庭-工作冲突

根据前面因子分析的结果，工作-家庭冲突和家庭-工作冲突分别经由工作冲突量表中的十一道题目进行测量和整合。如表 4-11 所示，工作-家庭冲突是由量表中第一道至第六道小题共同测量的综合因子，代表工作对家庭的干扰；而家庭-工作冲突则是由量表中第七道至第十一道小题共同测量的综合因子，代表家庭对工作的干扰。对上述两种不同指向的冲突得分进行配对 T 检验，则发现工作-家庭冲突的冲突均值为 47.586，家庭-工作冲突的均值为 44.849，前者显著高于后者（$t=-8.471$，$p<0.001$）。这说明，在我国城市中，母亲认为工作对于家庭的干扰要大于家庭对工作的干扰。随着教育的普及，越来越多的女性走出家门，投身于市场的洪流之中。对于职业女性而言，早期的学校教育、现代话语体系与经济独立的需要形成一股合力，将女性推向工作领域，而固有的性别角色期待与生育使命则试图继续让女性"留守"在家庭阵营。但是，结合上述研究结果来看，工作领域显然在这场拉锯战之中暂时性地占了上风。

表 4-11　母亲的工作-家庭冲突和工作-家庭冲突（$N=5143$）

	4＝ 非常符合	3＝ 较符合	2＝ 不太符合	1＝ 很不符合	均值
工作-家庭冲突					
1. 曾经因为工作而被迫推迟或放弃生孩子/（％）	5.3	9.5	33.1	52.1	1.68
2. 经常因为工作而无法照顾家庭和孩子/（％）	10.1	31.8	38.9	19.3	2.33

续表

	4＝非常符合	3＝较符合	2＝不太符合	1＝很不符合	均值
工作-家庭冲突					
3. 因为工作而被迫放弃应有的生育福利/（％）	6.0	17.5	39.0	37.5	1.92
4. 经常为了兼顾工作和家庭而感到焦虑/身心疲惫/（％）	15.7	41.0	29.4	13.9	2.59
5. 工作占据了我原本应该陪伴家人的时间/（％）	12.1	33.1	38.5	16.3	2.41
6. 工作使我很难保持与配偶、子女的亲密关系/（％）	7.1	19.8	50.1	23.0	2.11
总体均值$_{工作-家庭冲突}$＝47.586，标准差$_{工作-家庭冲突}$＝14.966					
家庭-工作冲突					
7. 由于要生小孩，我曾被迫放弃了工作/（％）	13.2	19.7	30.2	36.9	2.09
8. 生育使我失去了工作竞争力，影响晋升或加薪/（％）	6.9	20.6	40.7	31.9	2.02
9. 有小孩后，我只能勉强维持正常的工作时间/（％）	9.1	34.8	35.9	20.2	2.33
10. 照顾家庭和孩子经常会影响到我的工作质量/（％）	7.2	27.9	42.9	21.9	2.21
11. 生孩子影响了我继续学习或业务水平的提高/（％）	7.8	25.1	42.7	24.5	2.16
总体均值$_{家庭-工作冲突}$＝44.849，标准差$_{家庭-工作冲突}$＝16.248					

注：总体均值和标准差均为经过百分制处理后的数值。

在工作-家庭冲突方面，母亲感受最为强烈的是工作活动对履行家庭角色的干扰及其所引发的精神紧张、时间冲突及行为冲突。具体来看，如表4-11所示，母亲自我报告"经常为了兼顾工作和家庭而感到焦虑/身心疲惫"的比例最高（符合的比例为56.7％），均值也是六道小题中最高的（均值为2.59）。可见，对于母亲而言，工作-家庭冲突首先表现为因工作干扰家庭而导致的精神焦虑和紧张。其次，母亲的工作-家庭冲突还表现为工作对家庭活动时间的侵占，即母亲自我报告"工作占据了我原本应该陪伴家人的时间"的均值居于第二位（均值为2.41），符合该项的人群比例为45.2%。此外，工作对家庭照顾行为的干扰亦是母亲工作-家庭冲突的集中表现。研究显示，母亲自我报告"经常因为工作而无法照顾家庭和孩子"的均值处于第三位（均值为2.33），约41.9%的人群有过这样的冲突经历和感受。

而在家庭-工作冲突方面，母亲感受最为强烈的是家庭活动对工作时间、职业角色履行的干扰。具体来看，如表4-11所示，母亲自我报告"有了小孩后，我只能勉强维持正常的工作时间"的比例最高（符合的比例为43.9%），均值也是五道小题中最高的（均值为2.33）。可见，对于母亲而言，家庭-工作冲突首先表现为子女照顾等家庭活动对工作领域的时间争夺。其次，母亲的家庭-工作冲突还表现为家庭角色干扰了职业角色的履行。在这里，职业角色的履行既包括当前工作的绩效，也包含为职业发展而进行的人力资本投入。研究显示，母亲自我报告"照顾家庭和孩子经常会影响到我的工作质量"的均值居于第二位（均值为2.21），超过三分之一的母亲认为家庭照顾活动已经影响了自己的工作履行，造成行为上的冲突。此外，由于母亲在生育后家庭劳动的负荷骤增，而时间总量相对恒定，因此，无论是在时间上还是在行为上，生育均可能造成母亲无暇继续对人力资本进行投资。故在本研究中，32.9%的母亲报告"生孩子影响了我继续学习或业务水平的提高"，其均值位列第三位（均值为2.16）。

二、社会分层视野下母亲的双向冲突

教育、职业类型、收入水平、地域差异等变量既决定了个体在社会金字塔中所处的位置，也从不同侧面影响着母亲的工作-家庭冲突和家庭-工作冲突。本研究选取社会分层中的常见变量，考察了其对母亲双向冲突的影响并比较了二者的差异。

1. 母亲的受教育水平与双向冲突

从本研究的结果来看，教育对于母亲工作家庭冲突的影响是复杂的。前者既可能通过性别角色态度来影响后者，也可能转化为劳动技能及资源对工作家庭冲突施加作用。

首先，母亲的工作家庭冲突总体上随着受教育水平的提高而趋于下降，但是当达到研究生学历时，其工作家庭冲突加剧。如表4-12所示，母亲的工作家庭冲突按照受教育水平由低到高依次排序为：初中及以下学历者（均值为41.842）、高中或中专学历者（均值为39.877）、大专学历者（均值为38.474）、本科学历者（均值为37.757）、研究生学历者（均值为39.420）。不难发现，从研究生学历开始，母亲的工作家庭冲突一改前面随着受教育水平的提高而递减的趋势，反而开始反弹，即研究生学历者的工作家庭冲突水平居于第三位，比低学历者（高中或中专及以下学历者）低，但高于大专和本科学历者。

表4-12 受教育程度和母亲的工作家庭冲突

	工作家庭冲突		工作-家庭冲突		家庭-工作冲突	
	均值	标准差	均值	标准差	均值	标准差
初中及以下	41.842	21.568	48.879	15.041	46.246	16.576
高中或中专	39.877	21.415	46.814	15.240	46.139	16.873
大专	38.474	19.266	45.992	14.641	45.420	15.976
本科	37.757	18.814	48.376	14.803	42.289	15.576
研究生	39.420	17.038	49.652	14.530	42.846	14.429
(N)	(4861)		(4861)		(4861)	
	$F=6.040$, df=4，$p=0.000$		$F=7.406$, df=4，$p=0.000$		$F=12.420$, df=4，$p=0.000$	

类似的是，母亲的工作-家庭冲突也出现了这种V字形的变化趋势，而这个临界点在于本科受教育水平，即当母亲的受教育水平在本科以下时，其受教育程度越高、工作-家庭冲突越小，其排序依次为：初中及以下学历者（均值为48.879）、高中或中专学历者（均值为46.814）、大专学历者（均值为45.992）。当母亲的受教育水平达到本科时，其工作-家庭冲突开始反弹并随着受教育水平的提高而递增，依次为本科学历者（均值为48.376）、研究生学历者（均值为49.652）。

但是，就母亲的家庭-工作冲突而言，其变化较之于上述两个规律，基本上呈现出随着受教育水平的提高而递减的趋势。母亲的家庭-工作冲突按照受教育水平由低到高依次排序为：初中及以下学历者（均值为46.246）、高中或中专学历者（均值为46.139）、大专学历者（均值为45.420）、研究生学历者（均值为42.846）、本科学历者（均值为42.289）。

上述三者之所以出现不同的变化趋势，可以从以下方面予以解释。其一，纵向观之，母亲在工作领域的变化要大于家庭领域。相较于传统社会，当代的母亲在家庭领域依然维持传统的照顾之责，可是在工作领域却经历着从"无"（家庭主妇）到"有"（职场丽人）的质变过程。其二，劳动力市场分割和人力资本收益等方面的差异使得高学历者比低学历者能够获得更多的工作资源，而这些工作资源同样也使高学历者在家庭领域中受益，实现"增益螺旋"。比如，高学历的母亲拥有相对较多的可支配性收入，能够用以购买家政服务，从而减少其在家务劳动上的投入和时间冲突。同时，这种经济独立性也为营造家庭内部的性别平等创造了物质条件。此外，高学历者更容易跻身于首要劳动力市场，而后者则更可能通过提供家庭友好政策与福利来帮助员工实现工作与家庭的平衡。其三，高学历的母亲会对工作提出更高的要求和期望，从而在工作领域进行自我施压。当上述期望无法如期实现时，心理落差将重新唤起焦虑、抑郁等冲突性情绪体验。其四，现代社会的性别平等理念对受教育水平具有较高的附着力，而传统的性别角色意识在当代社会依然具有顽强的生命力，二者的联合作用使得高学历母亲的传统角色与现代角色冲突表现得尤为激烈。对高学历的母亲而言，早期的学校教育使其对现代性的性别角色观念拥有较高的认同度，但是，现实中母亲和妻子角色的履行则注定了性别分工有所倾斜。那么，这种主客观的相背离将进一步激化个体的工作家庭冲突感。

2. 母亲的职业属性与双向冲突

自"单位制"瓦解以来，市场转型使得企业的职能分化显性化，国有部门与非国有部门的差异日趋明显，而供职于这些部门的从业者则面临着来自工作领域的不同变化，其与家庭领域相结合，产生程度各异的冲突。具体说来，个体所从事的具体职业及其单位性质既通过个体的薪酬福利和升迁机会等来影响个体的幸福感，也可能通过工作模式的弹性、家庭友好政策、组织支持等杠杆对个体的工作与家庭予以平衡。

首先，就单位性质而言，总体上非国有部门从业者的工作家庭冲突大于国有部门从业者，而母亲为个体经营者的工作-家庭冲突和家庭-工作冲突均最为强烈。如表4-13所示，就总体的工作家庭冲突来看，在党政机关/事业单位供职的母亲的冲突感最小（均值为37.258），在公司/企业中供职的母亲的冲突感次之（均值为39.348），而作为个体经营者的母亲的工作家庭冲突感最强烈（均值为41.750），且通过了显著性检验。这说明，单位的"国有"成分通过高人本导向和家庭友好政策的实施对母亲工作家庭冲突的缓解发挥着关键作用。换言之，单位的"国有"成分越高，越注重打造家庭友好的工作氛围，越有利于母亲的劳动参与。

表4-13 单位性质和母亲的工作与家庭冲突

	工作家庭冲突		工作-家庭冲突		家庭-工作冲突	
	均值	标准差	均值	标准差	均值	标准差
党政机关/事业单位	37.258	19.331	48.900	14.944	41.230	14.859
公司/企业	39.348	18.829	47.843	14.529	44.549	15.738
个体经营	41.750	21.005	49.525	14.758	45.511	17.198
(N)	(4861)		(4861)		(4861)	
	$F=7.722$, df=3, $p=0.000$		$F=4.395$, df=3, $p=0.004$		$F=14.447$, df=3, $p=0.000$	

类似的是，母亲的家庭-工作冲突亦表现出随着单位"国有"成分的降低而冲突增强的趋势。按照冲突程度由高到低，母亲所在单位的排序依次为：个体经营（均值为45.511）、公司/企业（均值为44.549）、党政机关/事业单位（均值为41.230），且通过了显著性检验。但是，母亲的工作-家庭冲突则呈现出不一样的变化曲线：个体经营者的冲突感最强（均值为49.525），党政机关/事业单位员工的冲突感次之（均值为48.900），公司/企业员工的冲突感相对最弱（均值为47.843）。上述二者的共同点在于，在双向冲突上，作为个体经营者的母亲的冲突感是最强的。这里，单位的"国有"成分依然发挥着关键作用。换言之，由于作为个体经营者的母亲缺乏正式组织所提供的对家庭友好的制度或机构设置的支持，故其双向冲突表现得都很明显。而上述二者的差异点在于，党政机关/事业单位员工的工作-家庭冲突大于公司/企业员工，而公司/企业员工的家庭-工作冲突大于党政机关/事业单位员工。换言之，在党政机关和事业单位供职的母亲更多地感知工作对家庭的干扰，而公司/企业员工则更多地感知家庭对工作的干扰。

究其原因，关键在于国有部门与市场部门在家庭友好性工作氛围上的差异及其对母亲平衡工作与家庭时所造成的相对剥夺感。从二元劳动力市场的角度来理解，国有部门不仅可以划归为首要劳动力市场，更是一种内部劳动力市场。其突出的特征就是工作稳定、福利健全、晋升路径清晰，职业的经济回报主要取决于"论资排辈"（工龄）而非市场竞争（Spilerman，1977）。因此，其有利于女性员工兼顾工作和家庭，甚至在不影响工作的前提下家庭优先也是该部门部分女性员工默认的行为模式。这也是公务员、教师等工作岗位在我国尤其受到女性求职者追捧的根本原因。然而，一旦工作和家庭的冲突发生或加剧时，早已习惯以家庭为主（至少工作不能影响家庭）的国有部门女员工会在潜意识里先入为主地认为是处于"辅助地位"的工作领域对位于"主要地位"的家庭领域的入侵，由此产生一种相对剥夺感。相反地，由于市场部门讲求效益优先且竞争激烈，该部门的女性员工不得不跟男性员工一样在职场上拼杀，从而凸显了工作的重要性。一旦工作和家庭的冲突发生或加剧时，在市场部门供职的女性会先入为主地认为是处于"辅助地位"的家庭领域对位于"主要地位"的工作领域的入侵，由此产生一种相对剥夺感。

其次，鉴于具体职业所设定的工作模式及对家庭友好政策支持倾向的差异，母亲从事不同的职业将面临不同程度的工作家庭冲突（见表4-14）。就整体性的工作家庭冲突来看，冲突水平前三位的职业分别为交通运输人员（均值为44.050）、个体经营者（均值为41.589）和建筑房地产人员（均值为41.545），而工作家庭冲突水平相对最低的三种职业依次为行政办事人员（均值为35.834）、干部/管理人员（均值为36.552）、军人/公检法人员（均值为36.646）。

表4-14 具体职业和母亲的工作家庭冲突

	工作家庭冲突		工作-家庭冲突		家庭-工作冲突	
	均值	标准差	均值	标准差	均值	标准差
工人	39.453	21.265	48.057	14.772	44.453	16.079
商贸人员	39.752	19.414	45.874	13.862	46.930	16.280
服务业人员	40.851	19.983	50.198	15.803	43.868	16.772
邮电通信从业者	38.664	18.329	49.402	13.453	42.269	14.064
行政办事人员	35.834	18.024	43.684	13.489	44.816	14.391

续表

	工作家庭冲突		工作-家庭冲突		家庭-工作冲突	
	均值	标准差	均值	标准差	均值	标准差
干部/管理人员	36.552	19.602	48.425	15.036	40.928	14.759
教师	38.180	18.568	50.262	14.278	40.893	15.103
科技人员	36.703	19.277	45.158	12.197	44.312	16.344
医疗卫生人员	38.723	18.167	49.619	15.110	42.118	15.786
建筑房地产人员	41.545	18.038	48.204	14.096	46.588	16.142
个体经营者	41.589	20.701	48.993	14.687	45.860	16.864
银行保险人员	40.052	17.853	50.659	14.764	42.543	14.529
交通运输人员	44.050	19.802	49.459	13.427	48.083	15.232
军人/公检法人员	36.646	18.121	49.023	14.539	40.442	13.563
其他职业	40.301	18.864	48.755	14.251	44.690	17.414
(N)	(4861)		(4861)		(4861)	
	$F=2.679$, df=14, $p=0.001$		$F=5.114$, df=14, $p=0.000$		$F=4.554$, df=14, $p=0.000$	

从工作对家庭的冲突来看，冲突水平前三位的职业分别为银行保险人员（均值为50.659）、教师（均值为50.262）和服务业人员（均值为50.198），而工作-家庭冲突水平相对最低的三种职业依次为行政办事人员（均值为43.684）、科技人员（均值为45.158）、商贸人员（均值为45.874）。

从家庭对工作的冲突来看，冲突水平前三位的职业分别为交通运输人员（均值为48.083）、商贸人员（均值为46.930）和建筑房地产人员（均值为46.588），而家庭-工作冲突相对最低的三种职业依次为军人/公检法人员（均值为40.442）、教师（均值为40.893）、干部/管理人员（均值为40.928）。

颇为有趣的是，即使是同一职业，也可能在冲突的双向维度上带给个体不同的感受。以教师职业为例，从事该职业的母亲的工作-家庭冲突较高，而家庭-工作冲突较低，即相较于家庭对工作的干扰，作为教师的母亲更多地感受到了工作对家庭的干扰。实际上，它是由工作和家庭领域均为弱边界时导致的角色模糊引起的。为了使模糊的角色明晰化，个体势必会消耗大量的心理与体能资源。一旦出现相关资源的耗竭，就会引发在工作（或家庭）领域更多的消极行为与情绪体验。鉴于教师的工作和家庭领域的边界有时候不是特别清晰，极有可能在从事某一领域活动的同时，另一领域的活动也在进行中，如在家时依然从事着科研或备课等职业活动，从而增加了限定时间和活动范围内的角色负荷及角色切换的成本。而且，对于教师职业，人们常常怀有一种理所应当的期望：时间的可支配性高（如无须坐班、享受寒暑假），更便于照顾家庭。这种社会对个体所提出的职业期望使教师的职业效用天平向家庭领域倾斜，并内化为个体的职业价值观。当上述模糊的边界角色遭遇向家庭领域的角色设定倾斜时，新的角色冲突迸发了。冲突越剧烈，个体原有的职业价值倾向越被逆向强化，从而出现感知到工作对家庭的干扰大过家庭对工作的干扰的情形。

3. 母亲的收入水平与双向冲突

作为工作领域的再生性资源，收入不仅有益于个体的工作资源再生产，赋予个体满足感和成就感，还能通过改善个体的生活质量、传递积极情绪等方式实现对家庭领域的积极溢出。研究显示，收入的增加有利于缓解家庭对工作的冲突。

如表4-15所示，随着收入水平的提高，母亲的家庭-工作冲突显著下降。当母亲的收入处于低水平时，其家庭-工作的冲突最大（均值为46.656）。当母亲的收入处于中等水平时，其家庭-工作的冲突有所下降且居于第二位（均值为43.831）。当母亲的收入处于高水平时，其家庭-工作的冲突最小（均值为42.304）。其实，母亲的工作家庭冲突也有类似的变化趋势，即收入对其具有负向作用，只不过影响不显著而已（$p>0.05$）。同时，观察不同收入水平下的冲突均值，则可以发现收入水平和母亲的工作-家庭冲突呈正向作用，尽管影响并不显著（$p>0.05$）。这说明，一方面母亲收入的增加能够通过购买高效能的家用电器及家政服务来减少母亲在家务劳动上的时间和精力投入，从而降低了家庭对工作的干扰。另一方面，收入的增加是以工作要求的增多、资源消耗的加剧为代价的,这样必定会导致工作压力的上升,使个体感知工作对家庭的干扰增加。

表4-15 收入水平和母亲的工作家庭冲突

	工作家庭冲突		工作-家庭冲突		家庭-工作冲突	
	均值	标准差	均值	标准差	均值	标准差
低收入	40.793	21.089	47.303	15.6253	46.656	16.892
中等收入	38.999	19.395	48.186	14.447	43.831	15.735
高收入	38.479	20.375	49.161	15.401	42.304	16.676
(N)	(4861)		(4861)		(4861)	
	$F=2.762$, df$=2$, $p>0.05$		$F=2.113$, df$=2$, $p>0.05$		$F=12.104$, df$=2$, $p=0.000$	

4. 母亲的双向冲突在地域上的差异

地域不仅是社会经济发展水平的刻度表,也承载着文化风俗等重要信息,因而对个体的工作和家庭领域分别带来不同的影响。本研究显示,在社会经济较为发达的地区,母亲的工作与家庭之间的冲突相对较小;在经济欠发达地区,母亲的工作与家庭之间的冲突则较大(见表4-16)。

表4-16 地域和母亲的工作家庭冲突

	工作家庭冲突		工作-家庭冲突		家庭-工作冲突	
	均值	标准差	均值	标准差	均值	标准差
东部	38.205	20.417	46.403	14.653	44.722	16.672
中部	39.548	20.404	47.990	15.464	44.622	16.392
西部	40.382	19.661	48.311	14.666	45.215	15.668
(N)	(4861)		(4861)		(4861)	
	$F=4.473$, df$=2$, $p=0.011$		$F=7.067$, df$=2$, $p=0.001$		$F=0.592$, df$=2$, $p>0.05$	

如表4-16所示,随着地区的社会经济发展水平的提高,母亲的工作家庭冲突和工作-家庭冲突皆显著下降,但是对母亲的家庭-工作冲突没有影响。具体来看,根据冲突量级的大小,东部地区的母亲的工作家庭冲突水平最低(均值为38.205)、西部地区的母亲的冲突最大(均值为40.382)、

中部地区的母亲则居于二者之间（均值为 39.548），且三者之间的差异显著（$p<0.05$）。类似的是，母亲的工作-家庭冲突也表现出自西向东逐渐下降的趋势，即西部地区的母亲的工作-家庭冲突最大（均值为 48.311）、中部地区的母亲的冲突值次之（均值为 47.990），东部地区的母亲的工作-家庭冲突最小（均值为 46.403），且三者之间的差异显著（$p<0.05$）。

究其原因，主要是地域所体现的经济发展水平与性别角色观念这两个方面的差异及其对母亲的工作家庭冲突的刺激作用。首先，地域代表了不同的社会经济发展水平，而后者决定了个体在工作和家庭领域资源的多寡。在经济较发达地区，个人可支配性收入的增加及更为便捷的生活设施均能够为个体提供较为丰富的工作资源和家庭资源，从而有利于降低工作与家庭发生冲突的可能性。而在经济欠发达地区，个人可支配性收入的有限性及便利设施的相对难以获得均会加剧个体在工作与家庭两个领域之间对时间和资源的争夺，从而增加工作与家庭发生冲突的风险。其次，地域还承载了不同的文化习俗，其中所反映的性别角色观念是母亲角色冲突的重要来源。在经济较发达地区，教育的覆盖面大且层次较高，加之现代化的生活方式，使得性别角色观念更具有现代性，性别平等意识被推崇。因此，它能将母亲从传统角色的枷锁中解放出来，减少发生于同一女性个体内部的传统角色与现代角色的冲突。而在经济欠发达地区，传统的性别角色观念依然被很大程度地保留下来，使得母亲不得不在社会转型的过程中时刻面临着传统角色与现代角色的矛盾和张力。当然，就我国的现状来看，经济发展水平并不能完全地和平等的性别意识画上等号。比如，在经济较发达的闽粤地区，依然保留了较为传统的生活习俗和性别观念。但是，正如马克思所言，经济基础决定上层建筑，相信随着经济对社会文明的进一步推动，男女性别角色观念将日趋平等。

三、影响母亲的双向冲突的相关因素

在工作和家庭两个领域之中，社会对女性提出了迥异的角色要求。加之其在上述两个领域中所占有的资源参差不齐，故女性所感受到的工作对家庭的干扰以及家庭对工作的干扰明显存在着一定的差异。那么，影响母亲的工作-家庭冲突和家庭-工作冲突的相关因素有哪些？二者之间究竟是具有较多的关联性，还是差异大于共性？据此，本研究按照冲突的不同指向分别建立工作-家庭冲突模型和家庭-工作冲突模型，并采用多元回归的方法进一步考察了母亲双向冲突的影响因素，以厘清来自家庭领域、工作领域、社会支持、态度认知及个人特征等方面的力量对双向冲突的影响及其差别。

本研究结果显示，总体上，母亲的双向冲突皆受到来自家庭领域、工作领域、社会支持、态度认知及个人特征等方面的影响。只不过，家庭领域的相关因素对母亲的工作-家庭冲突的影响要多于家庭-工作冲突，而工作领域的相关因素则对母亲的家庭-工作冲突的影响要略多于工作-家庭冲突（见表4-17）。有西方研究表明，通常工作-家庭冲突更多地受到来自工作领域的因素的影响，而家庭-工作冲突则更多地受到非工作领域相关因素的影响（Byron，2005）。之所以跟上述西方研究发现存在着一定的出入，首要原因是研究对象的差异。即本研究锁定的是城市中的母亲，较上述西方研究的普通人群更为明确和具体。除此之外，社会文化、引用模型的变量及分析技术的差异亦是无法忽视的因素。在接下来的讨论中，本研究将从比较的视野对影响母亲双向冲突的作用机制予以呈现。

表4-17 影响因素比较：母亲的工作-家庭冲突与家庭-工作冲突

影响因素	变量	工作-家庭冲突模型		家庭-工作冲突模型	
		标准回归系数	标准误	标准回归系数	标准误
家庭领域	子女数量	0.056**	0.039	0.093***	0.042
	子女年龄	0.015	0.030	−0.052*	0.032
	配偶收入	0.093*	0.022	0.032	0.024
	女性对家庭经济的贡献力	0.081*	0.276	−0.028	0.298
	陪伴子女的时间	−0.091***	0.033	0.019	0.035
	夫妻关系	−0.071***	0.009	−0.060**	0.009
工作领域	工作时间	0.094***	0.009	−0.073***	0.010
	加班情况	0.246***	0.017	−0.041*	0.018
	投入重心	−0.169***	0.038	0.130***	0.041
	工作表现	0.013	0.025	0.119***	0.027
	成就动机	0.058**	0.034	0.115***	0.036
	工作满意度	0.070***	0.025	0.046*	0.027

续表

影响因素	变量	工作-家庭冲突模型		家庭-工作冲突模型	
		标准回归系数	标准误	标准回归系数	标准误
社会支持	生育制度的执行	−0.052*	0.043	−0.108***	0.046
	主管支持	−0.061**	0.045	0.008	0.049
	家庭支持	0.037*	0.036	−0.082**	0.038
态度认知	父母压力感	0.092***	0.023	0.079***	0.025
	性别角色态度	−0.064***	0.017	−0.141***	0.018
	子女观	−0.103***	0.017	−0.045*	0.018
	母职观	−0.034*	0.017	0.014	0.018
	价值取向	−0.041*	0.045	0.025	0.048
个人特征	健康状况	−0.089***	0.029	−0.059**	0.031
	独生子女与否	0.058**	0.044	−0.011	0.047
	常量	1.117**	0.366	−0.386	0.394
	F 值	31.425***		15.613***	
	R^2	0.300		0.176	
	调整后 R^2	0.290		0.164	
	N	4861		4861	

注：(1) *** $p<0.001$，** $p<0.01$，* $p<0.05$。
(2) 这里仅列出影响显著的因素。

1. 来自家庭领域的影响

如表4-17所示，在家庭领域，显著影响工作-家庭冲突的因素有五个，而家庭-工作冲突则受到来自该领域的三个因素的显著影响。换言之，来自家庭领域的相关因素对工作-家庭冲突有着更大的影响。

首先，子女数量对于母亲的双向冲突具有正向预测的作用，而子女年龄仅对母亲的家庭-工作冲突具有负向预测作用。一方面，生育的子女数量越多，母亲所面临的双向冲突越大。生育子女数量的增多意味着家庭领域对母亲提出了更多的要求并将消耗其更多的资源，为了工作和家庭的平衡，母亲只得通过转移工作领域的资源来填补上述在家庭领域的资源消耗。但是，鉴于个人时间与精力等资源的有限性，母亲极有可能陷入两边资源皆告急的恶性循环，冲突便应运而生。另一方面，随着子女年龄的增长，母亲的家庭-工作冲突趋于减少。由该冲突的均值来看，子女处于幼儿园阶段时母亲的家庭-工作冲突值最大（均值为46.558），子女处于小学阶段时母亲的冲突值次之（均值为44.314），而当子女处于初中阶段时母亲的冲突值相对最小（均值为43.947）。结合女性的就业曲线来理解，子女年幼时通常也是女性抚育活动最为繁重的时候，这种对个体家庭资源的急剧消耗不仅影响女性的工作投入，甚至会彻底打破工作与家庭的平衡，致使女性退出劳动力市场。因此，相当一部分女性会在生育和抚养的高峰期停止就业，以应对生育对个体家庭资源的过度消耗。相形之下，这凸显了家庭对工作的干扰。而当子女达到学龄期，大部分的儿童日间照顾可移交给社会化机构（如学校），母亲的家庭照顾重担也逐渐减轻，从而减少了来自家庭领域的压力源，使其感知家庭对工作的干扰下降。

其次，配偶收入、女性对家庭经济的贡献力及陪伴子女的时间显著影响母亲的工作-家庭冲突，对母亲的家庭-工作冲突的影响则不显著。具体来说，配偶收入和女性对家庭经济的贡献力对于母亲的工作-家庭冲突具有正向预测作用，而陪伴子女的时间则对母亲的工作-家庭冲突具有负向预测作用，即丈夫的收入越高，女性对家庭经济的贡献越大，母亲的工作-家庭冲突越大；而陪伴子女的时间增多，有利于缓解母亲的工作-家庭冲突。

在这里，经济因素为我们提供了一个辩证性的视角来理解母亲的工作-家庭冲突。一方面，丈夫收入较高不仅体现了其对工作领域的高投入，也强化了传统的性别角色期待，有利于维护传统的家庭性别分工模式。换言之，丈夫能够以高效的工作角色（高收入可以改善家庭生活）与妻子的家庭角色进行交换，以弥补自己在家庭领域投入的不足。但是，这种交换路径在现实生活中并不能逆向行之，因为在社会建构的过程中，与"好员工"式的工作角色相互绑定的是男性，而非女性。另一方面，女性收入的增多，也意味着对家庭经济的贡献增大，但极可能是以工作和家庭之间的"厚此薄彼"为代价的。而这种通过"挤兑"家庭所获得的职业回报本质上违反了传统的性别角色期望，由此滋生的愧疚感将加剧母亲的工作对家庭的冲突感，或者通过增加家务劳动量等形式予以补偿，但是后者将进一步使原本紧张的工作与家庭关系趋于恶化。

此外，陪伴子女的时间增多虽然有可能造成对工作领域的时间的侵占，但是其在亲子互动中所收获的积极情绪体验能够对工作领域进行积极溢出，从而缓解工作压力、工作倦怠等工作角色所带来的消极情绪，实现家庭对工作的增益，达到减轻工作-家庭冲突之效。

本研究还显示，夫妻关系对母亲的双向冲突具有负向预测的作用。换言之，夫妻关系越融洽，母亲感受到的双向冲突越小。可见，配偶所提供的情感性支持，有利于缓解个体的冲突感，实现工作与家庭的增益。

2. 来自工作领域的影响

在工作领域，除了工作表现仅对母亲的家庭-工作冲突发生显著影响之外，工作时间、加班情况、投入重心、成就动机和工作满意度这五个变量同时作用于母亲的双向冲突。其中，工作表现对母亲的家庭-工作冲突具有正向预测作用，成就动机和工作满意度二者均对母亲的双向冲突具有正向预测作用，而其他三个变量对母亲的双向冲突的作用方向相反。

首先，从工作领域的时间变化来说，母亲对该领域时间投入的加大将强化工作对家庭的冲突感，并相对弱化家庭对工作的冲突感。如表4-17所示，随着每天工作小时数的增多，母亲的工作对家庭的冲突趋于增大，而其家庭对工作的冲突则趋于减少。由于时间对于个体具有总量恒定与相对稀缺的特性，工作时间的延长将造成对家庭领域内时间资源的侵占，从而凸显了工作干扰家庭的冲突感，并相对地弱化了家庭干扰工作的冲突感。如果进一步结合前述关于工作家庭冲突影响因素的性别差异来看，从工作时间和家务时间的关系中则发现一个有趣的现象：就时间配置而言，两性在工作家庭冲突影响因素方面的差异主要源于家务劳动时间的多寡，而非工作时长。但是，工作时长却显著影响着母亲的双向冲突，且根据冲突方向呈现出相反的作用趋势。这主要是因为从性别比较的角度而言家务时间的差异更为明显，但是若聚焦于母亲的群体内部，家务时间的差异则被平均化并成为一种常态式的存在，从而凸显了工作时间的影响力，使得母亲的双向冲突对于工作时间的变化变得相当敏感。类似的是，加班情况越严重，则母亲的工作对家庭的冲突感越强，而其家庭对工作的冲突感则相对被削弱。

其次，投入重心也同时作用于母亲的双向冲突，并根据冲突方向呈现出相反的作用趋势，即相较于投入重心在工作领域的母亲，投入重心在家庭的母亲更多地感受到了家庭对工作的干扰。反过来，投入重心在工作领域的母亲更多地感受到了工作对家庭的干扰。可见，对于现代城市中的工作母亲而言,追求工作与家庭的平衡和谐才是终极理想目标,而非通过牺牲某一领域而成就另一领域。

然后,成就动机和工作满意度同时对母亲的双向冲突具有正向预测作用。其一,成就动机越强,越会加剧母亲的工作-家庭冲突和家庭-工作冲突。这是因为较强的成就动机意味着个体对自我提出了更高的工作要求,并转化为内在的工作压力源。在工作领域资源不足且无法动用家庭领域资源去弥补的时候,这种内在压力源将直接加剧工作与家庭之间的冲突。其二,对工作的满意度越低,则母亲所感受的工作-家庭冲突和家庭-工作冲突越大。这有力地验证了消极情绪能够在工作与家庭两个领域之间进行交叉传递。因此,这也提示我们在日常生活中应尽量维持工作和家庭的边界(如上班不想家,在家不工作),以减少二者的相互干扰。或者,从积极溢出的角度努力去实现二者在资源、情绪反应等方面的相互增益。

最后,工作表现仅对母亲的家庭-工作冲突发生显著影响,即对工作表现的自我评价越低,母亲感受到的家庭干扰工作的冲突感越强。究其原因,除了上述消极情绪在两个领域之间的传递效应之外,对于当代的工作母亲而言,在照顾家庭之余也渴望事业成功所带来的满足感和成就感。当家庭角色的履行是以工作角色的不称职为代价时,被早期学校教育所内化的女性独立、男女平等等理念再次浮出意识的水面,从而增加母亲的焦虑并激发其愧疚感,造成家庭领域过分入侵工作领域的主观感受。

3. 来自社会支持的影响

本研究显示,社会支持在母亲的双向冲突中扮演着重要角色,而且社会支持的类型不同,对于母亲的双向冲突亦发挥着不同的效力,即组织支持和家庭支持均能够降低母亲在工作与家庭之间的冲突感,但是根据冲突方向的不同则呈现出差异化的作用。

承前所述,家庭支持对于母亲的工作家庭冲突的积极作用大于父亲。但是,进一步的研究发现,家庭支持主要是通过降低母亲的家庭-工作冲突感来实现上述积极效应的。如表 4-17 所示,家庭支持能够削弱母亲的家庭对工作的冲突感,增强其工作对家庭的冲突感。这主要是因为家庭其他成员所提供的育儿支持作为一种重要的家庭资源极大地缓解了母亲的家庭资源消耗,释放了母亲来自家庭领域的压力,并能实现向工作领域的积极溢出。相形之下,来自家庭领域压力的被释放感则在主观上放大了来自工作领域的干扰感,从而令其感受到工作对家庭的干扰甚于家庭对工作的干扰。

同时,根据西方研究惯例,本研究将社会支持具体操作化为工作氛围、生育制度的执行、主管支持和同事支持。由于工作氛围和同事支持对于母亲双向冲突的影响并不显著($p>0.05$),故在这里着重讨论生育制度的执行和主管支持这两个层面。

首先,生育制度的良好执行能够同时降低母亲的工作-家庭冲突和家庭-工作冲突。而且,从回归系数来看,其对母亲的工作-家庭冲突的积极影响大于家庭-工作冲突。由于女性是生育的主要载体,而且诸如产假、亲职假等生育制度和福利的设计亦旨在帮助职业女性平衡工作与家庭的关系,故良好生育制度的执行对母亲的积极效应是其应有之义。不过,鉴于生育制度的良好执行属于来自工作领域的组织支持,其对个体工作领域的压力的缓解尤为明显,故其对母亲工作-家庭冲突的良性影响更大。

其次,主管支持能够显著降低母亲的工作-家庭冲突感。国外有学者认为,组织支持很大程度上是通过主管支持来实现的,后者可以同时为员工提供工具性支持和情感性支持。工具性支持包括提高员工对工作的自控性、提供请假的便利、帮助创造或维护家庭友好的工作氛围等,而情感性支持则主要是指通过信息共享和情感沟通实现使员工以更积极的姿态为组织服务的目的(Matthews et al., 2013)。尤其是当遇到孩子生病或接送学龄孩子等情况时,主管能够表示理解并在不影响工作的前提下予以适度的通融,这无疑将极大地缓解工作家庭冲突带给母亲的紧张感。而且,鉴于主管支持属于工作域的组织支持,它对母亲工作压力的缓冲尤为明显,故其能够显著降低母亲的工作对家庭的冲突感。

有趣的是,有时候跨界的社会支持反而会加重母亲的工作家庭冲突感。譬如,家庭育儿支持虽然能够降低母亲的家庭-工作冲突,却加重了母亲的工作-家庭冲突感。类似的是,母亲获得的主管支持越多,所感受到的工作-家庭冲突感趋于减少,但同时其家庭-工作冲突感增多。就此问题,学界并未达成一致。国外对以色列高中教师的研究发现与本研究结果相符,而国内对教师及电信员工的相关研究则得出相反的结果(Cinamon et al., 2007;张慧英,宫火良,2005;谢义忠,时勘,2007),具体原因还有待进一步探索。不过,跨文化和跨行业的差异是值得重点考察的因素。

4. 来自态度认知的影响

非传统性别角色的卷入是造成女性的工作与家庭冲突的重要来源（Duxbury，Higgins，1991）。由于传统的性别角色分工将女性定位在家庭角色中，女性走出家门、参与市场活动后便置身于非传统性别角色之中。从这个角度而言，当下母亲所面临的工作与家庭相冲突的困境在所难免。但是，随着社会文明程度的提高和教育的普及，个体对传统性别角色模式的接受程度和改变欲望均可能缓解或加重原有的工作家庭冲突感。

如表4-17所示，母亲的工作-家庭冲突同时受到父母压力感、性别角色态度、子女观、母职观和价值取向五个变量的影响，而其家庭-工作冲突仅受到前三个变量的显著影响。在这里，性别角色态度、子女观、母职观这三个变量是对社会性别态度量表进行因子分析后得到的三个综合因子。其得分越高，代表被访者越赞同现代性的性别意识与角色分工；得分越低，则被访者越认同传统的性别意识与角色分工。

首先，性别角色态度和子女观对于母亲的双向冲突具有负向预测作用，而母职观仅对母亲的工作-家庭冲突具有负向预测作用，即性别角色态度和子女观念越倾向于现代性，则有助于减少母亲的双向冲突，而现代性的母职观也能够降低母亲的家庭对工作的冲突感。换言之，母亲越是认同"男主外女主内"的性别角色分工，越是看重子女对于家庭的重要性，其所感受到的工作-家庭冲突和家庭-工作冲突均越强烈。而母亲越是赞同诸如"母亲应为了孩子奉献一切"的母职观，则其家庭-工作冲突越大。究其原因，关键在于现代性的性别角色态度、子女观或母职观均能够降低母亲被卷入非传统性别角色时所产生的消极情绪体验（如愧疚感），从而减少整体的冲突感。

其次，身为母亲的压力感对于母亲的双向冲突同时具有正向预测作用，即其作为母亲的压力越大，其工作-家庭冲突和家庭-工作冲突也越大。这是负面情绪在工作和家庭两个领域之间进行交叉传递的典型表现。

此外，价值取向的差异给母亲带来不同的冲突感受。在这里，价值取向是指当工作与家庭发生冲突时，被访者优先考虑的是工作还是家庭。作为一种个体的偏好选择，该价值取向将在实际生活中决定个体对工作（或家庭）领域的时间分配及精力投入的多寡。同时，当上述两个领域发生冲突时，固有的价值取向会再次显现，通过对冲突源的判断来影响个体关于冲突类型的认知和感受。本研究显示，家庭取向能够显著减轻母亲的工作-家庭冲突，即当工作与家庭发生冲突时，母亲越是倾向于家庭，越能够缓解其因工作干扰家庭所致的冲突感。实际上，对于女性而言，价值取向是以性别角色的社会期待为参照系来发挥协同作用的。由于社会将女性的角色定位在家庭领域，故女性的家庭取向符合社会的性别角色期待，一定程度上能够缓解因非传统性别角色卷入所引发的消极情绪，从而在总体上减少因工作与家庭相冲突所产生的"负能量"。

5. 来自个人特征的影响

研究显示，健康状况对母亲的双向冲突同时具有负向的预测作用，而非独生子女身份则对母亲的工作-家庭冲突具有显著的正向预测作用。

首先，良好的健康状况能够同时降低母亲的工作-家庭冲突和家庭-工作冲突。毕竟，作为工作-家庭相互增益的重要体能资源，健康的体魄不仅是维持个体工作域和家庭域活动的重要载体，也是积极情绪的生产性来源。进一步比较回归系数，则发现健康对于母亲的工作-家庭冲突的积极影响大于其对家庭-工作冲突的正面影响。可见，相较于家庭领域，工作领域对母亲的身体状况提出了更高的要求。

其次，非独生子女的身份对母亲的工作-家庭冲突具有正向的预测作用，即相较于作为独生子女的母亲，作为非独生子女的母亲更多地感受到了工作对家庭的干扰。同时，结合单因素分析的结果来看，在母亲群体中，非独生子女的工作-家庭冲突显著高于独生子女（$p<0.05$），且在双向冲突上亦是非独生子女的冲突值较高，尽管后者并未通过显著性检验。那么，如何理解上述现象呢？"个体家庭"为我们提供了一个理解性的视角。有学者认为，我国的城市家庭已经进入了所谓的"个体家庭"时代。在"个体家庭"中，妻子与原生家庭的联系更加紧密，女系家庭的地位上升，显示出与丈夫家庭体系的同等重要性，甚至有时候风头更劲（沈奕斐，2013）。如今，妻子当家做主、孩子由外祖父母而非祖父母照顾、女儿养老等现象的涌现是女系家庭地位上升的最佳脚注。而且，有别于传统社会的"嫁出去的女儿泼出去的水"，在当代城市家庭中，强烈的娘家情结使得已婚育女性的家庭认同较男性窄，主要锁定为定位家庭（即与配偶及子女组成的核心家庭）和自己的原生家庭（娘家的所有成员），而将配偶的父母踢出"家庭认同圈"。因此，她们高度认同自己与原生家庭不分彼此的"合体性"：极

力为娘家争取利益,对于娘家给予充分的信任,娘家成员的事儿就等同于自己的事儿。而对于非独生子女的母亲而言,上述"合体性"则意味着对原生家庭给予更多的付出。因为,除了跟独生子女一样需对自己的父母付出之外,非独生子女还要额外地对兄弟姐妹进行付出。这种来自家庭领域的额外要求显然会加剧非独生子女者在工作与家庭之间的冲突,但鉴于强烈的娘家情结是来自家庭领域且为女性提供了强有力的情感性支持,故掩盖了家庭要求增多所致的冲突上升的实质,反而激化了工作对家庭的干扰效应,从而造成作为非独生子女的母亲更多地感知工作对家庭的冲突。

第五章 冲突缓冲器：工作母亲的社会支持

社会支持理论认为，借助同时存在于工作和家庭领域的社会资本能够对个体进行物质性和心理性资源的输出，以达到降低单个领域内的要求或产生附加资源的组织（或心理）资本，从而缓解个体的工作家庭冲突，达到促进个人绩效的目的（Greenhaus，Powell，2006）。因此，作为工作家庭冲突的重要应对机制，社会支持凭借外生性的资源在个体的工作与家庭冲突中发挥着不可或缺的积极作用。

第一节 社会支持的效用分析

本质上，社会支持通过向个体提供工具性支持和情感性支持，达到补充工作（或家庭）领域资源，舒缓个体的心理应激反应，增强其社会适应能力，并帮助实现工作-家庭增益的效果。按照场域来划分，社会支持可以细分为组织支持与家庭支持。前者来自工作领域，主要包括正式制度、工作氛围和主管支持三个方面（Taylor et al.，2009），体现在企业对员工幸福的关心并愿意使用自身资源支持员工，以达到同时增加员工工作资源和工作控制的目的（Hammer et al.，2011）。后者则来自家庭领域，主要是指家庭成员所提供的工具性协助、情感关心、信息和评价功能等（Michel et al.，2011）。参照上述分类并结合具体的调查问题，本研究将组织支持操作化为工作氛围、制度执行、主管支持、同事支持四个维度，将家庭支持锁定为家庭主要成员（配偶、子女的祖父母/外祖父母）所提供的儿童照顾。

就已育人群而言，国内的现有研究侧重于考察家庭支持对于已育女性的劳动参与或工作家庭冲突的缓冲作用（黄桂霞，2014；宋健，周宇香，2015），或者笼统地以社会支持之名来探讨其在已育女性的工作家庭冲突与幸福感、工作（或生活）满意度之间的作用关系（白海峰等，2006；洪艳萍等，2015）。而且，对于不同来源的社会支持作用于工作家庭冲突的机制及其差异，并没有进行深入的探讨，并存在着效应指代含混不清的现象。鉴于此，本研究重点考察了不同类型的社会支持对于缓解已育人群的工作家庭冲突、达到工作家庭平衡所起到的差异化影响，并试图明晰社会支持在性别与工作家庭冲突中所扮演的具体角色。

结合我国的现实来看，计划经济时代国家对劳动个体所提供的"从摇篮到坟墓"式的初级社会民主福利制随着单位制的瓦解而一去不复返，市场转型在凸显企业的经济功能的同时亦将原先依托于组织的个人福利推向市场和家庭（余秀兰，2014）。对于已育的员工而言，最明显的转变莫过于公共育儿体系向育儿私人体系的转变（佟新，周旅军，2013）。经过市场洗礼的企业不仅将幼儿托管从原来的单位福利中剥离出去，效益当先的原则也使其对生育相关的福利制度建设投入不足并发展乏力，从而导致职场中的家庭友好政策及其氛围的营造更多地停留在学术探讨而非现实构建层面。同时，在儿童托管服务市场价格高昂且缺乏诚信机制约束的情况下，尤其是在城市的双职工家庭中，祖辈对孙辈的照顾凭借传统的优势继续在儿童照顾方面"一枝独秀"，从而为工作母亲的持续性就业提供了有力保障，或许在未来的"多孩"时代其重要性将进一步凸显。据此，本研究提出以下假设。

假设1：社会支持能够缓解已育人群的工作家庭冲突，并根据来源的差异对于两性的工作家庭冲突发挥不同的效用。

假设2：在我国城市家庭中，祖辈照顾第一个孙辈的情况较为普遍，但其是否为可能出生的第二个（或更多）孙辈提供照顾支持则可能受到经济、情感、身体条件等因素的影响。

一、初步探索

承前所述，本研究希望重点考察的是社会支持在两性工作家庭冲突中所发挥的差异化效应，因此，就变量之间的作用关系而言，就可能存在以下三种分析路径：其一，两性在工作家庭冲突上的差异受到社会支持的影响，社会支持将影响二者之间关系的强弱或方向，即社会支持作为性别与工作家庭冲突的调节变量；其二，性别通过社会支持对工作家庭冲突产生影响，即社会支持作为性别与工作家庭冲突的中介变量；其三，社会支持与性别、工作家庭冲突完全不相关，即社会支持对两性的工作家庭冲突不具有任何影响力。而且，随着社会支持来源的变化，又可能带来多种效应的组合与分化。那么，究竟是哪一种分析路径呢？本研究首先建立如下相关矩阵来考察主要变量之间的相关关系，以作为效应分析选择的初步筛选机制（见表5-1）。

表 5-1　主要变量的相关矩阵

	WFC	G	FS1	FS2	A	I	SS	CS
WFC	1.000							
G	0.032**	1.000						
FS1	−0.047***	−0.379***	1.000					
FS2	−0.055***	−0.376***	0.492***	1.000				
A	0.010	−0.034**	0.035**	0.024*	1.000			
I	−0.095***	0.005	0.107***	0.070***	0.468***	1.000		
SS	−0.053***	0.006	0.071***	0.042***	0.562***	0.621***	1.000	
CS	−0.037**	0.012	0.071***	0.055***	0.446***	0.578***	0.617***	1.000

注：1. *** $p<0.001$，** $p<0.01$，* $p<0.05$。

2. 变量说明：WFC 代表"工作家庭冲突"，G 代表"性别"，FS1 代表"0—3岁儿童的家庭照顾支持"，FS2 代表"3岁以上儿童的家庭照顾支持"，A 代表"工作氛围"，I 代表"制度执行"，SS 代表"主管支持"，CS 代表"同事支持"。

3. 根据变量的不同测量层次，选取了不同的相关系数。为节省篇幅，统一置于表5-1中。

如表5-1所示，除了因变量工作家庭冲突（WFC）和自变量性别（G），社会支持可划分为组织支持和家庭支持两大类。同时，根据支持的具体属性，进一步将组织支持区分为工作氛围（A）、生育制度的执行（I）、主管支持（SS）和同事支持（CS），而将家庭支持细分为家庭支持1（FS1，代表家庭其他成员所提供的对0—3岁儿童的照顾）和家庭支持2（FS2，代表家庭其他成员在当前所提供的3岁以上儿童照顾）。

由相关矩阵可知，性别与工作家庭冲突呈正相关，且影响显著（$p<0.01$）。这说明已育人群的工作家庭冲突存在着显著的性别差异，结合变量的赋值来看，则说明已育女性的工作家庭冲突大于已育男性。这一点在第四章的描述性分析中已得到了验证。

就家庭支持来看，它与工作家庭冲突、性别同时存在着负向的相关关系。首先，家庭支持和工作家庭冲突之间呈负相关关系，且影响显著（$p<0.001$），即家庭支持有利于缓解已育人群的工作家庭冲突。结合相关系数来看，当前家庭其他成员所提供的子女照顾对于降低已育人群工作家庭冲突的效力略大于家庭其他成员所提供的幼龄子女照顾。这可能与研究对象有关，因为本研究的对象主要指向幼儿园、小学和初中学生的家长，对于2岁以下儿童的照顾情况只能根据被访者的回忆来获得，属于间接测量，在时效性上略逊于变量"家庭支持2"。其次，家庭支持和性别之间呈负相关，且影响显著（$p<0.001$）。这说明已育男性和已育女性在家庭支持上有着明显的区别，结合变量的赋值来看，已育女性所获得的家庭支持要比已育男性少。

就组织支持来看，其与因变量、自变量处于部分相关的关系。其一，工作氛围与性别呈显著的负相关（$p<0.01$），但对工作家庭冲突的影响不显著（$p>0.05$）。可见，工作氛围在已育人群中存在着性别差异，即已育男性对职场的家庭友好氛围的认可度高于已育女性，而已育女性更倾向于认为职场对家庭不友好。鉴于企业通过设置现场托儿中心或弹性工作制来营造家庭友好型工作氛围的现象在我国并不普遍（本研究中覆盖人群比例仅为26.8%），致使工作氛围无法发挥其应有的作用，即对工作家庭冲突的积极影响不显著，加之劳动力市场针对女性的歧视也将恶化已育女性对于工作氛围的负面感受。其二，生育制度执行的情况与工作家庭冲突呈显著的负相关（$p<0.001$），但与性别不相关（$p>0.05$），即企业对于生育制度执行的情况越好，则越能够降低已育人群的工作家庭冲突感。不过，已育男性和已育女性所在单位的生育制度执行情况大致相同。结合调研的数据来看，不到一半的单位（47.1%）能够较好地执行生育相关制度。其三，主管支持与工作家庭冲突呈显著的负相关（$p<0.01$），但与性别不相关（$p>0.05$），即主管支持能够显著地降低已育人群的工作家庭冲突感，不过已育男性和已育女性所获得的主管支持比例大致相同。由调查数据可知，该比例为38.9%，即近四成的已育人群报告主管能够理解其家庭责任并予以适当的照顾。其四，同事支持与工作家庭冲突呈显著的负相关（$p<0.001$），但与性别不相关（$p>0.05$），即同事支持能够显著地降低已育人群的工作家庭冲突感，不过已育男性和已育女性所获得的同事支持比例相当，不存在显著差异。由调查数据可知，该比例为43.7%，即超过四成的已育人群报告同事理解其家庭责任并帮助分担工作。

综上，参照效应实施的不同前提性条件，由于家庭支持与自变量和因变量都存在着显著相关，则考虑其在二者之间发挥中介作用；而组织支持与自变量或因变量存在部分相关，则排除其作为中介变量的可能性，但可以考虑其在二者之间的调节作用①（见图5-1和图5-2）。

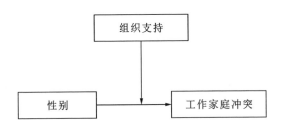

图 5-1　组织支持对性别与工作家庭冲突的调节效应

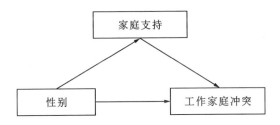

图 5-2　家庭支持对性别与工作家庭冲突的中介效应

二、组织支持对已育人群工作家庭冲突的调节效应

性别刻板印象不仅导致了两性在工作角色和家庭角色上存在着差别，还内在地为两性设置了不同的价值取向（Fuegen et al., 2004），而这种价值取向则进一步使得两性对于组织支持抱有不同的偏好。相较于以工作取向为主的男性，以关系取向为主的女性可能更为看重组织支持所提供的情感性支持，或者对于工具性支持和情感性支持二者并重。但是，在日常实践中，不同来源的组织支持具有程度不一的工具性支持（或情感性支持）导向。那么，就有必要区分不同来源的组织支持在两性的工作家庭冲突中所扮演的具体角色。

---

① 调节变量最为理想的情况是第三变量与自变量和因变量都不相关（温忠麟等，2012）。

在本研究中，组织支持主要通过工作氛围、制度执行、主管支持和同事支持四个维度进行测量。其中，工作氛围是指被访者所在单位在多大程度上能够提供现场的托儿所或灵活的工作时间等措施，以方便员工兼顾家庭，营造对家庭友好的工作氛围。制度执行主要是指被访者所在单位对于生育相关政策及福利制度的执行情况，如是否按照国家规定向员工提供带薪的产假或亲职假。主管支持则主要是指被访者所在单位的领导对员工的家庭照顾责任予以理解，并在实际工作中给予适度的照顾。同事支持则是指被访者的同事对其家庭责任表示理解并协助工作。根据已育人群的反馈，四种来源的组织支持力度按照由高到低依次排序为：制度执行（47.1%）、同事支持（43.7%）、主管支持（38.9%）、工作氛围（26.8%）。换言之，已育人群感受到生育制度相对执行得最好，来自同事的支持多于主管给予的支持，而组织中对家庭友好的氛围最为薄弱。

在接下来的统计分析中，为了避免多重共线性的发生，本研究对主要变量进行了中心化处理。同时，在回归模型中对部分涉及人口统计学特征的变量进行了控制，以排除这些变量对主要变量之间的作用机制的干扰。在此基础上，运用分层回归法分别检验了不同类型的组织支持及其交互项对于工作家庭冲突的影响。

1. 生育制度的执行对两性工作家庭冲突的调节效应

在这里，本研究共建立了三个回归模型。模型1是由代表人口统计学要素的部分变量所构成的控制模型，这些控制变量包括年龄、受教育水平、单位性质、子女的数量及年龄段。而模型2则是在模型1的基础上加入了制度执行和性别两个变量，模型3则是在前两个模型的基础上加入了制度执行和性别的交互作用项（见表5-2）。

表 5-2 制度执行对两性工作家庭冲突的调节效应

	变量	模型1	模型2	模型3
控制变量	年龄	-0.007^{**} (0.002)	-0.006^{**} (0.002)	-0.006^{*} (0.002)
	受教育水平	-0.011 (0.009)	0.000 (0.010)	3.284E- (0.010) Z5 (0.010)

续表

	变量	模型1	模型2	模型3
控制变量	单位性质	0.038* (0.015)	0.026 (0.016)	0.024 (0.016)
	子女的数量	0.127*** (0.020)	0.134*** (0.020)	0.136*** (0.020)
	子女的年龄段	−0.016 (0.016)	−0.015 (0.016)	−0.017 (0.016)
主效应	制度执行		−0.079*** (0.009)	−0.082*** (0.009)
	性别		0.025** (0.009)	0.027** (0.009)
调节效应	制度执行×性别			−0.039*** (0.009)
F 值		18.974***	23.780***	23.172***
调整后 R^2		0.016	0.029	0.032
ΔR^2		—	0.013	0.003

注：1. *** $p<0.001$，** $p<0.01$，* $p<0.05$。

2. 括号内的数字为标准误差。

首先，模型1考察了个体的人口统计学特征对于工作家庭冲突的影响。该模型显示，年龄、单位性质及生育子女的数量对于已育人群的工作家庭冲突存在显著影响。其中，随着已育人群年龄的增长，其工作家庭冲突趋于下降。而已育人群所在单位的市场化程度越高，或自我雇佣的特征越明显，其工作家庭冲突越大。此外，子女数量的增多将加重已育人群的工作家庭冲突感。

其次，在控制已育人群的年龄、受教育水平、单位性质及子女特征之后，模型2考察了制度执行、性别和工作家庭冲突之间的关系。结果显示，制度执行和性别这两个变量对于工作家庭冲突的主效应都很显著。其中，制度执行对工作家庭冲突的主效应显著（$p<0.001$），且二者呈现负相关的关系，即在控制相关人口统计学特征之后，良好的生育制度执行能够显著降低已育人群的工作家庭冲突。同时，性别与工作家庭冲突之间呈显著的

正相关（$p<0.01$），即在控制相关人口统计学特征之后，两性在工作家庭冲突方面存在着显著差异，表现为母亲的工作家庭冲突高于父亲。

然后，模型3则重点考察了制度执行对于两性的工作家庭冲突的调节作用。将制度执行与性别的交互项引入回归模型后，则发现交互项的回归系数显著（$p<0.001$），而且模型的决定系数也有所提高，这说明制度执行在性别和工作家庭冲突之间具有显著的调节效应。换言之，性别（G）与工作家庭冲突（WFC）之间的关系受到组织内生育制度执行情况（I）的影响，这可由以下方程式表示：

$$\begin{aligned} WFC &= -0.006 age + 0.136 number + 0.027G - 0.082I - 0.039G*I \\ &= -0.006 age + 0.136 number + (0.027 - 0.039I)G - 0.082I \end{aligned}$$

(式 5-1)

由此可推知，在控制其他变量的情况下，组织内生育制度执行的情况越好，性别对工作家庭冲突的正效应越小。换言之，组织内良好的生育制度执行情况将有助于缩减两性之间在工作家庭冲突上的差距。

2. 工作氛围对两性工作家庭冲突的调节效应

本研究通过建立三个回归模型，依次比较了变量之间的主效应及调节效应。模型1是由代表人口统计学要素的部分变量所构成的控制模型，这些控制变量包括年龄、受教育水平、单位性质、子女的数量及年龄段。而模型2则是在模型1的基础上加入了工作氛围和性别两个变量，模型3则是在前两个模型的基础上加入了工作氛围和性别的交互作用项（见表5-3）。

表 5-3 工作氛围对两性工作家庭冲突的调节效应

	变量	模型1	模型2	模型3
控制变量	年龄	-0.007^{**} (0.002)	-0.006^{*} (0.002)	-0.006^{**} (0.002)
	受教育水平	-0.011 (0.009)	-0.009 (0.010)	-0.008 (0.010)
	单位性质	0.038^{*} (0.015)	0.039^{*} (0.016)	0.038^{*} (0.016)
	子女的数量	0.127^{***} (0.020)	0.133^{***} (0.020)	0.134^{***} (0.020)

续表

	变量	模型 1	模型 2	模型 3
控制变量	子女的年龄段	−0.016 (0.016)	−0.017 (0.016)	−0.017 (0.016)
主效应	工作氛围		−0.004 (0.009)	−0.006 (0.009)
	性别		0.023* (0.009)	0.024* (0.009)
调节效应	工作氛围×性别			−0.032*** (0.009)
F 值		18.974***	13.681***	13.553***
调整后 R^2		0.016	0.016	0.018
ΔR^2		—	0.000	0.002

注：1. *** $p<0.001$，** $p<0.01$，* $p<0.05$。

2. 括号内的数字为标准误差。

首先，模型 1 考察了个体的人口统计学特征对于工作家庭冲突的影响。该模型显示，年龄、单位性质及生育子女的数量对于已育人群的工作家庭冲突存在显著影响。其中，随着已育人群年龄的增长，其工作家庭冲突趋于下降。而已育人群所在单位的市场化程度越高，或自我雇佣的特征越明显，则其工作家庭冲突越大。此外，子女数量的增多将加重已育人群的工作家庭冲突感。

其次，在控制已育人群的年龄、受教育水平、单位性质及子女特征之后，模型 2 考察了工作氛围、性别和工作家庭冲突三者之间的关系。结果显示，性别对于工作家庭冲突的主效应显著（$p<0.05$），且二者呈正相关。这说明在控制相关人口统计学特征之后，两性在工作家庭冲突方面存在着显著差异，表现为母亲的工作家庭冲突高于父亲。不过，工作氛围对于工作家庭冲突的主效应并不显著（$p>0.05$），但通过回归系数依然可以判断二者之间的负向预测作用。那么，工作氛围到底是否会对性别与工作家庭冲突之间的关系发生影响呢？之后，模型 3 的回归结果则肯定了工作氛围的调节作用。

在模型 2 的基础上，模型 3 将工作氛围与性别的交互项引入回归模型。结果显示，交互项的回归系数为负数且通过了显著性检验（$p<0.001$），并且模型的决定系数也有所提高。这说明工作氛围在性别和工作家庭冲突之间具有显著的调节效应。换言之，性别（G）与工作家庭冲突（WFC）之间的关系受到组织内工作氛围（A）的影响，这可由以下方程式表示：

$$WFC = -0.006 age + 0.038 department + 0.134 number +$$
$$0.024 G - 0.032 G \times A$$
$$= -0.006 age + 0.038 department + 0.134 number +$$
$$(0.024 - 0.032 A) G \quad (\text{式 5-2})$$

由此可推知，在控制其他变量的情况下，组织内工作氛围对家庭越友好，性别对工作家庭冲突的正效应越小。换言之，组织内家庭友好型的工作氛围将有助于缩减两性之间在工作家庭冲突上的差距。

3. 主管支持对两性工作家庭冲突的调节效应

通过建立三个回归模型，本研究依次比较了变量之间的主效应及调节效应。模型 1 是由代表人口统计学要素的部分变量所构成的控制模型，这些控制变量包括年龄、受教育水平、单位性质、子女的数量及年龄段。而模型 2 则是在模型 1 的基础上加入了主管支持和性别两个变量，模型 3 则是在前两个模型的基础上加入了主管支持和性别的交互作用项（见表 5-4）。

表 5-4　主管支持对两性工作家庭冲突的调节效应

	变量	模型 1	模型 2	模型 3
控制变量	年龄	-0.007** (0.002)	-0.007** (0.002)	-0.007** (0.002)
	受教育水平	-0.011 (0.009)	-0.005 (0.010)	-0.005 (0.010)
	单位性质	0.038* (0.015)	0.034* (0.016)	0.033* (0.016)
	子女的数量	0.127*** (0.020)	0.133*** (0.020)	0.134*** (0.020)
	子女的年龄段	-0.016 (0.016)	-0.017 (0.016)	-0.018 (0.016)

续表

	变量	模型 1	模型 2	模型 3
主效应	主管支持		-0.051*** (0.009)	-0.052*** (0.009)
主效应	性别		0.024* (0.009)	0.024* (0.009)
调节效应	主管支持×性别			-0.030** (0.009)
F 值		18.974***	17.977***	17.135***
调整后 R^2		0.016	0.021	0.023
ΔR^2		—	0.005	0.002

注：1. *** $p<0.001$，** $p<0.01$，* $p<0.05$。
2. 括号内的数字为标准误差。

首先，模型 1 考察了个体的人口统计学特征对于工作家庭冲突的影响。该模型显示，年龄、单位性质及生育子女的数量对于已育人群的工作家庭冲突存在显著影响。其中，随着已育人群年龄的增长，其工作家庭冲突趋于下降。而已育人群所在单位的市场化程度越高，或自我雇用的特征越明显，其工作家庭冲突越大。此外，子女数量的增多将加重已育人群的工作家庭冲突感。

其次，在控制已育人群的年龄、受教育水平、单位性质及子女特征之后，模型 2 考察了主管支持、性别和工作家庭冲突三者之间的关系。结果显示，主管支持和性别这两个变量对于工作家庭冲突的主效应都很显著。其中，主管支持对工作家庭冲突的主效应显著（$p<0.001$），且二者呈现负相关的关系，即在控制相关人口统计学特征之后，主管支持的获得能够显著降低已育人群的工作家庭冲突。同时，性别与工作家庭冲突之间呈显著正相关（$p<0.05$），即在控制相关人口统计学特征之后，两性在工作家庭冲突方面存在着显著差异，表现为母亲的工作家庭冲突高于父亲。

然后，模型 3 则重点考察了主管支持对于两性的工作家庭冲突的调节作用。将主管支持与性别的交互项引入回归模型后，则发现交互项的回归系数为负数且通过了显著性检验（$p<0.01$），并且模型的决定系数也有所提高。这说明主管支持在性别和工作家庭冲突之间具有显著的调节效应。

换言之,性别(G)与工作家庭冲突(WFC)之间的关系受到组织内主管支持(SS)的影响,这可由以下方程式表示:

$$WFC = -0.007\text{age} + 0.033\text{department} + 0.134\text{number} + 0.024G - 0.052SS - 0.03G*SS$$

$$= -0.007\text{age} + 0.033\text{department} + 0.134\text{number} + (0.024 - 0.03SS)G - 0.052SS$$

(式5 3)

由此可推知,在控制其他变量的情况下,组织内主管支持的程度越高,性别对工作家庭冲突的正效应越小。换言之,组织内主管支持的获得将有助于缩减两性之间在工作家庭冲突上的感受差距。

巧合的是,国外也有研究提出,中高级主管作为一种非正式的组织支持,不仅在帮助员工调适工作与家庭角色的过程中起着独特的作用,能够弥补组织内部家庭友好型工作氛围的不足,并且在主管支持的实施者与受众上也存在着性别差异。譬如,受到人际吸引原则及个人偏好的影响,女性员工更倾向于向同性主管寻求家庭及个人问题的援助,而女性主管比男性主管对于员工工作-家庭需要的支持力度更高。由此,倡导将主管支持进行"私人化定制"(I-deals),以满足不同员工的家庭-工作需要(Matthews et al., 2014)。无疑,这为本研究未来在相关领域的深入探索指明了努力的方向。

4. 同事支持对两性工作家庭冲突的调节效应

同样地,通过建立三个回归模型,本研究依次比较了变量之间的主效应及调节效应。模型1是由代表人口统计学要素的部分变量所构成的控制模型,这些控制变量包括年龄、受教育水平、单位性质、子女的数量及年龄段。而模型2则是在模型1的基础上加入了同事支持和性别两个变量,模型3则是在前两个模型的基础上加入了同事支持和性别的交互作用项(见表5-5)。

表5-5 同事支持对两性工作家庭冲突的调节效应

	变量	模型1	模型2	模型3
控制变量	年龄	-0.007** (0.002)	-0.006* (0.002)	-0.006** (0.002)

续表

	变量	模型 1	模型 2	模型 3
控制变量	受教育水平	−0.011 (0.009)	−0.006 (0.010)	−0.006 (0.010)
	单位性质	0.038* (0.015)	0.035* (0.016)	0.033* (0.016)
	子女的数量	0.127*** (0.020)	0.133*** (0.020)	0.134*** (0.020)
	子女的年龄段	−0.016 (0.016)	−0.015 (0.016)	−0.017 (0.016)
主效应	同事支持		−0.040*** (0.009)	−0.042*** (0.009)
	性别		0.025** (0.009)	0.026** (0.009)
调节效应	同事支持×性别			−0.032*** (0.009)
F 值		18.974***	16.114***	15.671***
调整后 R^2		0.016	0.019	0.021
ΔR^2		—	0.003	0.002

注：1. *** $p<0.001$, ** $p<0.01$, * $p<0.05$。

2. 括号内的数字为标准误差。

首先，模型 1 考察了个体的人口统计学特征对于工作家庭冲突的影响。该模型显示，年龄、单位性质及生育子女的数量对于已育人群的工作家庭冲突存在显著影响。其中，随着已育人群年龄的增长，其工作家庭冲突趋于下降。而已育人群所在单位的市场化程度越高，或自我雇用的特征越明显，其工作家庭冲突越大。此外，子女数量的增多将加重已育人群的工作家庭冲突感。

其次，在控制已育人群的年龄、受教育水平、单位性质及子女特征之后，模型 2 考察了同事支持、性别和工作家庭冲突三者之间的关系。结果显示，同事支持和性别这两个变量对于工作家庭冲突的主效应都很显著。其中，同事支持对工作家庭冲突的主效应显著（$p<0.001$），且二者呈现负

相关的关系，即在控制相关人口统计学特征之后，同事支持的获得能够显著降低已育人群的工作家庭冲突。同时，性别与工作家庭冲突之间呈显著的正相关（$p<0.01$），即在控制相关人口统计学特征之后，两性在工作家庭冲突方面存在着显著差异，表现为母亲的工作家庭冲突高于父亲。

接下来，模型3则重点考察了同事支持对于两性的工作家庭冲突的调节作用。将同事支持与性别的交互项引入回归模型后，则发现交互项的回归系数为负数且通过了显著性检验（$p<0.001$），并且模型的决定系数也有所提高。这说明同事支持在性别和工作家庭冲突之间具有显著的调节效应。换言之，性别（G）与工作家庭冲突（WFC）之间的关系受到组织内同事支持（CS）的影响，这可由以下方程式表示：

$$\begin{aligned} WFC &= -0.006 age + 0.033 department + 0.134 number + 0.026 G \\ &\quad - 0.042 CS - 0.032 G * CS \\ &= -0.006 age + 0.033 department + 0.134 number + (0.026 \\ &\quad - 0.032 CS) G - 0.042 CS \end{aligned}$$

(式5-4)

由此可推知，在控制其他变量的情况下，组织内同事支持的程度越高，性别对工作家庭冲突的正效应越小。换言之，组织内同事支持的获得将有助于缩减两性之间在工作家庭冲突上的感受差距。

三、家庭支持对已育人群工作家庭冲突的中介效应

家庭支持通过工具性协助、情感关心、信息分享和评价功能等实现家庭领域内资源的补充、负面情绪的纾解，并向工作领域进行积极溢出，促进工作-家庭的增益。就未成年子女的照顾而言，根据家庭支持的来源，大致可以将家庭支持分为配偶支持和代际支持两大类。配偶支持对于缓解个体工作家庭冲突的作用已经得到证实（Bhave et al., 2010；洪艳萍等，2013），并有部分研究认为配偶支持对于女性工作家庭冲突的积极作用要大于对男性的影响（白海峰等，2006）。而代际支持则是在互惠、交换原则和利他主义的基础上，集结了家庭资源转移、行为支持和情绪性支持等多种形式的家庭互动（郭于华，2001）。不过，由于在我国城市中双职工家庭较为普遍，而且人们对于老人帮助照顾孙辈的传统习俗具有高度的认同度和可行性，因此，代际支持在儿童照顾方面所发挥的作用应大于配偶支持。

本研究显示，相较于组织支持，家庭支持对于已育人群的可获得性更

高。总体上，目前有63.4%的已育人群表示在子女照顾方面获得过来自家庭其他成员的支持，而在子女3岁之前，家庭支持在已育人群中的普及率则更高，达到了71.4%。但是，家庭支持存在着显著的性别差异。如表5-6所示，无论是在子女处于幼龄阶段（0—3岁）还是当前，父亲所获得的家庭支持显著多于母亲。其中，在子女3岁前，获得过家庭支持的父亲比例为95.6%，而只有59.2%的母亲报告获得过家庭支持。随着子女的成长，上述情况稍稍有所好转，但父亲获得家庭支持的比例（89.1%）依然显著高于母亲（50.6%）。本研究所关心的是，家庭支持究竟在两性的工作家庭冲突中扮演着哪一种角色呢？

表 5-6　家庭支持获得的性别差异

	幼龄儿童的主要照顾者		当前的子女主要照顾者	
	本人	家庭支持	本人	家庭支持
父亲/（%）	4.4	95.6	10.9	89.1
母亲/（%）	40.8	59.2	49.4	50.6
（N）	(5176)		(5197)	
	$\chi^2=1087.622$, df=1, $p=0.000$		$\chi^2=1074.545$, df=1, $p=0.000$	

承前所述，由于家庭支持与性别和工作家庭冲突之间的相关关系满足中介变量的前提性假定[①]，故在接下来的论述中将分别讨论两个时间段的家庭育儿支持对于两性工作家庭冲突的中介作用。中介效应的检验主要依据经典的逐步法（causal steps approach）予以实施，即在对主要变量进行中心化处理之后，通过逐步回归来考察变量之间的直接影响和间接影响（Baron，Kenny，1986；温忠麟等，2012）。需要说明的是，在这里之所以对家庭育儿支持做出子女3岁之前和子女3岁之后（即当前状态）的时间段区分，除了充分利用问卷信息的考虑之外，更重要的原因在于这两个时间段的育儿工作负荷存在着较大差异，即子女3岁前的家庭照顾工作量明显要大于子女3岁之后，这将对母亲的工作投入产生迥异的影响，从而可能造成对工作家庭冲突的不同感受。

[①] 除此之外，本研究还以家庭支持作为性别和工作家庭冲突的调节变量进行了回归分析。由于交互项的回归系数并不显著（$t=-0.391$，$p>0.05$，且模型的决定系数没有变化），故排除家庭支持作为调节变量的可能性。

1. 幼龄儿童的家庭育儿支持对两性工作家庭冲突的中介作用

如表 5-7 所示，第一步回归检验的是性别对工作家庭冲突的总效应；第二步回归检验了性别对幼龄儿童的家庭育儿支持（以下简称为"家庭支持1"）的效应；第三步回归则分别检验了在控制性别后家庭支持1对工作家庭冲突的效应，以及控制家庭支持1之后性别对工作家庭冲突的直接效应。

表 5-7 幼龄儿童的家庭育儿支持对性别与工作家庭冲突的中介效应

		标准回归系数	标准误差	F 值	调整后 R^2
回归1：	性别→工作家庭冲突	0.032**	0.018	6.935	0.001
回归2：	性别→家庭支持1	-0.379***	0.010	1270.021	0.144
回归3：	家庭支持1⎫→工作家庭冲突 性别　　⎭	-0.041** 0.018	0.020 0.019	8.756	0.002

注：1. *** $p<0.001$，** $p<0.01$，* $p<0.05$。

2. 家庭支持1：代表子女3岁前家庭其他成员所提供的照顾支持。家庭支持2：子女3岁后前家庭其他成员所提供的照顾，即当前的家庭支持。下同。

首先，由于第一步回归中的回归系数具有显著性（$p<0.01$），则按中介效应立论。紧接着，鉴于第二步回归中的回归系数显著（$p<0.001$）且第三步回归中家庭支持1对工作家庭冲突的回归系数也显著（$p<0.01$），则说明家庭支持1对性别和工作家庭冲突之间的中介效应显著。然后，观察到第三步回归中性别对于工作家庭冲突的影响变得不显著（$p>0.05$），则说明性别对于工作家庭冲突的直接影响不显著，性别和工作家庭冲突被家庭支持1完全中介①，即相较于父亲，母亲所获得的幼龄儿童家庭照顾的支持相对较少，从而导致了母亲的工作家庭冲突较高。换言之，由母亲本人照顾0—3岁子女的现象比父亲本人照顾更为普遍，因为后者大多能够从配偶或老年父母那里获得育儿支持，故母亲面临着更为激烈的工作家庭冲突。

综上，一方面存在着性别对工作家庭冲突的直接正向影响，即母亲的工作家庭冲突要大于父亲。另一方面，还存在着性别通过家庭支持对工作

---

① 根据回归系数推算，幼龄儿童的家庭育儿支持所贡献的间接影响占性别对工作家庭冲突的总影响的 48.56%。

家庭冲突所产生的间接正向影响,即虽然家庭支持的获得有利于降低工作家庭冲突,但鉴于母亲获得的家庭支持要少于父亲,故母亲比父亲面临更多的工作家庭冲突。

2. 当前的家庭育儿支持对两性工作家庭冲突的中介作用

如表 5-8 所示,第一步回归检验的是性别对工作家庭冲突的总效应;第二步回归检验了性别对当前的家庭育儿支持(以下简称为"家庭支持2")的效应;第三步回归则分别检验了在控制性别后,家庭支持2对工作家庭冲突的效应,以及控制家庭支持2之后性别对工作家庭冲突的直接效应。

表 5-8 当前的家庭育儿支持对性别与工作家庭冲突的中介效应

		标准回归系数	标准误差	F 值	调整后 R^2
回归1:	性别→工作家庭冲突	0.032**	0.018	6.935	0.001
回归2:	性别→家庭支持2	−0.376***	0.011	1251.377	0.141
回归3:	家庭支持2 }→工作家庭冲突 性别	−0.051*** 0.014	0.019 0.019	11.466	0.003

注:*** $p<0.001$,** $p<0.01$,* $p<0.05$。

首先,由于第一步回归中的回归系数具有显著性($p<0.01$),则按中介效应立论。紧接着,鉴于第二步回归中的回归系数显著($p<0.001$),且第三步回归中家庭支持2对工作家庭冲突的回归系数也显著($p<0.001$),则说明家庭支持2对性别和工作家庭冲突之间的中介效应显著。然后,观察到第三步回归中性别对于工作家庭冲突的影响变得不显著($p>0.05$),则说明性别对于工作家庭冲突的直接影响不显著,性别和工作家庭冲突被家庭支持2完全中介[①],即相对地,母亲当前所获得的对子女的家庭照顾少于父亲,从而导致了母亲的工作家庭冲突高于后者。换言之,父亲对于子女的家庭照顾几乎完全可以转移给配偶(或老年父母),而母亲不得不承担部分乃至全部的子女照顾责任,因而母亲所面临的工作家庭冲突更高。

综上,一方面存在着性别对工作家庭冲突的直接正向影响,即母亲的工作家庭冲突大于父亲。另一方面,还存在着性别通过家庭支持对工作家

[①] 根据回归系数推算,当前的家庭育儿支持所贡献的间接影响占性别对工作家庭冲突的总影响的 59.93%。

庭冲突所产生的间接正向影响，即虽然家庭支持的获得有利于降低工作家庭冲突，但鉴于母亲所获得的家庭支持比父亲少，故母亲比父亲面临更多的工作家庭冲突。

第二节　来自祖辈的家庭支持[①]

从"一个家庭只生育一个孩子"的计划生育政策到"单独二孩"政策，三十余载的光阴见证了上述里程碑式的转变。之后，不过几年的光景，我国则迅速由"单独二孩""全面二孩"政策模式切换为"三孩"政策模式。一方面，这说明在我国通过改善人口结构以维持人口红利，缓解老龄化已迫在眉睫。另一方面，亦不难觉察出育龄人群在高生活成本和严峻的就业形势之下对于生育行为的犹豫。因为，无论是"二孩"政策还是"三孩"政策，在城市中二者的受众主要为已经育有一个（或两个）孩子的育龄夫妇。他们大多处于事业的上升期并同时肩负着为人父母的责任。在巨大的就业竞争压力和繁重的育儿负荷双重夹击下，由老年父母帮助照顾孩子无疑成为他们的优先选择。加之其中还有为数不少的作为计划生育政策产物的"独一代"，其成长过程中所形成的对老年父母的长期生活依赖与心理依恋，使得老年父母照顾孙子女既"顺理成章"又不可或缺。故有学者认为，祖辈是否愿意以及能否照顾未来的第二个孙子女，是已育一孩的夫妇进行再生育决策的重要依据（郑真真，2015）。而对作为生育主要载体的职业女性而言，祖辈照顾孙辈是"工作母亲"赖以平衡事业与家庭的重要手段（金一虹，2013）。

同时，需要指出的是，祖辈照顾第二个（乃至第三个）孙子女时所面临的情形，可能与照顾第一个孙子女时有着较大差别。譬如，祖辈的年龄偏大、身体不如从前等因素是无法逾越的客观性障碍。而且，在经历过初为祖父母的酸甜苦辣之后，是否还能心甘情愿地继续照顾第二个（乃至第三个）孙子女呢？显然，以前照顾孙辈的个人经历、情感体验、代际情感及自我意识等主观因素都可能左右祖辈照顾第二个（乃至第三个）孙子女

[①] 本部分曾刊发于《人口与发展》2016年第4期，有所修改。

的意愿。尤其是对于城市老人而言，他们可能对老年生活质量的要求更高，传统道德负担更少，而且退休金的保障在一定程度上也使其不必如农村老人那般以"养孙"交换"养老"，从而使得城市祖辈在照顾第二个（乃至第三个）孙子女的意愿上更具有不确定性。

在我国，祖辈照顾孙辈的现象由来已久，也使得我国在家庭现代化的道路上出现了既有别于西方标准模式，又迥异于传统中国家庭模式的诸多"分岔口"。譬如，家庭规模并非总是小型化，而是根据育儿需要进行阶段性的"分家"与"共住"，传统家长权威逐渐消弭，家庭代际互动中轻老重幼，家庭凝聚力在西化进程中仍表现出顽强的生命力，等等。无疑，这些都将引发新一轮的本土化思索。综上，无论是扎根于我国现实，还是跨文化比较的需要，研究祖辈照顾第二个（或更多）孙子女的意愿都具有重要的现实价值和学术意义。

一、理论视角

纵观国内外文献，相关的研究主要围绕着祖辈的角色与功能、祖辈照顾孙辈行为对当事者双方的影响、家庭代际支持模式等方面展开，虽然未能予以直接的解释，但有助于我们理解祖辈照顾孙辈的行为及其动机。

1. 代理父母与隔代抚养

在我国，照顾孙辈的祖辈在某种程度上充当了代理父母的角色，履行隔代抚养之职，这与西方社会对于祖父母的传统界定（多陪伴玩耍、少照看义务）相去甚远，倒是更接近于西方的祖父母扩展角色，即祖父母和子代共同居住、为其子女提供常规性照顾，或者以主要监护人的身份全面负责孙辈的日常起居（赵梅等，2004）。就我国现实情况来看，前者在育有幼龄儿童的双职工家庭中最为常见，后者则以农民工的原生家庭最为典型。

需注意的是，祖父母角色的扩展在西方往往是针对特殊家庭（如孩子的父母存在离异、残疾、智障、犯罪等问题）的特殊应对手段。而在我国，无论是古今还是城乡，均为一种普遍现象。正因如此，在进一步讨论照顾行为对当事人双方的影响时，西方学者倾向于关注照顾行为对祖辈的身心影响，认为正负效应共存，即祖辈在获得角色同一性、体现老年人价值与成就感的同时，可能也伴有精神焦虑、社会活动受限及健康状况下滑等问题（刘丽，张日昇，2003）。而鉴于城市独生子女家庭的增多与农村大量劳动力外流的社会现实，我国的相关研究则从城乡两个维度进行考察并区分了二者在祖辈照顾参与度方面的差异。在农村，子代的外出打工使得祖辈照顾孙辈的参与度较高，故现有文献侧重于隔代抚养、留守儿童等主题的讨论，普遍认为弊大于利。譬如，其会增加老人身体负荷，造成儿童在情绪、情感、行为及学习方面的障碍等（段飞艳，李静，2012）。不过，也有研究认为，照顾孙辈有益于农村老人的心理健康（宋璐等，2008）。而在城市中，祖辈则是在与孩子父母同住的前提下提供照顾，并非全面接管，而是由子代的需要来决定照顾参与程度的高低。因此，祖辈的教养方式是否溺爱及其对儿童发展的影响是该领域争论的焦点。已有研究证实，相较于祖辈的单独抚养，祖辈在与孩子父母同住的前提下所提供的照顾行为不会对儿童认知能力的发展产生负面影响（郭筱琳，2014）。但是，对于城市老人照顾行为的现状、祖孙共同居住对孙辈的身心发展及祖辈自身的身心影响等方面，则少有文献涉及。

2. 代际支持与代际剥削

无论是从家庭财富还是家庭劳务的角度来看，祖辈照顾孙辈实际上都是通过家庭资源的代际转移而实现代际支持。根据代际交换的动机和规则，西方学者将代际支持模式划分为权力与协商、互惠和合作群体三种模式。权力与协商模式强调家庭权力的高低取决于家庭资源的多寡，互惠模式则强调代际交换的差异化对等与互补性，而合作群体模式则凸显了利他动机驱使下的家庭及其成员福祉的最大化（Sloan et al.，2002）。就祖辈照顾孙辈而言，国内研究倾向于认为，其糅合了合作群体与互惠两种代际支持模式（郑丹丹，易杨忱子，2014；宋璐，李树茁，2010；陈皆明，1998）。通俗地讲，老人帮助照顾孙子女既是出于亲情的不计回报的奉献，亦是通过向子代提供照顾孙辈的时间和劳动力而获得经济支持、情感慰藉及未来的养老照顾，并最终使家庭福祉最大化。

但是，家庭代际交换的逻辑并非一成不变，它会随着制度性结构与主导文化的变迁而发生改变（郭于华，2001）。现代家庭中的代际互惠明显向子代倾斜，呈现出代际资源分配中的重幼轻老、家庭决策中老人权威的丧失与边缘化等特征（康岚，2012），故部分学者将祖辈照顾孙辈的行为视为子代的"啃老"，将其从代际剥削视角来理解。来自豫南的一项调查发现，农村老人既要务农，又得为外出务工的子女带孙子，故处于代际剥削最严重的阶段,具有单向性、失衡性、自愿性及连续性等特点(唐喜政,2014)。而在城市中,这种代际剥削的实施者则以独生子女家庭和失业青年群体居多,但代际剥削的对象与农村并无二致,均为老年父母(宋健、戚晶晶,2011;蒋晓平,2012)。

3. 家务劳动有偿化与产出性的老龄化

与家庭中女性成员所承担的家务劳动类似,祖辈照顾孙辈的活动基本上也是没有酬劳的,而且后者有时候还会出现"倒贴钱"的状况(如逢年过节给孙辈的红包)。在推进家务劳动有偿化的进程中,现有研究主要锁定女性群体婚姻内家务劳动的经济价值确认与法律补偿制度(冉启玉,2009;张美蓉,1994),而对于给照顾孙辈的祖辈提供正式形式的经济补偿则较少涉及,大多都是间接测算其所产生的经济价值。根据美国人口统计局1997年的调查数据显示,一个家庭在照顾孩子方面的花费约占家庭总收入的7%~18%,等价于祖辈照顾孙辈的市场价值(Sloan et al., 2002)。澳洲老年人协会曾测算,该国老人所提供的无偿照顾能折算为近50亿美元的家政服务支出(Mui, 2010)。若将祖辈所提供的孙辈照顾及家务劳动均计入GDP的话,该劳动价值预计达到我国经济欠发达省份的年GDP的三分之一以上(王兆萍,张健,2015)。可见,祖辈照顾孙辈产生了巨大的社会经济效益,但无论是在生活实践还是在学术探索中,这都被视作"理所应当"进而被忽略了。不过,也有国外学者指出,只要老龄人口能够从事发挥个人才能的任何生产性或服务性活动,不论是否得到经济性的回报,都是对社会做出的贡献。在这里,祖辈对于孙辈的照顾活动被纳入"生产性老龄化"(productive aging)范畴,学者们认为其对个人及家庭福利的提升、国家经济的发展及社会和谐皆大有裨益(赵怀娟,2010),因而从传统的"消费性老龄化"(consumptive aging)的消极印象中脱离出来,强调以积极的视角来应对日益严峻的老龄化难题。

综上,国外相关研究主要是从祖孙关系、代际支持和应对老龄化的角度来建构相对系统的理论,但国外这些理论一旦遭遇中国的城乡现实,其适用性就不如预期那么理想。而我国相关的理论研究偏少,实证研究则偏重于特殊群体。因此,急需在我国传统与现实的双重框架下来寻求新的解释视角。同时,随着生育政策的调整,育龄夫妻的再次生育无疑会将已照顾过第一个(或第二个)孙子女的老人重新推上家庭舞台,但是此时的他们显然在诸多客观条件上与照顾第一个（或第二个）孙辈时存在着不同，从而可能导致主观意愿上也出现一定的变化。鉴于调整后的生育政策实施时间较短，目前几乎没有对祖辈照顾第三个孙子女意愿的专项研究。故本研究希望在以照顾第一个孙辈为参照的前提下，厘清祖辈照顾第二个孙子女的真实意愿及其影响因素，预测隔代照顾遭遇"三孩"时是否存在"效应递减"的现象，并进一步考察生育政策调整可能带来的政策效应。

二、研究设计

1. 样本概况

调查样本中祖辈的基本情况如表5-9所示。

表5-9 祖辈的基本情况

变量属性		爷爷	奶奶	外公	外婆
年龄	60岁及以下/（%）	17.5	23.3	24.9	32.4
	60岁以上/（%）	82.5	76.7	75.1	67.6
	(N)	(5711)	(6596)	(6031)	(6722)
文化程度	小学及以下/（%）	33.2	52.5	28.0	47.1
	初中/（%）	32.5	25.5	33.9	28.6
	高中/中专/（%）	22.5	17.0	25.9	18.8
	大专/（%）	6.2	3.1	7.1	3.8
	本科及以上/（%）	5.5	1.9	5.0	1.7
	(N)	(6794)	(7083)	(6859)	(7092)
户籍	农业户口/（%）	43.4	44.4		
	非农户口/（%）	50.4	48.3		
	一方为农业户口，另一方为非农户口/（%）	6.2	7.3		
	(N)	(7550)	(7583)		
是否工作	在职/务农/（%）	38.7	28.7	46.2	29.7
	赋闲在家/（%）	61.3	71.3	53.8	70.3
	(N)	(6036)	(6739)	(6280)	(6899)

续表

变量属性		爷爷	奶奶	外公	外婆
健康评估①	好/（%）	55.2	47.4	53.6	47.0
	中/（%）	32.7	37.9	34.5	38.0
	差/（%）	12.1	14.7	11.9	15.0
	(N)	(5807)	(6682)	(6180)	(6881)
居住模式	与子女同住/（%）	46.1		44.5	
	与子女分开住/（%）	53.9		55.5	
	(N)	(7169)		(7332)	
子女是否为独生子女	独生子女/（%）	16.5		19.2	
	非独生子女/（%）	83.5		80.8	
	(N)	(2558)		(5109)	

本研究的定性资料来源于笔者2015年6月至9月在南京、武汉、鄂州三地的实地访谈。在控制子代的人口学基本特征与家庭背景之后，通过滚雪球的方式获取16对老年夫妇作为对象进行深入访谈，并利用家长会、社区活动、广场锻炼、棋牌聚会等契机进行参与式观察。

2. 主要变量的测量与分析

本研究的因变量为祖辈照顾第二个孙子女的意愿，操作化为询问被访者"如果你们再生一个孩子，你们双方的父母是否愿意帮你们带孩子？"，并通过选项合并将其转换为二分变量（1=愿意，0=不愿意）。本研究的自变量则包括祖辈的基本人口学信息、家庭结构特征、孙辈信息（如第一个孙子女的年龄和性别）、祖辈照顾第一个孙子女时的经历（如是否获得经济补贴、与年轻夫妇的养育分歧）以及是否希望育龄夫妻再次生育等。根据研究目的与变量属性，采用SPSS软件对资料进行统计分析。

三、照顾现状与意愿

1. 照顾参与度

在我国，祖辈照顾孙辈不仅具有悠久的历史传统，在当下的现实生活

---

① 在这里，"健康评估"是指被访者对其父母身体状况的评价。

中也一脉相承，颇具可行性。在调查中，通过询问"目前孩子的日常生活谁照料得多些？"以及"孩子0—3岁（上幼儿园之前）时，日常生活谁照料得多一些？"两个题项，我们发现虽然祖辈照顾孙辈在城市中是极为常见的现象，但是对于不同年龄段的孩子，祖辈的照顾参与程度有所不同（见表5-10）。

表5-10 孙子辈在不同年龄段的主要照顾者

	孙辈的年龄段				合计
	0—3岁	幼儿园	小学	初中	
孩子父母/（％）	56.4	69.8	79.8	88.5	73.6
祖辈/（％）	40.3	27.7	18.7	9.6	24.1
其他人/（％）	3.3	2.6	1.5	1.9	2.3
(N)	(5267)	(1341)	(2698)	(1285)	(5234)
卡方检验		$\chi^2=216.434$，df=2，$p=0.000$			

如表5-10所示，孙辈的年龄越小，则祖辈作为主要照顾者的比例越高。祖辈对于3岁以下幼童的照顾参与度最高（40.3％），其次为孙辈在幼儿园阶段时（27.7％），孙辈在小学阶段时次之（18.7％），孙辈在初中阶段时祖辈的照顾参与度最低（9.6％）。与此同时，孩子父母作为主要照顾者的比例则随着孩子年岁的增长而一路上扬：从孩子0—3岁阶段的"平分秋色"（孩子父母56.4％，祖辈40.3％），直至孩子高中阶段时已经处于"绝对的中心地位"（孩子父母88.5％，祖辈9.6％）。这种此消彼长的关系一方面说明了在育儿的早期阶段孩子父母对祖辈的照顾需求最为迫切，另一方面也可推测育儿这项重大的生命事件对家庭结构产生了"分-合"效应，即因育儿需要而短暂地"合两家为一家"，随着育儿使命的终结而再次回归核心家庭。

2. 照顾内容

通过询问各项家务劳动在家庭成员内的分工，可以发现祖辈几乎身兼数职，充分诠释了"家有一老，如有一宝"的深刻蕴意。如表5-11所示，在日常生活中，除了照顾孙辈之外，祖辈几乎承担了家中里里外外的所有杂务。若按照出现频次由低到高排序，则"做饭"（22.1％）、"买菜购物"（19.6％）、"带孩子"（14.1％）是祖辈最经常从事的家务活动。

表 5-11　祖辈的照顾内容

	1. 做饭	2. 买菜购物	3. 带孩子	4. 收拾屋子	5. 洗衣服	6. 辅导学习
比例/（%）频数	22.1 (1688)	19.6 (1501)	14.1 (1078)	10.6 (808)	9.9 (755)	6.1 (448)

可见，已经为人父母的年轻夫妻对于老年父母的生活依赖度较高。这一方面源于工作节奏较快而无暇料理家务，以及生活经验（特别是育儿方面）的相对不足，另一方面则很大程度上源于这些年轻父母们对老年父母的依赖惯性。在城市中成长起来的"独一代"早已习惯了婚前"衣来伸手，饭来张口"的美好生活，结婚生子所赋予他们的"成人"意义可能更多地体现在称谓的转换，而非实际的生活自理能力。再加上老年父母护子心切，这使很多年轻夫妻将婚前的生活模式复制到婚后生活中。

此外，本研究还发现，祖辈所承担的照顾活动以体力活动居多，脑力活动偏少。譬如，"辅导学习"项祖辈出现的比例仅为 6.1%，而年轻父母从事该项活动的比例则高达 90.9%[①]。如今的时代被美国人类学家米德称为"后喻社会"，一个重要特征就是晚辈向长辈的"文化反哺"（周晓虹，2000）。因而，年轻父母担心老人不能与时俱进而不肯将子女的教育假手于人，亲自上阵，也在情理之中。同时，从另一个侧面则揭示了传统家长权威的式微、代际权力的下移，年轻父母与老年父母互动时更多地倾向于"尊亲护亲"，而非传统的"抑己顺亲"。

3. 照顾第二个孙子女的意愿

生育政策的调整不仅使育龄夫妻有了新的生育选择，也将祖辈重新纳入家庭生育决策的阵营。在实地访谈中甚至发现，祖辈照顾第二个孙子女的意愿（以下简称为"祖辈的照顾意愿"）在一定程度上对育龄职业女性的再生育意愿及行为具有"一票否决权"式的重要作用。那么，对于已有孙辈的老人而言，如果年轻夫妻再育子女，他们是否还愿意帮着照顾孩子呢？

如表 5-12 所示，通过向育龄夫妻询问"如果再生一个孩子，双方老人是否愿意帮助带孩子?"，可以了解到大部分老人（64.3%）都表示愿意继

[①] 该数据由问卷中题项"你们家平常谁辅导孩子学习多一些?"的答案汇总得来。

续承担照顾之责。其中,双方老人都愿意照顾第二个孙子女的比例也较高,达到了42.6%。这说明即使在现代都市,传统的代际支持与家庭凝聚力依然得到了相当程度的保留。值得注意的是,"双方老人都不愿意带"的比例亦超过了三分之一(35.7%)。这在客观上源于此时的老人在年龄、身体等方面均不如照顾第一个孙子女时那般理想(本样本中近七成的老人都超过了60岁),但或许也预示着现代老人在传统家庭价值观念上的松动和自我意识的崛起。

表5-12 祖辈照顾第二个孙子女的意愿

	双方老人 都愿意	只有爷爷、 奶奶愿意	只有外公、 外婆愿意	双方老人都 不愿意
比例(%)	42.6	10.8	10.8	35.7
频数	(1577)	(400)	(401)	(1321)

鉴于经济发展水平、文化风俗及社会流动方面的差异,这里进一步区别了地域对于祖辈照顾第二个孙子女意愿的差别效应。首先,如表5-13所示,在所调查的12个城市中,祖辈的照顾意愿显著存在着差异,大致呈现出城市的经济水平越高、老人的照顾意愿越低的趋势。具体来说,作为经济最发达的城市,北京和上海的老人"不愿带孙子"的比例最高(约49%),且"不愿带"和"愿意带"的比例几乎各占一半。随着经济发展水平的减缓,相关城市的老人愿意照顾第二个孙子女的比例逐步回升,并最终取得绝对优势。譬如,南京的祖辈愿意带孙子的比例为61.1%,河南新乡对应的比例则上升为67.9%。

表5-13 祖辈的照顾意愿在城市之间的差异

城市	照顾意愿		(N)
	不愿意/(%)	愿意/(%)	
上海	48.6	51.4	(243)
南京	38.9	61.1	(337)
厦门	22.2	77.8	(333)
四会	16.7	83.3	(198)
北京	48.8	51.2	(428)
长春	43.2	56.8	(352)

续表

城市	照顾意愿		(N)
	不愿意/（%）	愿意/（%）	
新乡	32.1	67.9	(293)
汉川	34.1	65.9	(314)
重庆	39.0	61.0	(249)
兰州	34.0	66.0	(353)
桂林	37.1	62.9	(299)
简阳	25.0	75.0	(300)
合计	35.7	64.3	(3699)
卡方检验	$\chi^2=136.153$，df$=11$，$p=0.000$		

然而，同样经济较为发达的厦门，其祖辈愿意照顾第二个孙子女的比例不仅高于北京和上海，也远胜于经济欠发达的兰州，与简阳的比例相当。而且，若论祖辈"最热衷"带孙子的城市，四会和厦门位列第一和第二。如此看来，是否可以进一步地将祖辈照顾意愿的差异归结为沿海（或内陆）的地理特征呢？

表5-14显示，沿海城市老人的照顾意愿显著高于内陆城市的老人。这些沿海城市（本书中包括上海、厦门和四会）虽然经济较为发达，但老人的照顾意愿反而不低。而且，即使同为沿海城市，老人的照顾意愿也存在着差异。这就提醒我们需要考虑经济水平之外的其他要素。以笔者多年的实地生活经验来推测，闽粤两地虽因地势之利经济发达，但传统的生育文化和家庭性别角色态度相对保存得较好（尤其是对于土生土长的闽南人、客家人），故才会出现上述祖辈照顾意愿与经济发展水平不相称的现象。而上海在历史进程中与西方文化不断融合，加剧了个体观念所经受的现代化洗礼，故该市老人愿意照顾孙辈的比例显著低于其他两个沿海城市。

表5-14 沿海与内陆城市的祖辈照顾意愿

	照顾意愿		合计
	愿意带	不愿带	
沿海城市/（%）	70.9	29.1	20.9
内陆城市/（%）	62.5	37.5	79.1

续表

	照顾意愿		合计
	愿意带	不愿带	
(N)	(2378)	(1321)	(3699)
卡方检验	$\chi^2=18.812$，df$=1$，$p=0.000$		

4. 照顾回报

承前所述，祖辈在家中除了照顾孙子之外，往往还要承担其他家务。这不仅仅是体力和情感上的付出，更是代际支持的突出表现。然而，上述皆为祖辈对子代自上而下的单向付出，那么，子代是否相应地予以回报？祖辈照顾第一个孙子女得到回报与否的经历会对其照顾第二个孙子女的意愿产生影响吗？在这里，本研究主要测量的是直接的经济回报，即询问被访者是否给帮助照顾孩子的老人经济补贴（见表5-15）。

表5-15 经济回报与祖辈的照顾意愿

经济回报	照顾意愿		合计
	不愿意	愿意	
给/（%）	11.2	26.6	37.8
不给/（%）	15.5	39.6	55.1
其他/（%）	1.9	5.2	7.1
(N)	(395)	(988)	(1383)
卡方检验	$\chi^2=0.580$，df$=2$，$p>0.05$		

如表5-15所示，大多数家庭都"默认"了祖辈的照顾行为，并没有因为老人帮忙照顾孩子而给予经济补贴。换言之，老人照顾孙子女在当下的中国依然是无偿的，更多地被赋予了家庭利他主义的色彩。而且，研究结果显示，是否在老人照顾第一个孙子女时给予经济支持丝毫不影响祖辈照顾第二个孙子女的意愿（$p>0.05$），即不论在照顾第一个孙子女时是否得到过经济补贴，大部分老人还是愿意帮助照顾第二个孙辈。那么，可以推测，非经济性因素（如代际情感、家庭价值观、儿童托管的特殊性）可能在祖辈照顾第二个孙子女的意愿中发挥了更大的作用。

四、祖辈照顾意愿的影响因素分析

为了进一步厘清影响祖辈照顾第二个孙子女意愿的相关因素，根据因变量的类别属性，以二元 logistic 回归作为主要的统计分析方法。通过变量转换，分别建立两个模型来筛选对祖辈照顾第二个孙子女意愿影响最为显著的变量。进入模型 1 的自变量主要是用于测量祖辈的基本人口学信息及家庭结构特征，包括祖辈的年龄、受教育水平、户口性质、退休与否、身体状况、所育子女数量、与已婚子女的居住情况、子女及其配偶的收入等。考虑到生育政策的调整及我国传统生育观中对男嗣的看重，模型 2 在模型 1 的基础上新增孙辈信息（如第一个孙子女的年龄和性别）、祖辈照顾第一个孙子女时的经历（如是否获得经济补贴、与年轻夫妇的养育分歧）以及是否希望育龄夫妻再次生育等（见表 5-16）。

表 5-16 祖辈照顾意愿的影响因素

变量	模型 1		模型 2	
	Exp（B）	S.E.	Exp（B）	S.E.
自己的子女是否为独生子女（是=0）	0.783	0.230	0.675	0.360
子女配偶是否为独生子女（是=0）	0.941	0.236	1.575	0.375
子女的收入	1.064	0.046	1.139	0.083
子女配偶的收入	0.911*	0.040	0.914	0.067
子女的就业情况（否=0）	0.992	0.101	1.334	0.230
子女配偶的就业情况（否=0）	0.903	0.100	0.716	0.197
租住房（否=0）	1.421	0.196	1.243	0.396
爷爷的年龄	0.967	0.019	1.001	0.034
奶奶的年龄	0.990	0.021	0.951	0.039
外公的年龄	0.995	0.021	0.990	0.038
外婆的年龄	0.975	0.022	0.965	0.042
爷爷的受教育水平（低=0）	1.118	0.069	1.217*	0.116
奶奶的受教育水平（低=0）	0.830*	0.078	0.658**	0.134
外公的受教育水平（低=0）	1.053	0.069	0.995	0.120
外婆的受教育水平（低=0）	0.896	0.079	0.982	0.130

续表

变量	模型1		模型2	
	Exp（B）	S.E.	Exp（B）	S.E.
爷爷、奶奶户口（城镇=0）	1.018	0.122	1.066	0.215
外公、外婆户口（城镇=0）	0.799	0.114	1.018	0.197
爷爷退休与否（否=0）	1.117	0.212	1.697	0.382
奶奶退休与否（否=0）	0.999	0.212	0.786	0.364
外公退休与否（否=0）	0.826	0.203	1.087	0.356
外婆退休与否（否=0）	1.112	0.214	1.059	0.397
爷爷的身体状况（好=0）	0.887	0.103	0.710*	0.179
奶奶的身体状况（好=0）	0.808*	0.102	0.798	0.173
外公的身体状况（好=0）	0.746**	0.103	0.780	0.182
外婆的身体状况（好=0）	0.881	0.105	1.179	0.188
与儿子同住（否=0）	1.716***	0.128	1.715	0.216
与女儿同住（否=0）	0.929	0.126	0.786	0.210
孙辈数量			0.743	0.233
第一个孙辈的性别（女=0）			1.200	0.203
第一个孙辈的年龄			1.959	0.771
带孙辈的经济补贴（无=0）			1.237	0.176
与儿子（女儿）的养育分歧（无=0）			1.219	0.199
与媳妇（女婿）的养育分歧（无=0）			0.788	0.210
是否希望有第二个孙子女（否=0）			1.049	0.306
与第一个孙辈最亲近者（年轻夫妻=0）			1.245	0.239
常量	7.322***	0.960	26.482***	0.876
X^2	170.889***	94.768***		
−2LL	1779.185	637.306		
R^2	0.145	0.202		
N	5324	5324		

注：* $p<0.05$，** $p<0.01$，*** $p<0.001$。

统计结果显示，两个模型对数据拟合良好，均通过了模型适配度检验（卡方检验显著）。如表5-16所示，模型1中对祖辈照顾第二个孙子女意愿具有显著影响的因素是奶奶的文化程度与身体状况、外公的身体状况、媳妇（或女婿）的月收入、与已婚儿子同住与否。加入新变量后的模型 2 则剔除了经济和居住方面的因素，将祖辈照顾意愿的影响因素集中锁定在祖辈的某些人口学特征上，即奶奶的文化程度、爷爷的文化程度及其身体状况。而且，总的正确判断率与模型解释力均有所是提高。

进一步对比两个模型，影响因素的变化为深入解读以老人帮助照顾孙辈为基础的代际互动提供了更丰富的信息。其一，就健康状况来看，将模型 1 中的"奶奶的身体状况"和"外公的身体状况"两个因素简化为"爷爷的身体状况"这一个因素，说明在祖辈照顾孙辈的活动中存在着性别差异，老年女性充当了照顾孙辈的主力。纵观我国的现实情况，奶奶或外婆全权照顾孙辈的日常生活是非常普遍的现象，尤其是对幼龄的孙辈。因此，奶奶或外婆的身体健康是祖辈实现照顾孙辈的必要条件。然而，在一个家庭中，老年女性的照顾对象通常是老少兼顾的。一旦老年男性身体发生状况，鉴于年龄的制约，老年女性往往分身乏术，照顾的重心会迅速地由孙辈向其配偶倾斜。因此，老年男性（爷爷或外公）的身体健康则成为老年女性照顾孙辈的前提条件。并且，相对来说，爷爷身体的好坏较之于外公的身体更能对老年女性照顾孙辈的活动造成冲击。因为按照中国传统的家庭伦理，照顾孙辈之于奶奶是传统道德、情感与工具性行为的三重指向，而之于外婆则更带有"友情赞助"、可有可无的色彩。当照顾患病的老年男性配偶与照顾孙辈发生冲突时，外婆几乎可以毫无负罪感地推脱掉照顾外孙女的责任，而奶奶则是避无可避、不得不"双肩挑"。可见，最为关键的还是爷爷的身体状况。如模型 2 所示，爷爷的身体状况不佳将使其照顾第二个孙子女的意愿降低 29%。

其二，就文化程度来看，由除了模型 1 中的变量"奶奶的文化程度"，模型 2 还新增了一个变量"爷爷的文化程度"，说明教育通过性别对照顾孙辈的意愿产生了不同的效应。模型 2 显示，相较于文化程度较低者，文化程度高的奶奶愿意带第二个孙子女的概率下降 34.2%，而文化程度高的爷爷愿意带第二个孙子女的概率则提高 21.7%。究其原因，可归结为教育使女性获得更多的自主与独立意识，更为看重自己老年的生活质量，不愿为照顾孙辈所拖累；而教育则使男性趋于性别平等的意识，并将之内化到日常生活的实践中——乐于承担被传统划归为"女性"范畴的照顾孙辈活动。

综上，最终对祖辈照顾意愿产生显著影响的因素主要源自男方祖辈（"爷爷奶奶的文化程度、爷爷的身体状况"），由此不难窥见在我国家庭现代化的进程中，父权制依然潜移默化地发挥着作用。

其三，在模型2中，模型1中"媳妇/女婿的收入状况"的作用力消失，预示着祖辈的照顾意愿与经济因素并无关联。并且，随后进入模型2的"老人帮带孩子是否得到经济补贴"变量也未能通过显著性检验，从而再次证实上述观点。

其四，模型1中"与儿子同住与否"变量在模型2中被剔除，预示着祖辈的照顾意愿并不受居住状况的影响。换言之，只要祖辈愿意照顾孙辈，会想方设法地来克服居住方面的障碍。在实地观察中发现，至少有三种解决方式。第一种是轮流坐庄式。双方老人通过协商对每周的照顾时间予以分割，轮流到年轻夫妻的家中承担相应的职责。如爷爷奶奶每周一、三、五上门照顾、外公外婆则每周二、四去照顾孙辈。第二种是单头挑式。以某方老人的家为长期据点、年轻夫妻与这方老人同住，而另一方老人则间断性地探望或提供孙辈的照顾支持。第三种是候鸟式。年轻夫妻以方便上班为准则，工作日期间携带孩子居住在离单位近的一方老人家，周末再去另一方老人家。

上述研究发现为我们理解祖辈照顾"二孙"的意愿提供了解释性框架，但模型结果显示仍有未知因素有待发掘。无疑，对照顾孙子女的老人进行个案访谈，则是近距离接触、获悉内心真实想法的有效途径，这种访谈资料所展现的情景将与前面的量化研究相得益彰。需说明的是，鉴于老年女性是孙辈照顾的主要承担者，故本书的个案以老年女性为主（个案数为16）。那么，她们目前照顾孙辈的动机何在？将来是否愿意继续照顾第二个孙子女呢？

1. 习惯了子女的长期"啃老"，兼顾未来自身养老的考虑

个案：外婆，离休，现照顾一个外孙（6岁）

"我女儿除了刚结婚那阵子搬出去住了一段时间，其他时间都在我这边，真是'嫁出去的女儿，泼不出去的水'呀（笑）。他们毕竟年轻，莫说带孩子了，碗都不见得洗得干净。以至于我跟老伴开玩笑说，现在不仅养了个大姑娘（指女儿），还养了个幺儿（指外孙），哈哈。（如果再生一个，还愿意带吗？）倒是愿意的，就看亲家那边的意思。毕竟当时由我们带这个

孙子，亲家那边还是有意见的。这么多年都已经习惯了，再生一个无非就是重新来一遍。以后等我们动不了的时候，身边还有孙子能够帮忙端茶送水的，总比在养老院强吧。"

2. 受缚于传统家庭观念而身不由己

个案：奶奶，务农，现照顾一个孙子（1 岁 4 个月）

"原本指望两个儿子都进了城，能跟着享点福。结果，刚给大儿子带完孩子，现在又马不停蹄地来跟二儿子带，蛮累。老家的地都荒了，丢老头子一个人在那边，我心里也不踏实。但是，一碗水总得端平吧？不能说只帮老大带孩子，不帮老二带吧？再说了，现在我帮他们多一点，以后等我动不了的时候，还不就指望他们了嘛！（如果再生一个，还愿意带吗？）老二这边我是不乐意的，因为跟二媳妇处不来，中间小架大仗的不知干了多少回。但是，若真是生了，不帮着带（孩子）是会被村里人戳脊梁骨的，也会遭亲家数落。不过，老大前面生的是个姑娘，若再生个儿子，我还是愿意带的。"

3. 借以充实晚年生活、修复夫妻关系

个案：奶奶，公务员退休，现照顾一个孙女（5 岁）

"我这人平时也没有什么特殊爱好，既不喜欢打牌也不爱跳舞。没有添孙女之前，平时也就是读读报、上上网。退休后，两个老的都窝在家里面，大眼瞪小眼，看不顺眼了还要斗几句嘴，有一阵子关系还弄得很僵。有了孙女后，家里热闹许多。虽然有时候忙得连看报纸的时间都没有，但两个老人配合着来照顾她，这日子过得也比以前顺了，跟老伴的关系也好很多。（如果再生一个，还愿意带吗？）还是算了吧，年纪大了有点力不从心。再说，孙女小的时候挺磨人，感觉天天都被捆绑在一起，动弹不得。上幼儿园之后就强多了，我白天也可以做做自己的事情，出去逛逛。"

4. 解决后顾之忧，为子女创造安心工作的环境。

个案：外婆，全职在家，现照顾两个外孙女（小的 3 个月，大的 8 岁）

"现在找一份好的工作不容易，孩子们都挺拼的。尤其是我女儿，能做到现在这样，不知吃了多少苦。从外面请人来照顾孙子吧，又不放心。反正我闲着也是闲着，还不如给孩子们帮帮忙，这样他们也好安心工作，不是吗？而且还能省下一大笔钱，可以给孙子买买奶粉啦。（如果再生一个，还愿意带吗?）只要我还干得动,能帮他们还是帮帮吧。"

5. 尽享天伦,乐不知疲

个案:奶奶,下岗内退,现照顾一个孙子（2岁）

"我儿子结婚晚,玩心又重,好几年都不愿要孩子。我看别人带孙子,心里真羡慕。媳妇身体不好,孙子一直是我带。莫看小家伙儿人小,还挺会来事儿。路上遇到熟人,他不像别的小朋友那样认生,会主动去打招呼,让我们非常有面子。平时在家打扫卫生,他也跟在我后面拿着扫帚比画。你说他是帮倒忙吧,他还煞有其事,真是有意思。(如果再生一个,还愿意带吗?）只要他们生,我就带!你看前面这一个不就蛮可爱吗?"

6. 护犊心切之下的无奈选择

个案:外婆,退休,现照顾一个外孙女（5个月）

"现在都流行一句话:爹爹（方言,指爷爷）打牌,奶奶跳舞,只有家家（方言,指外婆）是个二百五。我就是那个'二百五'!先不提结婚时倒贴钱给他们买房子,现在孩子都生下来了,亲家母推说亲家公身体不好,就一下子把担子都搁到了我身上了。(问:如果再生一个,你还愿意带吗?)带这个外孙,那是心疼我女儿,我不带谁带呢？再生一个？还是别生了吧,除非亲家带或请人带。反正,我是坚决不带了的。"

上述鲜活的个案启示我们,在现实生活中,祖辈愿意（或不愿意）带第二个孙子女的原因是复杂而多变的。就当事者个人而言,帮忙照顾孙辈是出于舐犊之情,也是徘徊于传统道德与自我意识之间后的选择,此外还有早期育儿经历与情感体验的推波助澜,且受到家庭具体情况的制约。就家庭层面而言,从中既能感受到家庭内的代际支持与资源共享,也能触摸到家庭间的冲突与张力。

第三节 组织支持的"力所不逮"与祖辈的"全力以赴"

作为工作与家庭冲突的重要应对手段,社会支持能够缓解已育人群所面临的工作与家庭冲突。本研究根据社会支持的不同来源,考察了组织支持和家庭支持对于两性工作家庭冲突的差别性效应。

研究发现，就组织支持而言，生育制度的执行、工作氛围、主管支持和同事支持对于两性的工作家庭冲突均起到了调节作用，即组织内生育制度的执行情况良好、家庭友好型工作氛围的营造、主管支持与同事支持的可获得性均将有助于缩减两性之间在工作家庭冲突上的感受差距。但在实践中，生育制度执行得不到位或变相执行、企业因经济效益当先而急于甩包袱、竞争上岗的工作氛围等无疑都令组织支持大打折扣，从而凸显家庭育儿支持的不可或缺性。

在我国，祖辈帮助照顾孙辈是较为普遍的现象。本研究继续考察了城市中祖辈所提供的家庭育儿支持现状，并在二孩政策全面推行之时探究了祖辈照顾可能出生的第二个孙辈的意愿，并以此预测祖辈隔代照顾"三孩"的可能性。研究结果归纳如下。

（1）随着孙辈的长大，祖辈作为主要照顾者的比例逐步下降，家庭对于祖辈照顾需求最为旺盛的时间段集中在孙辈3岁之前。同时，孩子父母作为主要照顾者的比例则随着孩子年岁的增长而逐渐上升，从而在一定程度上否认了"年轻父母只管生不管养"的社会认知。

（2）除了照顾孙辈之外，祖辈还承担了其他家务劳动，包括做饭、买菜购物、收拾屋子和洗衣服等。一方面，它说明已经为人父母的年轻夫妻对于老年父母的生活依赖度较高。另一方面，这种老人"多做事少说话"的行为模式也体现了代际权力的下移和传统家长权威的式微。

（3）祖辈照顾孙辈倾向于一种单向的无偿付出，更多地被赋予了家庭利他主义的色彩。由此，可推论经济因素并非祖辈照顾孙辈的必要条件，亦不会影响其照顾第二个（或更多）孙子女的意愿。

（4）大部分老人表示愿意照顾第二个孙辈，但地方的经济发展水平会削弱祖辈的照顾意愿，其同时还受制于地理特征、文化风俗的影响。

（5）男方祖辈的某些客观条件（"爷爷和奶奶的文化程度、爷爷的身体状况"）是祖辈愿意照顾第二个（或更多）孙辈与否的关键要素，一定程度上能够显示在我国家庭现代化的进程中，父权制依然潜移默化地发挥着作用。而主观上，代际关系质量、传统道德感与自我意识，以及照顾第一个孙辈时的个人经历和情感体验，均会对祖辈照顾第二个（或更多）孙辈的意愿产生影响。

需要指出的是，祖辈照顾孙辈——这种在我国极为普遍、在西方社会相对特殊的现象,既源自我国传统与现实的建构,也催生了一些值得关注的议题。

其一,祖辈照顾孙辈的意愿及行为对家庭结构的影响。有别于西方家庭生命周期的标准模式,我国的代际家庭会根据育儿需要进行阶段性地"分"与"合",核心家庭与主干家庭轮番出现。围绕着育儿工作,代与代之间会阶段性地组建为临时主干家庭、隔代抚养家庭、邻住家庭、轮住家庭、拆住家庭等多种特殊家庭形式,由此可能造成老年夫妻分居、城市年轻夫妇成为"周末夫妻"的尴尬局面。

其二,祖辈照顾第二个(乃至第三个)孙子女的意愿及行为在已育女性就业和再生育之间所扮演的角色。国外研究证实,幼儿托管的可获得性对于女性生育后的劳动参与起到了决定性的作用(Bratti, Bono, Vuri, 2005),能够有效地缓解女性因生养和抚育子女所造成的职业中断及其惩罚效应(Kahn, Garcia-manglano, Blanchi, 2014)。而在我国,单位制的瓦解使得"公共育儿"转向"私人育儿","工作母亲"不堪重负(金一虹,2013)。作为家庭支持的重要来源,祖辈主动照顾孙辈无疑为女性生育后就业扫清了障碍,有利于女性职业的持续性发展。这也是我国特殊的文化传统与现实环境赋予职业女性的得天独厚的优势,远非西方职业女性所能企及。因此,由于祖辈照顾第一个孙辈的行为在客观上能够解决女性就业的"燃眉之急",故祖辈照顾第二个孙子女的意愿能够在主观上刺激女性再生育的意愿。换言之,祖辈照顾第二个孙子女的意愿在已育女性的就业和再生育意愿之间起到了中介作用。一般认为,女性的劳动参与会抑制其再生育意愿。但是,当祖辈愿意照顾第二个孙子女时,这极可能提高女性的再生育意愿。反过来,女性的再生育也可能抑制其就业的积极性,造成职业中断甚至彻底退出劳动力市场,但祖辈照顾第二个孙子女的意愿及行为则能在相当程度上削减上述消极影响。可以预测,上述隔代照顾对于已育女性的就业及其再生育意愿的双向促进作用,在"三孩"政策下依然适用。

其三,生育政策调整对代际关系的影响。在计划生育政策下成长的"独一代"如今大多已为人父母,特殊的成长背景使得他们对老年父母的生活依赖并未随着成家生子而减弱,故常常被戏称为"巨婴"。据此,全面二孩政策的推行及其对再生育的刺激作用,将会延续成年独生子女对其老年父母的依赖惯性并加重家庭资源向子代的倾斜;而老人照顾孙辈的无偿性及以此交换养老的未可知性均会加剧代际互动的不平等。但是，考虑到延迟退休政策逐步实施以及祖辈在"三孩"出生时身体机能的进一步弱化，则在"多孩"政策背景下可能出现照顾角色的"位移"。一方面，祖辈由于延迟退休或健康原因，将照顾者的角色重新归还给孩子的母亲（已育女性）或委托给专门的托育机构。另一方面，随着我国深度老龄化的来临，祖辈的角色也可能由照顾者转变为被照顾者。那么，在家庭领域，已育女性或将面临"育儿"与"养老"的双重负担。并且，对"独一代"而言，他们在儿时成长过程中是没有兄弟姐妹陪伴的。按照家庭治疗理论来理解，这种童年期与父母的关系将会继续投射到其成年后的亲子关系之中（萨提亚，2007）。那么，调整后的生育政策在赋予了他们再生育权利的同时，也催生了一些新问题。比如，面对准备生二胎的父母，第一个孩子要求父母写"独爱"保证书，甚至不少极端的威胁方式。这其中不仅仅是教育的缺失，更将作为独生子女的年轻父母应该如何处理多子女型的亲子关系推上了焦点议程。那么，"三孩"政策之后，这些矛盾冲突是否有所缓解？随着生育政策的全面调整，对于上述问题，均需要在以后的研究中深化探究并寻求对策。

第六章 "生""升"不息的追问

对于年轻母亲而言,"生(育)"还是"升(职)"?这的确是个问题。多孩生育政策的出台犹如一石激起千层浪,使得几近平静的水面又起涟漪,上述问题升级为"(再)生"还是"(晋)升",争论久久不休。正可谓,古有须眉难以"忠""孝"两全,今有巾帼"生""升"左右为难。那么,如何扭转年轻母亲"一'生'叹息""逢'升'扼腕"的困境呢?本研究重点探讨了因生育介入而出现的女性特有的"妈妈就业轨迹",展现了年轻母亲的双重负担及其面临的"理想员工"与"完美妈妈"悖论式困境,并试图从个体、家庭、国家三个层面寻求破解之法。

第一节 工作母亲的职业历程

在我国政府近年来连续调整生育政策的大背景下,本研究运用全国十二个城市的大规模调查数据,从劳动供给、职业中断、工作与家庭的冲突、职业流动及其性别差异等维度,分析和探讨了年轻母亲的工作与家庭,得到了下列结论。

一、年轻母亲的劳动供给是家庭共同决策的产物

就性别差异而言,男青年的劳动供给显著高于女青年。而且,女青年的劳动供给在不同的年龄段存在显著差异,普遍以26—30岁这一阶段作为供给曲线的最低点。这一方面说明,生育对于女性劳动供给的影响要远远大于男性,另一方面也印证了我国女性的就业模式正经历着由计划经济时代的倒U型曲线向发达国家的M型曲线的转变。

在家庭内部,丈夫的收入、儿童照顾成本与年轻母亲的市场工作收益共同决定了年轻母亲的劳动供给。首先,就单变量的效应而言,子女数量

的增多或学龄的增长均会降低年轻母亲的劳动供给。前者与已有的研究发现相符，后者则因侧重于考察子女的学龄而非年龄，而与已有的研究结果有出入，但在整体上符合生育后女性的劳动供给随着其年龄的增长而递减的趋势。其次，仅从丈夫收入来看，丈夫收入在中等水平时对年轻母亲的劳动供给的促进效果最为显著，而丈夫收入在高水平时则可能存在着对女性劳动供给的"收入效应"，使得女性减少劳动供给以满足照顾子女的需要。这表明劳动经济学中关于家庭收入增长对妇女劳动供给的替代作用在我国也具有一定的适用性。与此同时，本研究还显示，年轻母亲收入的增长及其对家庭经济贡献的增大均能促进其劳动供给，从而验证了明塞尔劳动供给方程中工资率上升导致女性劳动供给增加的"替代效应"。

但是，当丈夫的收入与子女特征、家庭育儿支持的获得情况相组合，对年轻母亲的劳动参与则产生不同的影响。本研究发现，在子女年幼时，较高的儿童照顾成本使得丈夫收入的提升所致的收入效应占据支配地位，导致年轻母亲减少劳动供给。随着子女的长大，儿童照顾成本的降低使得丈夫收入的提升对年轻母亲的劳动供给产生替代效应，从而导致年轻母亲增加劳动供给。而丈夫收入对年轻母亲劳动供给的影响并不存在子女数量方面的差异。此外，家庭育儿支持对女性的育儿责任具有相当程度的替代性，因而对年轻母亲的劳动参与具有较强的促进作用，尤其是子女尚在幼龄期（0—3岁）。因此，上述在丈夫的收入、儿童照顾成本与女性的市场工作收益三者之间的博弈则可简化为在丈夫的收入和家庭育儿支持的可获得性之间的权衡。

本研究还显示，在人力资本方面，虽然教育和进修经历均能够促进年轻母亲的劳动供给，但是职业中断经历则对年轻母亲的劳动供给产生消极影响，主要表现为学历越高，工作年限越长，职业中断后再就业越困难。

同时，鉴于我国劳动力市场中存在着"体制"的内外之别，本研究发现，在国有部门工作的年轻母亲的就业概率显著高于供职于非国有部门的同类人群。类似的是，意大利的一项研究也显示，生育前在公共部门或大公司任职有利于女性的生育后就业，而从事临时性（无合同）工作则不利于女性生育后继续就业（Bratti et al.，2005）。上述的共同原因在于，单位性质实际上决定了女性在工资福利、职业发展空间、生育与劳动权益保障等方面的差异。国内有学者将其称为国有部门为女性就业提供的"制度庇护"（吴愈晓等，2015），而本研究认为这种保护性作用在工作母亲群体中表现得尤为突出，并且国有部门将通过保证女性生育后能够重返原单位工作，减少因子女抚育需要而更换工作的风险，同时相对正规与健全的制度将工作母亲的育儿与工作冲突降至最小，来促进工作母亲的劳动参与。

二、职业中断对年轻母亲职业发展的"记忆效应"

在本研究中，有一半以上的女性因结婚、怀孕、产子或抚养子女而经历过职业中断。由此，根据家庭生命周期及女性进入或重返劳动力市场的时间，将职业中断具体区分为五种类型：之前工作，结婚后就辞职，生育后重新工作（类型 A）；之前工作，怀孕后就不再工作，一直做全职主妇到现在（类型 B）；之前工作，怀孕后辞职，生育后重新工作（类型 C）；之前工作，生育后不再工作，一直做全职主妇到现在（类型 D）；之前不工作，生育后才开始工作（类型 E）。研究结果显示，C 型职业中断的发生率最高，其次为 A 型职业中断，B 型职业中断排在第三位，D 型职业中断排在第四位，而 E 职业中断的发生率最低。进一步比较目前仍处于在职状态的 A 型、C 型和 E 型职业中断者，则发现职业中断期越长，年轻母亲的收入越低。而且，首次进入劳动力市场时间越晚，生育后重返劳动力市场的时间越拖延，对女性收入的负面影响越大。

在这里，年轻母亲无论是因为怀孕生子还是子女照顾而中断职业，中断期的人力资本流失或贬值是其职业收益受损的关键。在本研究中，中断期的人力资本流失或贬值主要表现为产后无法回到原工作岗位而导致产前专项人力资本的投资收益沦为沉没成本，或是产假时长超出法定期限而致使人力资本折旧加速，再或是育儿对工作的干扰加剧而造成年轻母亲对工作的投入不足，而上述三者亦是年轻母亲发生职业中断的重要因素。因此，本研究有力地验证了人力资本理论中关于非市场活动时间等同于流失的人力资本的观点。

同时，年轻母亲因生育而中断职业实际上向雇主释放了一种低忠诚度、难以兑现组织承诺的信号，因而不仅会固化原有的性别刻板印象，还将导致对工作母亲的差别性对待。因此，前期的职业中断经历会对年轻母亲后继的职业发展产生负面影响。本研究显示，职业中断对年轻母亲的劳动供给具有较强的阻隔作用，并影响其工资水平及其增长，不利于工作职务的向上流动。而且，相较于持续就业的工作母亲，有过职业中断经历的年轻母亲被分流至个体经营及非国有部门的比例更高，对工作的满意度更低，继而促使有过职业中断经历的年轻母亲更倾向于做全职妈妈和再生育。

此外，研究结果还表明，劳动力市场歧视的存在也将增加年轻母亲发生职业中断的概率。国外研究曾利用心理学实验测试过母亲身份在招聘过程中所带来的歧视性效应，而本研究则在一定程度上验证了针对母亲的劳动力歧视在女性的职业中断中继续发挥着消极作用。

那么，作为应对之策，本研究发现，家庭育儿支持和生育假期制度对于保障年轻母亲的持续就业、避免职业中断则发挥了强大的阻隔效应，而且年轻母亲的独生子女身份也能够降低其职业中断的发生率。就我国现状来看，生育假期制度主要体现为通过保留年轻母亲生育前的工作岗位而对其产子期间的人力资本进行"保值"的阶段性效应，而家庭育儿支持则为工作母亲的职业生涯提供了可持续性发展的动力与保障。

三、子女抚育成为年轻母亲的双向冲突的重要来源，而社会支持充当了冲突缓冲器

对于已育青年而言，工作与家庭的冲突很大程度上表现为工作与育儿的冲突。新增的家长角色将在原有的工作家庭冲突的基础上增加子女抚育对工作领域的时间争夺、行为冲突或精神压力，从而加重已育人群的冲突感受。不过，本研究显示，城市中已育青年的工作家庭冲突处于中等水平，低于预期。

首先，就性别差异而言，鉴于早期社会化所形成的性别角色期待以及女性作为首要照顾者的实际家庭分工，年轻母亲的工作家庭冲突发生率要高于其配偶，这与已有的研究发现相符。同时，由于年轻母亲的就业被视为是一种非传统性别角色的卷入，造成了"好员工"与"好妈妈"的角色冲突，故在双向冲突上，父亲的工作-家庭冲突发生率较高，而母亲的家庭-工作冲突发生率较高。虽然国内有研究显示，我国女性的双向冲突发生率均高于男性（周春，郝兴昌，2009），但本研究结果与国际上的多数研究发现一致（Grzywacz，2002）。这一方面说明传统的性别规范不仅同时并存于

东西方社会，而且在我国当今社会中依然具有较强的约束力。另一方面，也预示着子女抚育成为工作与家庭冲突的新来源。相应地，本研究还显示，尽管已育青年的工作家庭冲突皆受到来自工作领域、家庭领域、态度认知、社会支持及个人特征等方面的影响，但家庭领域对年轻母亲工作家庭冲突的影响明显多于年轻父亲，主要表现为子女数量、陪伴子女的时间等子女抚育的相关因素。

就工作家庭冲突所带来的后果而言，随着冲突的加剧，已育青年的工作满意度、婚姻与性生活满意度、家务分工满意度、健康状况、作为父母的幸福感均有所下降，而工作压力与身为家长的压力感递增。但是，工作家庭冲突水平的上升对年轻母亲健康的负面影响大于男青年，且显著增加年轻母亲的家务劳动时间和从事兼职工作的比例，并提高作为全职妈妈的意愿；而男青年的家务劳动时间则相对恒定，其收入及家务分工满意度在高冲突水平时反而有所上升。这再次印证了传统家庭性别分工在现代城市中的显性化，而且预示着当工作与家庭发生冲突时，在家庭内部可能往往是年轻母亲做出妥协与让步，以保证其配偶职业的优先发展。

其次，就年轻母亲的双向冲突而言，其工作-家庭冲突大于家庭-工作冲突。不同的社会分层变量对年轻母亲的总体冲突和双向冲突产生不同的影响。第一，受教育水平的提高能够降低年轻母亲的家庭-工作冲突，但是当达到本科或研究生学历时，年轻母亲的工作-家庭冲突和工作家庭冲突均加剧。第二，供职于非国有部门的年轻母亲的工作家庭冲突大于国有部门从业者，而年轻母亲为个体经营者的工作-家庭冲突和家庭-工作冲突均最为强烈。第三，年轻母亲收入的增加有利于缓解家庭-工作的冲突，但其对工作家庭冲突、工作-家庭冲突的影响不显著。第四，子女数量的增多将加重年轻母亲的工作家庭冲突和家庭-工作的冲突；随着子女年龄的增长，年轻母亲的工作-家庭冲突递增，而其家庭-工作冲突递减。第五，倾向于工作的年轻母亲的工作家庭冲突和工作-家庭冲突较高，而倾向于家庭的年轻母亲的家庭-工作冲突较高。第六，随着地域的自西向东，年轻母亲的工作家庭冲突和工作-家庭冲突皆下降，但是家庭-工作冲突则不受其影响。

而对影响因素的分析则发现，家庭领域的相关因素对年轻母亲的工作-家庭冲突的影响要多于家庭-工作冲突，而工作领域的相关因素则对年轻母亲的家庭-工作冲突的影响要略多于工作-家庭冲突。除了工作域与家庭域之间的传递效应之外，传统性别规范与后天习得的性别平等意识这两种相互矛盾的观念在年轻母亲身上的角力亦是上述结果的重要成因。由此，年轻母亲的家庭与工作的冲突在一定程度上可以被视为同一个体内传统与现代性别观念的冲突，从而论证了冲突的社会认同论。

那么，作为工作家庭冲突的重要应对手段，社会支持则是已育青年的工作家庭冲突的缓冲器。尽管学界就社会支持对于工作家庭冲突所发挥的究竟是何种效应尚未达成一致。但本研究发现，以生育制度的执行、工作氛围、主管支持、同事支持为代表性形式的社会支持对于两性的工作家庭冲突均起到了调节作用，而家庭支持对于两性的工作家庭冲突则起到了中介作用。而且，结合我国的现实情况来看，在国家儿童福利供给不足、组织保障乏力、市场服务不健全的情况下，家庭支持比组织支持更能发挥缓解年轻母亲的工作家庭冲突、保障持续就业的作用。不过，根据家庭支持提供者的差异，本研究认为，在我国城市的双职工家庭中，祖辈对于儿童的照顾发挥了更强的家庭支持功能，而非国外研究中所看重的配偶支持，此乃我国的文化特质使然。

本研究进一步聚焦于祖辈所提供的家庭育儿支持，发现祖辈除了照顾孙辈之外，还包揽了家中其他杂务，并且几乎没有得到任何经济回报，这与已有的研究结果一致。此外，随着孙辈年龄的增长，祖辈作为主要照顾者的比例下降。不过，大部分祖辈表示仍愿意照顾可能出生的第二个孙辈，而祖父母的身体状况和文化程度则是最为显著的制约因素。这预示着在多孩时代，年轻母亲依然可以获得来自家庭的就业支持，但相较于第一次生育时又多了一些客观制约条件。

四、相较于年轻父亲，年轻母亲趋于向下的职业流动

首先，在青年女性群体的内部，受生育子女数量、出生年代、受教育水平及家庭出身的影响，其生育前后的职业流动呈现不同的趋势。

其一，相较于一孩母亲，多孩母亲的收入增长陷于停滞，生育后收入减少的比例高于前者，无论是在工作职务还是工作岗位方面，进行水平流动和向下流动居多，但二者均呈现较为消极的职业心态。鉴于个体时间和精力的有限性，子女数量的增多则意味着母亲的工作投入的减少，其可能

成为年轻母亲生育后职业发展的制约性因素，由此拉开已育青年在职业流动方面的差距。其二，"70后"和"80后"年轻母亲的收入平均水平、收入增加及工作职务向上流动的人群比例均高于其他母亲群体；而"90后"工作母亲向上流动最多。而且，出生年代越早，职业心态越消极。其三，相较于低学历者，高学历的年轻母亲在收入及其增长、工作职务和岗位的向上流动方面的优势明显，职业心态更积极。既有研究认为，人力资本对于个体的职业流动既可能有促进作用，也可能有抑制作用（Becker, 1985; Neal, 1999）。而本研究则预示着人力资本的提升不仅有利于年轻母亲生育后的职业向上流动，还可能削减生育对年轻母亲职业发展所带来的负面影响。其四，相较于农村出身的年轻母亲，城市出身的年轻母亲在收入的增加、职务的升迁及工作岗位的向上流动中均占有优势，职业生涯高原负面心态的发生率较低，但二者在成就动机上并无差异。这表明，我国城乡二元结构所致的教育资源对城市的制度性倾斜以及社会资本对于城市的高附着性，均内化为个体职业流动中的先赋性因素，其产生的影响具有持续性且影响程度不亚于某些自致性因素。

其次，无论是在就业现状还是生育后的职业流动方面，年轻父亲和年轻母亲均存在着显著差异。虽然大部分已育青年在生育前后呈水平的职业流动，但是男青年在收入增长、职务升迁和岗位向上流动方面的人群比例显著高于年轻母亲，而后者则在收入减少、工作职务和岗位向下流动方面的人群比例显著高于男青年。这表明，近年来西方研究中所发现的扁平"妈咪轨迹"与"父亲红利"现象在我国也同样存在，即生育给两性的职业回报与发展造成了迥异的结果。本研究还发现，大多数年轻母亲笼罩在职业生涯高原这种负面的心理阴影之下，成就动机明显被抑制，而年轻父亲则保持了更为积极的职业心态。由于职业心态既具有个体的异质性，又和社会结构、文化进行着"互构"，故此处提示我们应考虑针对年轻母亲的劳动力市场歧视的循环效应。而上述两性在职业流动方面的差异则进一步造成生育后母亲的收入普遍低于父亲，并构筑了"母亲的"与"父亲的"职业类型之分。性别收入差距和职业性别隔离在个体生育前便早已存在，本研究则发现这种性别不平等模式在生育后继续保持甚至扩大，而母亲与非母亲群体的收入差别有可能是导致性别收入差距的最终根源，故与西方的经验研究结果部分地吻合。

然后，就共同的影响因素而言，人力资本的增加（包括参加在职培训、身体健康状况良好）、儿童托管的获得均能够促进已育青年的向上职业流动，而较大的工作家庭冲突、较低的工作满意度以及生育后以家庭为导向的职业流动则不利于已育青年的向上职业流动。承前所述，年轻母亲职业向下流动的比例大于年轻父亲，同时本研究还显示，生育后母亲为了方便照顾子女而更换工作的比例显著高于父亲。上述结论的关联在于，母亲为了育儿便利而选择的职业极可能是以牺牲经济性收益、职业发展前景为代价的，从而为补偿性差异理论提供了经验支撑。

但是，女青年的职业流动受到了工作与家庭两个领域的双向夹击，而男青年的职业流动则更多地受到工作相关因素的影响。除了上述共同的影响因素之外，男青年职业的向上流动主要取决于单位性质和每天的工作小时数，而女青年职业的向上流动则取决于工作与家庭的相对投入、子女年龄、家务时间、产假时长、劳动力市场歧视及提早生育。与以往的研究结果相似，生育或子女抚育对工作母亲的职业向上流动带来了负面影响，但本研究认为不能忽视社会结构性因素在其中的催化或缓冲效应。在这里，针对母亲的劳动力市场歧视将形成女青年职业上升通道的藩篱，而生育假期政策则将为工作母亲的持续性就业提供制度性支持。

综上，如图 6-1 所示，工作母亲因生育而形成的特殊职业历程具有内在的联动性。由于女青年作为生育的主要承担者及传统刻板印象的存在，工作母亲面临着更为强烈的工作家庭冲突。而工作家庭冲突能够负向预测母亲的劳动供给和职业流动，正向预测女性的职业中断，即年轻母亲所面临的工作家庭冲突越大，其越倾向于减少劳动参与，发生职业中断的可能性越高，并抑制其职业的向上流动。同时，职业中断能够负向预测母亲的劳动供给和向上流动，即年轻母亲以往的职业中断经历将对其劳动供给具有较强的阻隔作用，并抑制其后期职业的向上流动。而来自家庭其他成员的育儿支持（尤其是对于幼龄儿童的照顾）不仅能够缓解母亲的工作家庭冲突，更能够促进其劳动参与，降低职业中断发生的可能性，从而有利于女青年生育后职业的向上流动。此外，诸如家庭友好工作氛围、生育制度的执行、主管支持和同事支持之类的组织支持将对工作母亲的工作与家庭平衡发挥积极作用。

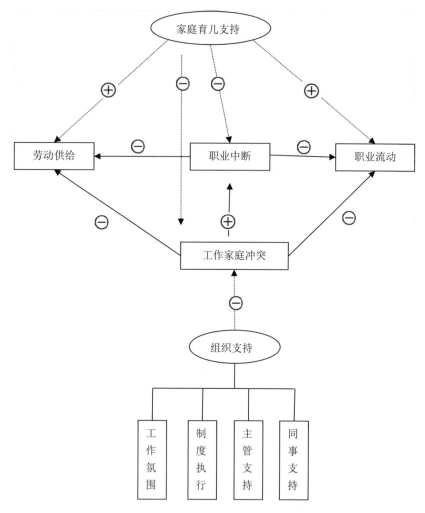

图 6-1　工作母亲的职业历程的内在联动性

第二节　母亲的生育惩罚，父亲的生育红利？[①]

生育作为重大生命事件，不仅具有成人礼式的里程碑意义，而且给个体生活的各个方面带来不同程度的影响。从两性的视角来观察，生育对于两性的职业发展与家庭生活沿着迥异的路径产生截然不同的影响。本研究

[①] 本节曾部分刊发于《国外理论动态》2016 年第 3 期，有所调整。

显示，生育后两性不仅在时间配置上存在显著差异，在职业流动与职业回报方面也呈现出较大的区别。具体来说，尽管父亲每天工作的时间（8.51小时）多于母亲（8.02小时），但其每周从事家务劳动的时间（6.22小时）显著少于母亲（9.62小时），陪伴子女的时间也相对较少。不过，父亲每周的闲暇时间（13.37小时）则显著高于母亲（11.93小时）。鉴于时间的稀缺性，二者表现在时间配置上的差别导致了不同的职业结果。研究显示，母亲不仅在收入的绝对值上要低于父亲（$p<0.001$），而且在生育后的收入增长、职务升迁及岗位的向上流动等方面均逊色于父亲（$p<0.001$）。如此看来，生育对于女性职业的发展具有消极影响，而对于男性职业的发展没有影响甚至存在着积极影响。那么，这究竟是一种偶然，还是存在着内在的必然性呢？

国外已有大量研究证实，相较于没有孩子的女性，母亲的收入更低。即使是控制了人力资本、工作经验、单位性质及内生性因素等变量，每生育一个孩子，女性的工资收入仍会有所减少（Glauber，2007）。这种因女性成为母亲而带来薪资水平下降的现象，被称为"对母亲的收入惩罚"（motherhood wage penalty）。

作为性别不平等的重要研究范畴，收入惩罚与性别收入差距、职业性别隔离、家庭内性别分工、女性职业生涯、就业公平、家庭福利政策等主题紧密相连，具有重要的理论与现实意义。

一、概述：收入惩罚之面面观

鉴于各国在福利体制与劳动力市场方面的异质性以及在调查数据和分析方法上的差异性，整体上每生一个孩子，对母亲的收入惩罚为5%至10%。譬如，在美国，每生育一个孩子，母亲将面临收入减少7%的惩罚（Budig，Hodges，2001）。在英国和德国，女性每生育一个孩子，其收入会在原有基础上减少约9%（Gangl，Ziefle，2009）。在西班牙，生育一个孩子会使女性的收入明显下降6%（Molina，Montuenga，2009）。在挪威，生育一个孩子导致的收入惩罚是0.6%（Petersen，Penner，Høgsnes，2010）。在以色列，对大学毕业生群体的追踪调查发现，每生育一个孩子，就会导致女性收入减少6.6%，但会使男性收入增长3.4%（Gafni，Siniver，2013）。而在我国，女性在生育当年的工资约下降17%，且市场化改革使得生育对女性收入的惩罚力度要大于欧美国家（Jia，Dong，2013）。

上述对收入惩罚值域的讨论均是以工资水平为基础的，而近期的研究则将注意力转向收入增长领域（Loughran，Zissimopoulos，2011）。大部分研究认为，由于许多女性可能在产后重新回到原单位并从事相同的工作，因此，收入水平并不会随着生育而立即下降，但收入的增长却严重依赖于雇主对女性在工作上的投入的认知，即根深蒂固的雇主歧视会限制企业在晋升、培训等有可能增加工资的方面对已育女员工的继续投入，从而抑制已育女性的收入增长，使得其收入增长在生育后明显放慢。甚至还有研究指出，生育对于女性收入获得方面的影响不在于工资水平，而在于其收入的增长（Wilde，Batchelder，Ellwood，2010）。

就长期效应而言，对母亲的收入惩罚随着时间的推移可能呈现出减轻、扩大或不变的态势，故经验研究的结果亦不一致。部分学者认为，鉴于雇主歧视的持续存在及生育对于女性职业发展的负向累加效应，收入惩罚会随着时间推移而加重。相关经验研究显示，如果已育女性既没有对人力资本进行早期的投资，也无法保证职业经历不被中断，这将影响以后的收入增长和职业的向上流动，并进一步导致其在中年期面临更多的生育惩罚（Loughran，Zissimopoulos，2011）。还有学者则倾向于认为，收入惩罚将逐渐衰减，但会持续存在。毕竟，在将来，男性在家务劳动及照顾子女方面的参与比重会提高，家庭友好政策对于女性平衡工作与家庭的作用会逐渐显现，与此同时，劳动力市场对于女性的统计性歧视趋弱。追踪调查则显示，子女的成长与独立使女性重归工作领域，能够缩减与无子女女性的收入差距（Anderson，Binder，Kranse，2003），缓解对母亲的收入惩罚。在美国，母亲群体与无子女的女性的收入差距在逐渐缩小——由27岁时的7500美元缩减至45岁时的2500美元，但是，到45岁时，对母亲的收入惩罚依然存在（Kahn，Garcia-Manglano，Blanchi，2014）。上述两方结论的南辕北辙，很大程度上源于抽样的差异。前者选择的研究对象大多为年龄在二三十岁、需要抚养年幼子女的女性，且其考察的时间跨度相对较短，多集中于子女抚养的高峰期，没有观察到长期的时间效应（特别是子女入学或成年后）而过早地做出论断。

二、理论视角：收入惩罚的驱动机制

尽管学界对于母亲收入惩罚的驱动机制尚未达成共识，但现有文献主要集中于以下解释视角：人力资本、补偿性差别、雇主歧视、工作投入、福利政策、个人选择与偏好。而且，由于工作投入、雇主歧视和个人选择与偏好这三种驱动机制在经验研究中无法直接测量，故关于前三种驱动机制的量化研究文献相对丰富。

（一）人力资本

标准人力资本理论认为，收入是衡量个体劳动力市场价值的有效标尺，很大程度上取决于个体已有的工作经验与技能，任何时间段的非市场活动都会减少人力资本的存量并造成收入损失（Mertens, Schippers, Siegers, 1995）。就增进人力资本的角度而言，进入劳动力市场前获得的教育和入职后的在岗培训有利于女性的人力资本积累。而女性生命周期中所特有的"职业空窗期"（生育或抚育行为导致的职业中断）则明显是一种非市场活动，在女性的人力资本贬值、职业上升通道受阻以及经济地位下降等方面扮演着重要角色。

（二）补偿性差别

补偿性差别理论则从收益交换的角度解释了母亲收入惩罚的成因。该理论指出，很多女性在生育后为了兼顾工作和家庭而选择"家庭友好型"职业，但是在竞争性的市场中，这种职业所提供的诸如远程办公、弹性工作时间、通勤方便等种种诱人条件，通常是以牺牲收入为代价的（Smith, 1976）。换言之，已育女性在择业时更看重的是工作的非金钱性收益（对母亲友好的工作环境），以此来补偿较少的金钱收益。

（三）工作投入

工作投入分别以个体在劳动力市场中的时间投入和家庭安排下的策略性就业投入这两种形式对个体收入产生影响。其一，根据贝克尔的"新家庭经济学"，先天的生物性差异使两性在各自的优势领域（市场工作或家庭照料）进行专门化投资，而这种家庭内部的专门化使得女性在家务上投入的时间较多，而在市场活动方面投入的时间较少，从而导致其工作投入不足并对收入造成负面影响（Hersch, Stratton, 2000）。其二，随着两性在劳动力市场中的时间投入差距缩小，工作投入可能以另一种形式——家庭安排下的策略性就业投入，也就是改变家庭成员有偿工作的生产力或工作特征来影响个体收入。比如，一个家庭可能将夫妻一方的职业当作"人生事业"来发展，而另一方的职业只是作为谋生的手段，即为了照顾家庭和配偶事业发展的需要而处于次要地位的、较为灵活的工作。就此而言，家庭安排下的策略性就业投入不仅使得已育女性对工作投入的时间少于已育男性，而且也抑制了其成就动机及潜在的收入增长空间。

（四）雇主歧视

新古典经济学的人力资本理论与劳动力市场分割理论指出，相较于男性，女性在人力资本积累上相对处于劣势且需支付额外的雇佣成本（特别是女性的生育及中断就业成本），这是女性在劳动力市场受到歧视的客观原因。在此基础上，与社会性别刻板印象相结合，又衍生出两种具体的歧视类型：统计性歧视与规范性歧视。前者指的是雇主的行为和态度依据的是从业者个体所属群体的平均情况而非其个人特征，犯了"以偏概全"的错误。如此，不但抑制了个体的人力资本再投资，也反过来强化了对其所属群体的偏见。而规范性歧视是指当雇主有意识（或潜意识）地将有偿工作中的成功对应于诸如果断、控制性等传统上所谓的男性特质时，这种偏见会使女性的工作能力和职业成就受到质疑，并在收入、晋升机会等方面遭遇区别对待（Correll, Benard, Paik, 2007）。就工作母亲而言，其本身就打破了传统文化规范对于母亲的居家、善于照料的角色期待，由此所引发的职场歧视不仅给母亲个体的职业生涯发展制造了诸多瓶颈和障碍，也在宏观意义上造成了职业的性别隔离，加深了性别收入差距的鸿沟。

（五）福利政策

近年来，对母亲收入惩罚的跨国比较研究催生了新的解释视角，强调国家福利体制及相关政策对母亲收入惩罚的正面（或负面）影响。按照埃斯平-安德森对福利国家的划分，福利体制不仅决定了国家对个体实施救助的覆盖面，还通过政策干预协调市场与个体的关系，体现了国家对于母亲就业的政策支持及对女性角色的隐性定位，转化到劳动力市场中，则体现为对母亲收入惩罚的政策缓冲或加速效应，具体参见表6-1（Stier, Lewin-Epstein, Braun, 2001）。

表 6-1 福利体制、政策支持与生育惩罚预期

福利国家模式	社会民主主义	保守主义	自由主义
福利供给原则	普惠性	选择性	有限性
对女性的角色定位	国家纳税人与家庭照顾者	家庭照顾者	国家纳税人
母亲就业的政策支持度	高	中等	低
生育惩罚预期	轻	重	中等
代表性国家	瑞典、丹麦、挪威	德国	英国、美国

（六）个人选择与偏好

一定程度上，个人选择与偏好（如工作价值取向、成就动机）能够通过调控个体的劳动力市场行为而影响收入。比如，传统的性别意识赋予了男性较强的"工作取向"和女性较强的"关系取向"，强调了女性在家庭照顾方面的专属角色以及在劳动就业方面的边缘地位，从而形成了两性收入的鸿沟。而且，生育行为的个体选择与女性收入之间也存在着一定的负向关联。美、英、法三国的研究证明，当女性的收入较低或职业发展得不令人满意时，越有可能选择生育（Lundberg，Rose，2000）。

三、实证探索：社会分层下的收入惩罚

相关的实证研究往往从个体特征、家庭结构与资源、就业相关因素、宏观因素四个维度来考察收入惩罚在不同的社会分层背景下所产生的差异效应。现有研究已表明，近一半的收入惩罚源于人力资本、职业资源、家庭资源和福利政策的影响（Anderson，Binder，Kranse，2003），而未能解释的部分则归结为工作投入、职场歧视及个人偏好等相对主观且无法直接测量的因素。

（一）个体特征

1. 收入分层

由于不同收入水平的女性在人力资本、家庭资源和职业特征等方面存在一定的差异，因而其所遭受的收入惩罚各异。美国青年追踪调查（NLSY，1979—2004）显示，低收入母亲群体所遭受的收入惩罚最重，而高收

入母亲群体所遭受的收入惩罚则最轻，甚至后者中的特定人群（有正式婚姻且属于收入最高的10%的群体）还享有生育带来的"收入奖赏"。通常，对于同样有着一个学龄前儿童的母亲来说，收入处于最底端的母亲群体所遭受的收入惩罚是收入最高的母亲群体的5倍。而且，造成二者遭受收入惩罚的原因也不尽相同。低收入母亲群体遭受的收入惩罚主要来自家庭资源、工作投入度以及补偿性差别，而高收入女性群体遭受的收入惩罚则主要是由生育所导致的人力资本流失引起的（Budig，Hodges，2010）。

2. 教育

教育不仅是女性就业的重要砝码，更是促进家庭内性别分工平等化、化解生育行为对女性职业冲击的催化剂。作为重要的中介变量，教育与其他因素的协同作用使得相关研究的结果趋于多元化。

就受教育程度而言，母亲身份不仅影响了教育获得，而且收入惩罚随着受教育水平而出现分化。美国青年追踪调查（1979）显示，母亲群体的受教育年限比其他女性群体平均少1年。通过比较工作母亲的教育背景发现，受教育程度为高中的母亲所受的收入惩罚最重，而教育程度为大学本科的母亲则可能享有"收入奖赏"，即生育一个孩子能够给女性带来10%的收入增长，生育两个及更多孩子带来的收入涨幅为7%（Anderson，Binder，Kranse，2003）。但是，也有研究指出，如果本科学历的母亲是出于家庭原因而自愿辞职，那么其将面临更重的收入惩罚（Budig，Hodges，2010）。可见，这种受教育水平与收入的非对称性就预示了其他影响变量的存在。

首先，教育可能通过影响职业流动而拉开收入差距。受教育程度较低的母亲更容易向下职业流动，面临更重的收入惩罚。而本科学历的女性更趋于向上职业流动，有利于缓解生育带来的收入惩罚（Looze，2014）。

其次，教育还能转化为技能，从而对收入产生影响。有研究发现，相较于技能水平较低的女性，拥有高级技能的已育女性会经历更重的收入惩罚。由于二者收入曲线的差异，技能水平较高的母亲会遭受两次收入惩罚：第一次是在首次生育后的5年内面临8%的收入损失，第二次是在首次生育的10年后面临高达24%的收入损失；而技能水平较低的母亲在生育后仅遭受一次性的收入惩罚，收入损失约为6%（Wilde，Batchelder，Ellwood，2010）。

此外，教育还可能延迟女性的生育时间，从而化解一部分因职业中断而导致的消极影响。已有研究证实，早育的女性会比晚育女性遭受更重的收入惩罚（Taniguchi，1999）。而且，如果在生育型职业中断期能够继续接受再教育与培训，则不会加重生育惩罚（Staff，Mortimer，2012）。

3. 种族

种族的社会分层则通过塑造女性的家庭经历和劳动力市场参与而对收入惩罚产生影响。现有研究基本上以白人女性为研究对象，或者以其为参照系来比较其与有色人种女性在生育惩罚方面的异同。大多数研究认为，对白人女性的生育收入惩罚要大于非白人女性。美国的研究发现，白人女性无论婚姻状态如何、孩子数量多寡，都会遭遇生育收入惩罚，而拉丁裔和亚裔已育女性所遭受的收入惩罚要小于白人已育女性。对于黑人女性，只有那些育有三个（或更多）孩子且正式缔结婚姻的女性才面临生育收入惩罚。对于西班牙裔、菲律宾裔和印度裔女性而言，母亲身份并不会引发收入惩罚（Glauber，2001）。

（二）家庭结构与资源

1. 婚姻状态

婚姻状态对母亲收入的影响主要在于是否具备家庭户（household）这种形式。家庭户通过社会经济资源的再整合和家务分工对女性的就业机会与工作投入发生作用，继而对母亲的收入惩罚发生作用。

部分研究指出，已婚母亲比单身母亲遭受了更重的收入惩罚（Budig，England，2001），而且这种收入惩罚仅限于异性婚姻中的女性，身为女同性恋的母亲反而会获得"收入奖赏"（Wilde，Batchelder，Ellwood，2010）。但是，还有研究并不认为婚姻状态与母亲的收入惩罚存在关联（Taniguchi，1999）。

如果将配偶收入、家务分工与母亲就业之间的博弈关系纳入考虑范围，则实际情形更为复杂。一方面，根据婚姻赋权假设，融合配偶收入的家庭经济更有可能负担子女照顾与家政服务的外包成本，从而将工作母亲从家务劳动中解放出来，以保证其工作投入（Waldfogel，1997）。加拿大的数据显示，孩子对于女性收入的负面影响显著，但控制了家务劳动时间之后，二者的负向联系明显减弱。这说明家务劳动可能才是影响母亲收入的重要因素。对德国女性的追踪调查则证明，花费在子女照顾与其他家务劳动上的时间能够部分解释对母亲的收入惩罚,特别是对于那些有幼年子女的母亲(Kühhirt,Ludwig,2012)。另一方面,配偶的相对收入是一把"双刃剑",通过家务劳动分配来决定母亲的市场活动时间,继而影响其职业回报。当丈夫收入较高时,有可能导致妻子退出劳动力市场或选择低收入的职业,从而招致更为严重的收入惩罚。而当妻子的收入高于丈夫且超过一定的临界值时,"性别体现"(gender display)效应显现,即高收入的妻子会承担比低收入妻子更多的家务,以弥补对传统性别角色期待的偏差。无疑,这将抵消高收入对于女性家务劳动的削减效应,重蹈收入惩罚之覆辙。

2. 子女数量与年龄

不仅子女的数量在短期内会对母亲产生收入惩罚效应,而且收入惩罚的力度也会随着子女数量的增加而递增。一项关于美国青年的追踪调查(1968—1988)显示,生育一个孩子的收入惩罚是4%,生育两个或更多孩子的收入惩罚为12%;控制行业类别及劳动力市场外的经济资源之后,对应的收入惩罚分别降至3%和5.5%(Anderson,Binder,Kranse,2003)。在西班牙,生育一个孩子的收入惩罚为6%,生育两个孩子的收入惩罚为14%,生育三个或更多孩子的收入惩罚为15%以上(Molina,Montuenga,2009)。而在挪威,由于其慷慨的福利制度和家庭政策,对母亲的收入惩罚相对较小,生一个孩子、两个(或更多)孩子的收入惩罚仅为0.6%和1.4%(Petersen,Penner,Høgsnes,2010)。

相较于子女数量,子女的年龄对母亲收入的影响更大。对育有学龄前子女的母亲,收入惩罚的力度最强。但是,随着子女年龄的增大,对母亲的收入惩罚逐渐减弱(Anderson,Binder,Kranse,2003)。

3. 生育年龄

经验研究证明,早育比晚育更容易导致对母亲的收入惩罚。在28岁以前首次生育的女性每生一个孩子,就会面临2.5%~4%的收入惩罚;30岁以后首次生育的女性的工资水平与没有孩子的女性相当,并且其收入比早育女性高出7%(Taniguchi,1999)。而且,延迟生育与女性收入之间存在着一定的正相关关系。以女性在21—34岁的累积性收入为基线,每延迟一年生育,能够使此基线上浮9%并提高3%的平均工资率,故晚育女性遭遇的收入惩罚更小(Miller,2011)。究其原因,晚育的优势在于帮助女性积累产前工作经验,缓冲生育型职业中断所带来的负面影响,使其能够在产后保持或更迅速地恢复原来的收入水平。

(三) 就业相关因素

1. 工作性质与单位属性

许多女性在生育后倾向于"母亲友好型"职业,而兼职性质的工作是"母亲友好型"职业的重要特征。然而,经验研究证明,兼职性工作对收入具有负面影响。兼职工作经验的回报小于全职工作经验,而且兼职工作的小时工资通常会低于全职工作。就收入惩罚的解释因子而言,兼职工作是"母亲友好型"职业的诸多特征中唯一具有解释力的,它协同工作经验变量能够解释收入惩罚的30%,独自的贡献力为2%~3%(Budig,England,2011)。

一定程度上,工作性质与单位属性之间有着难以割舍的内在联系。后者不仅通过工作时间与模式设定了工作性质,更以育儿福利措施及家庭友好制度的设置来影响已育女性的薪酬与晋升体系。经验研究表明,就职于公共部门或大型企业对已育女性的收入惩罚具有缓冲作用。来自意大利和日本的研究显示,公共部门和大型公司有利于职业母亲的持续就业,从而能够减少对母亲收入的惩罚效应。对我国经济改革激进期的观察则发现,非国有部门的女性就业者所遭受的收入惩罚要远远超过供职于国有部门的女性(Jia,Dong,2013)。

2. 工作经验

理论上,女性由于养育行为而减少的工作时间,等同于流失的工作经验和被削弱的生产力,这势必会导致雇主实施以降低工资、剥夺升职机会等形式的惩罚。实证研究显示,已育女性平均比其他女性群体少5个月的全职工作经验。而且,生育前的工作经验比生育后的工作经验更有价值(Taniguchi,1999)。在收入惩罚方面,虽然相关研究在分析时存在着是否控制工作经验变量的差别,但整体趋势是工作经验的减少能够引发对母亲的收入惩罚。在不控制工作经验的模型中,女性生育一个孩子的收入惩罚为5%。在控制了工作经验的模型中,女性生育一个孩子的收入惩罚为6%。不过,也有研究在比较1980—1982年间已育女性和未育女性的收入时发现,无论是否控制工作经验变量,都不存在对已育女性的收入惩罚

(Lundberg，Rose，2000)。但该研究的考察期仅为两年，或许还不足以揭示母亲身份对于收入的影响，以致出现估计偏差。

3. 职业中断

职业中断对收入的获得具有显著的负面影响。相较于其他类型的职业中断，生育型职业中断所引发的收入惩罚最重。平均来看，休产假导致女性的月收入减少1%，男性的月收入减少0.6%（Gafni，Siniver，2013）。在美国，生育型职业中断所导致的收入惩罚为年收入的3%。在瑞典，生育型职业中断会导致女性年收入下降2%，男性年收入下降7%～8%。在德国，生育型职业中断所导致的收入损失为女性年收入的5%（Gangl，Ziefle，2009）。但是，跨国研究显示，制度性安排的介入（如产假、家庭友好政策）使得收入惩罚与职业中断期并非是一种完全的正向线性关系。唯有超出法定时限的生育假期才会导致收入惩罚。

（四）宏观因素：对工作母亲的政策支持与就业歧视

在个体遭受的收入惩罚背后，有着更深刻的制度结构和文化方面的渊源。一方面，在制度结构上，国家福利制度通过倾向性的制度设计干预市场，一定程度上能够缓冲对母亲的收入惩罚。另一方面，在社会文化上，长期积淀形成的社会性别刻板效应会导致非竞争性机制（如劳动力市场歧视），内在地牵制工作母亲的职业发展，使得对母亲的收入惩罚持续存在甚至扩大化。

1. 对工作母亲的政策支持与制度安排

纵观发达国家的经验，支持母亲就业的政策通常采取的形式是由国家规定或资助的生育假期、家庭补贴及幼儿托管服务等制度性安排。这些制度性安排能够降低女性因生育或抚养子女造成职业中断导致的成本（Stier，Lewin-Epstein，Braun，2001）。其中，生育假期和亲职假制度继续沿用了传统的家庭主义策略，在强化家庭的生育与照顾功能的同时，通过"假期/工作两不误"的机制使人力资本在此职业中断期"暂停"贬值，避免了收入惩罚。而政府资助的幼儿托管服务或货币补贴制度采用去家庭化福利策略，旨在通过国家干预来减轻女性作为家庭照顾者的负担，为职业母亲持续就业提供了一个重要的替代性选择，有利于避免母亲为了照顾子女而选择低收入行业的现象发生，从而杜绝收入惩罚的又一可能来源。

对经济合作与发展组织成员国的研究发现，实行社会民主福利体制的国家（如瑞典）对母亲就业的政策支持程度最高，其女性的持续就业率较高，对母亲的职业惩罚相对较低。而大多数自由福利体制国家（如美国）对于母亲就业的政策支持力度相对最低，生育惩罚最重。保守福利体制的国家（如法国）无论是在母亲就业的政策支持力度还是生育惩罚的强度方面，均处于中间水平（Gash，2009）。

2. 对工作母亲的劳动力市场歧视

无论是心理学实验还是对劳动力市场的追踪调查，都证明确实存在着雇主特有的针对职业母亲的歧视，并且在职业的经济性回报中转化为对母亲的收入惩罚与父亲的生育红利（fatherhood premium）。

在应聘时，已育女性所获得的职业评价要低于已育男性，被认为"无法专心工作、不求上进"，从而被排在录用人选的最末位，并被支付较少的起始工资。在升职和在岗培训的考察中，雇主会设置"双重标准"，对已育女性相关方面的要求远远高于已育男性。而且，即使已育女性工作称职且有较强的升职抱负，仍会受到规范性歧视。此外，对可选择性的认知也会导致对母亲的歧视。对美国各州的研究发现，在支持"生育是女性的自我选择"观点的州中，母亲所遭受的收入惩罚最严重（Kricheli-Katz，2012）。

四、性别比较的视野

无独有偶，国外的经验研究同时还发现，在职场上，女性为生育付出了代价，而男性则较少受到生育的影响甚至还获得额外的好处。以工资收入为例，在美国，第一个孩子的出生能够使父亲的收入增加4%，第二个孩子的出生则使父亲收入的涨幅达到7%（Lundberg，Rose，2002）。而且，劳动力市场的调查也显示，相较于母亲，雇主更青睐父亲。雇主不仅为父亲提供更高的起始薪水，而且在提拔的过程中为母亲设置更严苛的准入门槛（Correll et al.，2007）。可见，母亲因生育而遭受"惩罚"，父亲却因生育而获得"红利"的现象普遍存在于中西方社会之中。那么，这种普遍性与共同性就值得我们深究其背后的原因，并寻求可能的应对之策。

（一）家庭领域：从比较优势到相对劣势

新家庭经济学认为，在由一对夫妇所组建的家庭内，两性先天的生物特征可以作为各自的比较优势而对家庭做出不同的贡献。在时间和资源的约束下，夫妇之间对各自的比较优势领域加大投入，从而使得家庭整体的效用达到最优，由此也形成了家庭内部的"专门化投资"（贝克，2001）。通常，女性被假定在家庭生产方面具有优势，故其在家庭领域的投入较多；而男性被假定在市场生产方面具有优势，故其对市场活动的投入较多。但是，人力资本理论认为，任何非市场劳动时间都会导致人力资本的流失或贬值。因此，女性在上述家庭专门化投资中从事家庭生产的优势则转化为市场活动中的劣势。毕竟，在资源与精力都相对有限的情况下，家务劳动和子女照顾将占用女性大量的时间和精力，从而使其减少对市场活动的投入，继而以人力资本的贬损或存量不足的形式来影响母亲的职业回报及后期职业发展。

而且，从交换的角度来看，从事市场活动所带来的收入、社会资本等收益均可视为个体对家庭的贡献，而夫妻双方对于家庭的贡献（尤其是经济贡献）的大小则决定了二者在家务分配上具有不同的议价能力（Milkie，2011）。对白人夫妇的观察显示，收入差距较小的夫妇会更加公平地分配家务（Sayer，2005）。那么，母亲因生育而导致收入贬损的现象则使其在家务分工的协商中处于不利的地位，故在现实生活中可以看到，许多工作母亲下了班之后回到家中又开始"第二份工作"——子女照顾与家务料理。这不仅使得传统的家庭劳动分工模式得以维持甚至固化，而且可能促使母亲为了子女的照顾而选择向下职业流动，以兼顾工作与家庭。之所以说是向下流动，主要是因为从补偿性差别的视角出发，工作母亲所看重的诸如时间弹性大、远程办公、请假容易、工作压力小等工作条件很多时候均是以牺牲收入或职业前景为代价的。换言之，为了兼顾工作与子女照顾，母亲在择业时通常看重的是以工作中"对母亲友好"的特质来弥补收入等物质利益回报的不足。

反过来，上述在家庭内将男性的工作当作"人生事业"，而女性的职业只是谋求生计或零花钱的手段的策略性就业安排，进一步凸显了在家庭领域中女性作为"第一家长"、男性作为"帮手"的角色，以及在工作领域中男性作为"第一经济来源"和女性作为"辅助者"的角色。无疑，这不仅加深了两性在职业回报方面的鸿沟，传统的家庭性别分工再次得以巩固。

值得注意的是，女性通过市场的有偿工作增加对家庭经济的贡献，虽然能够提升其在家庭劳务分配中的议价能力,但并非能够完全改变现有的家务分工模式。严格地说来,母亲在家庭领域的无偿工作实际上包含了家务劳动和子女照顾两个部分。相较而言,家务劳动是夫妻双方努力协商希望逃避的事务且可以通过市场服务的购买来实现替代,而子女照顾的可替代性较差(特别是幼龄儿童)且父母能够从中获得积极的心理效用(如幸福感、满足感、成人感)。因此,较高水平的收入允许母亲以购买家政服务的形式实现对家务劳动部分的替代,但对其子女照顾劳动部分的替代程度较低。而且,耐人寻味的是,当母亲的收入被提高并超过其配偶的收入水平时,母亲的家务劳动量非但没有下降,反而增多了。究其原因,则是"性别展示"(gender display)的结果,即两性在日常生活的互动中都自觉地通过自己的言行来满足社会的性别期待,而个体言行与社会期待的相背离则容易引致个体的焦虑感与"失范感",为了削减这种不良情绪,个体往往会通过加大对传统期待领域的投入来进行弥补(West,Zimmerman,1987)。在这里,家庭成为社会性别的辨识机制,而家务分工则是具有明显的性别归属的象征性设定。由于家务劳动早已被贴上女性色彩的、表达家庭之爱的标签,因此,收入高于配偶的女性通过承担更多家务劳动的形式来强化自己的女性身份并凸显配偶的男性身份,以对自己行为与社会性别期待的背离做出补偿。反过来,出于对传统性别角色模式的维护,收入低于配偶的男性一般也乐于"坐享其成",以此缓解性别预期的偏离并获得心理上的平衡感。

尽管经济水平和社会文明的发展推动了现代社会的性别平等进程,但相关研究显示两性在家务分工的"最坏打算"方面仍存在着很大的不同。如果不能达成平均分配的目标,女性"最坏的打算"就是自食其力、寻求一切可能改变的机会,而男性"最坏的打算"则是从与传统保持中立的态度倒退为传统性别分工的支持者,即如果家务无法平均分配,那么他们还是希望维持"男性养家、女性持家"的传统模式(Gerson,2010)。这无疑是家庭领域内重塑性别角色分工的一个内生性障碍。

(二)工作领域:角色的分裂与同一

对于已育人群而言,他们所在的物理空间被区隔为工作与家庭两个场域,因此他们同时承担了"好员工"和"好家长"的双重角色期待。在工作领域中,由于这两种角色的重合度具有明显的性别差异——男性表现为上述两种角色的同一性，而女性则表现为角色的分裂与冲突，从而在员工个体和雇主两个层面上均产生不同的效应，最终以母亲的生育惩罚和父亲的生育红利这个具体形式展现出来。

女性走出家庭并投入到市场中不过经历了数百年的历史，其就业的历史要远比男性短，因此，"好员工"的原型是建立在男性雇员的基础上的，如工作投入大、生产力高、随叫随到、对组织高度忠诚（女性因为生育而中断职业通常被视为缺乏对组织的忠诚）、无家庭责任的羁绊（家庭责任由家庭其他成员承担）。而"好家长"的诸如有耐心、无私奉献、善于沟通、勤于照料等特征则让人不由自主地与女性联系起来。而且，即使是同为家长角色，女性作为生育主要载体的生理特性往往将女性推至"第一家长"的位置，而男性则处于辅助性的位置。那么，对于进入工作领域的母亲而言，她实际上相当于进入了男性主导的领域，原有的家庭角色与新获得的工作角色显得格格不入，导致冲突加剧；而对于工作场域中的父亲而言，工作角色与"好员工"角色高度统一，而"好父亲"的家庭角色则通过工作角色的成功履行（如做个好员工、为家庭提供经济供养）就可以一并达成。换言之，男性在工作中的显性角色是与其隐性的家庭角色相呼应的。

在这里，传统的性别刻板印象充当了绝佳的边界维护者，用一双看不见的手将两性固定在相对分离的两个领域之中，并各司其职，自觉地维护着从父权社会沿袭下来的性别规范，从而决定了个体的家庭角色对于其工作角色究竟是增益还是耗损。在雇主的眼中，父亲身份赋予了男性员工更有责任心、成熟稳重、办事可靠的光环（Coltrane, 2004），为本就发挥稳定（相对于女性而言）的劳动生产力提供了有力保证，亦是对组织忠诚的有效承诺。因此，雇主愿意在培训和提拔的过程中对父亲委以重任，从而促成父亲生育红利的发生。经验研究显示，父亲的收入不仅高于母亲，也高于未育男性，当然，后者是以工作时间投入的增多为代价（Knoester, Eggebeen, 2006）。而母亲身份则因其强烈的家庭属性削弱了女性职业角色的专业化色彩，而且，工作母亲的存在本身就有悖于传统的性别规范，从而招致职场的偏见性判断。这种偏见性判断不仅来自雇主，还可能来自同性群体。即使工作母亲的工作表现出色，也难以避免这种偏见性判断，还可能被贴上自私、冷漠、攻击性强等人格缺憾的标签。心理学实验发现，相较于男性被试，女性被试对于事业成功的虚拟女性对象予以了更严厉的惩罚（Correll et al.，2007）。可见，传统的性别刻板印象不仅塑造了外界对女性的态度，也内化于女性的意识与行为之中，令其深陷其中而不自知，以至于"同性相残"。而无论是来自哪一方的偏见性判断，最终都成为了女性职业收益与发展的绊脚石。

综上，正是两性先天的生物性差异与后天的性别刻板印象对家庭和工作领域进行渗透，从而在维持传统性别分工模式的同时创造了新的性别不平等，如母亲的收入贬损、父亲的收入红利。因此，除了帮助母亲消除相关的结构性障碍与文化认知偏见之外，鼓励男性进入"女性"领域并承担"女性"角色应是实现对等的社会性别角色转换、增强性别平等的关键。

五、现实展望：中国情境下的议题

在工业化国家，对母亲的收入惩罚（或是父亲的生育红利）是普遍存在的现象，相关研究也很深入。但是，在发展中国家，我们对这种现象及其相关研究知之甚少。在中国情境下思索生育与女性收入的关系，不仅能揭示中国在文化与社会结构方面的特殊性，也可以激发对一些新议题的思考。

（一）议题1：中国式"啃老"与城市女性的收入惩罚

国外研究认为，幼儿托管的可获得性将直接影响工作母亲的劳动力参与。在西方，工作母亲通常是通过公共托儿机构或有偿服务来实现工作时段对儿童的照顾。当儿童托管的市场价格大于女性的劳动力市场收益时，会促使部分母亲退出劳动力市场。但是，对我国城市地区的观察表明，"啃老"在相当程度上消弭了对母亲的收入惩罚。有别于西方子女成年后的自立门户，中国的成年子女在婚后与父母不分家、由祖辈照看年幼孙辈的现象相当普遍。在此类家庭中，祖辈不仅义务性地看管孙辈，还一并揽下其他日常家务，甚至还自掏腰包应付各种日常花销。虽然这种"啃老"行为的出现可能源于祖辈"含饴弄孙"的文化与心理需要，但在客观上却保证了成年子女的工作投入。就此而言，它通过减少家务时间、保障工作投入而削弱了生育对于城市女性收入的惩罚效应。

（二）议题2：新生育政策和老龄化双重背景下的收入惩罚

毋庸置疑，我国已步入老龄社会。作为应对手段之一，多孩政策有希望改变人口年龄结构，保持人口红利。然而，由于女性作为生育载体和家庭照顾者的传统定位，老龄化趋势与新生育政策的"双管齐下"可能给职业母亲的职业生涯增添新的不确定性，使收入惩罚效应更为明显。一方面，二（或三）孩政策允许再生育的政策内涵，可能会激化原有的隐性雇主歧视，使之直接转化为针对已育女性的如下行为：拒绝雇用、降低工资或限制培训机会。同时，再生育可能会使职业中断的次数增加，中断期延长，不利于女性的人力资本积累。而孩子数量的增多则会耗费母亲大量的时间和精力，从而影响对工作的投入，最终以女性收入的减少为代价。另一方面，相较于西方，中国的老人偏好家庭养老，并且在当前城市中"女儿养老"日益兴起。鉴于传统文化假定了女性是家庭的主要照顾者，因此，无论是照顾年老失能的老人还是抚育嗷嗷待哺的幼儿，双重重任皆落于职业母亲的肩上。面对如此高负荷的家庭需求冲突，职业母亲不得不削减工作投入或向下流动至"母亲友好型"职业，甚至彻底放弃就业而回归家庭。可以预测，随着多孩时代的全面来临，工作与家庭照顾义务之间的冲突将是女性收入惩罚的重要来源。

（三）议题3：民族和城乡差异视阈下的收入惩罚

在我国，多民族共存、城乡分割是不容忽视的社会现实。各个民族在接受教育、生育模式、享受福利、亚文化等方面的千差万别都可能对女性的生育意愿和就业行为产生迥异的影响，继而使对母亲的收入惩罚在方式与程度方面各不相同。同样，我国所特有的城乡分割的二元格局也必然会为收入惩罚的相关研究注入一种新鲜的比较性视野。那么，探讨民族和城乡变量对我国已育女性收入的影响及作用机制，无疑是这一领域中值得关注的焦点。

第三节 早生还是晚生？隔多久再生？

在比照女性生育前后的职业流动并探寻变化之因时，一个有趣的发现进入笔者的视野：延迟生育与女性的收入增长、职务升迁及工作岗位的向上流动均呈负相关，并且，初育年龄愈晚，对女性职业向上流动的负面影响愈大。研究显示，在其他因素不变的情况下，相较于在23岁以下首次生育，在24—30岁之间首次生育使得女性的收入增长概率下降了83.4%，职务升迁的概率下降了95.4%，工作岗位向上流动的概率下降了81.0%；在31—35岁之间首次生育使得女性的收入增长概率下降了96%，职务升迁的概率下降了97%，工作岗位向上流动的概率下降了85.7%；在36岁及以上首次生育使得女性的收入增长概率下降了95.3%，职务升迁的概率下降了98.7%，工作岗位向上流动的概率下降了93.5%。换言之，提早生育有利于女性的向上职业流动。这似乎有悖于长久以来深入人心的"晚育优生"理念，也无法解释在我国的现实生活中职业女性为了事业的发展而将生育计划一推再推的现象。那么，就职业发展的利好而言，女性究竟是应该提前生育，还是延迟生育？除此之外，即将全面开启的多孩时代又不得不令我们继续追问：已育有一孩的女性在何时生育第二（或三）胎，才可将其对职业生涯的干扰降至最低？

从生物学的角度而言，生育时间和生育间隔是紧密相连的。而且，在现实的社会生活中，二者作为一种重要的衔接机制，共同影响着女性的生育决策与劳动参与。因此，在发达国家中，通常将生育时间和生育间隔对女性市场卷入度的影响作为评估亲职假期福利政策效果的指征之一，或是用以解释女性的生育率与就业率之间的关系（Moffitt, 2005）。鉴于计划生育政策在我国实施的时间相对较长，现有研究侧重于将生育时间和生育间隔纳入生育率的框架体系内予以讨论，而关于二者与女性劳动参与的关系的讨论较少，尤其是生育间隔对女性就业及职业发展的影响研究几乎是一片有待开垦的处女地。接下来，本研究将从生育时间和生育间隔两个层面探讨这二者在女性的生育与职业活动中所扮演的角色及其内在运转机制的关联。

一、生育年龄与女性的职业收益

生育年龄的提前或延迟主要是通过在人力资本、职业中断、家庭生命周期等方面的作用从而对女性的职业收益产生影响。但是，由于在经验研究中对生育年龄存在着两种不同的界定，相关的研究结果也呈现出"南辕北辙"的特征。

许多研究认为，延迟生育有利于女性的职业收益。在这类经验研究中，通常是将生育年龄操作化为女性的绝对生理年龄。美国相关研究显示，对于提前生育的女性而言，每生育一个孩子，就会导致收入降低2.5%～4%（Taniguchi, 1999）；30岁以后首次生育的女性的收入比30岁之前生育的女性高7％（Amuedo-Dorantes and Kimmel's，2005）；而且，每延迟一年生育，女性能够增加9％的累积性收入，并提高3％的平均工资率（Miller，2011）。对我国1991—2009年的持续观测也显示，大部分女性集中在25岁左右生育，但该群体的工资率显著低于30岁生育的女性群体（贾男等，2013）。以色列的一项研究也表明，延迟生育能够增加女性的收入，但对男性的收入几乎没影响（Gafni，Siniver，2013）。尽管上述研究在晚育年龄的分界点上并不一致（28岁或30岁），但是从生命历程的角度来理解，由于作为重大生命事件的生育改变了女性的生活机会，因此，生育年龄的变化将会对上述改变产生不同方向和程度的影响。

一方面，初育年龄的推迟使得女性能够在首次生育前积累较多的人力资本，这种生育前的人力资本积累不仅有利于女性以后收入的增长，还能帮助女性抵御生育型职业中断所带来的负面影响。反过来，初育年龄的推迟进一步巩固和提高了晚育女性产后在劳动力市场的竞争力（Mincer，1974）。而且，延迟生育还与教育协同作用，帮助女性树立职业角色意识，提高家务分工的性别平等程度，并避免过早生育所致的家庭生命周期与事业发展期相冲突（Pittman，Blanchard，1996）。

另一方面，机会成本、生育前后工作经验的相对价值和生育假期政策也可能使得延迟生育与女性的职业收益呈现出一种负向关系。

首先，对于延迟生育的女性而言，由于其首次生育前所积累的人力资本较多且达到了一定的工资水平，那么此时因为生育而中断职业将导致较高的机会成本（Ehrenberg，Smith，1991），并且还存在着产后是否能够回到原工作岗位并维持原有收入水平的风险。而且，如果还存在因多次生育而中断职业的情况的话，通常其首次生育前的工作经验较生育后的工作经验更有价值（Taniguchi，1999）。尽管以产假为代表的生育假期制度能够在一定程度上对女性生育期的人力资本进行"保值"，并缓冲生育型职业中断对女性职业回报的不利影响，但是普遍存在于女性职业生涯各个环节的雇主歧视将放大延迟生育的机会成本，从而将晚育的女性置于劣势之中。

其次，对于提早生育的女性而言，由于其在生育后相当长的一段时间内保证持续工作，有利于发挥人力资本的累积效应，并能够通过"后来者居上"式的人力资本追加，加速人力资本的存储以弥补早期职业中断对职业回报与发展的负面影响，因此，从长远来看，如果女性能够在进入劳动力市场之前就完成生育使命的话，那么，她们在未来不仅将获得更高的经济收益，而且其职业上升的通道将更为顺畅（Herr，2011）。值得注意的是，在这里，生育年龄是以进入劳动力市场时间为参照系的。因此，提早生育更多的是强调通过生育期的前置为女性的职业生涯创造一个相对持续的发展空间。无独有偶，如今在我国大学校园中悄然兴起的"研究生妈妈"热潮似乎是对上述西方经验理论的一种本土性实践。暂且悬置对这股热潮的是非判断，其中所反映的受教育年限较长以至于家庭组建期与职业生涯的起步发展期相重叠、学校教育所赋予的通用性人力资本积累较多而来自工作岗位的专项人力资本不足是高学历女性不得不面对的悖论式困境，并进一步体现为教育的"贬值"和职业收益的损失。而且，本研究在比较女性生育前后收入变化时也发现，在其他变量不变的情况下，研究生学历的女性在生育后收入增长的概率反而低于初中及以下学历的女性。在这里，无疑再次印证了早育对于女性职业收益的积极意义并凸显了生育时间与进入劳动力市场时间的相对性。

二、生育间隔与女性的职业发展

随着多孩政策的全面启动，生育间隔从人口学家生育率测算的模块中走了出来，逐渐成为公众茶余饭后的热点话题。类似于生育年龄，生育间隔也是女性进行生育选择与就业决策的重要决定因素。但是，鉴于个体对于生育和市场工作的不同偏好、多子女之间的相互作用以及职业行为的先后因果导向，生育间隔对女性职业发展的影响则呈现出随着情境而变化的特点。而且，为数不多的相关研究对二者之间的关系也未达成共识。

经验研究显示，生育间隔较短或较长对女性的职业发展带来不同程度的影响，并随着作用领域的不同而有所差异。就较短的生育间隔而言，它一方面能够缩短职业中断期，使女性更迅速地重返工作岗位；另一方面，可能会影响女性的工作投入和人力资本积累，增加职业向下流动的风险，或者遭受雇主歧视（Peltola，2004）。而较长的生育间隔虽然可能因职业中断期过长而导致人力资本的流失严重，从而引发更严重的职业后果（如失业时间较长、频率过多），但是却能够显著减少女性生育后从事低收入兼职性工作的风险（Gough，2012）。

由于女性的非市场活动时间（打理家务或照顾子女）的影子价格和市

场工资报酬率具有等价性（贝克，2001），母亲将根据市场价格与家庭需要对自己的时间进行配置，包括个体的市场活动时间、闲暇时间、第一个子女的照顾时间、第二个子女的照顾时间、从事非子女照顾的其他家庭生产时间。如果还有更多子女，则照此类推。而生育年龄和生育间隔的不同选择实际上是将女性的上述时间予以不同组合，从而产生差别化的时间效应。

当第一个孩子降生时，由市场活动时间向子女照顾时间的转移导致女性的工作投入减少，从而对其职业发展带来冲击。不过，延迟生育能够降低首次生育对于女性职业的负面影响。这是因为晚育的女性通常在首次生育前，也就是职业早期进行了相对较多的人力资本投资，由此带来较高的工资收益，使其能够通过购买市场服务和商品来替代自己的家庭生产，从而在相当程度上保证了市场活动时间。当第二个孩子降生时，女性又重新开始对自己的时间进行配置。而生育间隔的拉长则意味着因第一个孩子的成长所致的照顾时间减少使得女性投入市场活动的时间增多，这将有利于减少第二次生育对于女性就业的负面影响。但是，当女性加大市场活动时间之时，她们就不得不增加对第二个子女进行托管的支出，这将使得女性削减一部分工作时间，并将这部分时间用于第二个子女的照顾（如从事兼职工作），从而增加第二次生育对女性劳动参与的负面影响。此外，考虑到生育的规模效应以及进入劳动力市场的沉没成本，子女数较少的女性倾向于推迟初育年龄，缩短生育间隔（Troxke，Voicu，2009）。

综上，对女性而言，无论是生育间隔的拉长或缩短，还是生育年龄的提前或推迟，皆是个人的生育愿望与经济激励之间相互角力和竞争的结果。在这里，个人的生育愿望表现为女性希望提早生育，以享受更多子女所带来的心理满足感与愉悦感。而经济激励则表现为女性通过推迟生育年龄来降低生育的机会成本，如在照顾子女期间所损失的工资收入、职业中断期间因人力资本的流失或贬值导致的收益损失或晋升受阻（Gustafsson，2001）。在多孩政策背景下，结合我国的就业形势，高学历女性由于教育年限的延长使得生育年龄推后，故如何调整生育间隔以降低其对职业生涯的干扰成为平衡工作与家庭的重中之重；而低学历女性则面临着进行生育时机与生育间隔抉择的双重关卡，应该警惕生育的逆向选择所造成的挤出效应，即就业质量不高或有限的职业发展驱使低学历女性倾向于早育和多生，而这反过来将加速其对劳动力市场的离心化，可能导致这些女性提前退出劳动力市场，回归家庭。

第四节 何去何从？论政策杠杆的作用

鉴于社会支持在已育人群的工作家庭冲突中扮演着重要的缓冲器角色，政府和企业通过一系列制度设计和福利供给对已育人群（尤其是工作母亲）兼顾工作与家庭的需求予以支持，家庭友好政策便应运而生了。它是国家以家庭为干预对象，通过制度设计、项目、服务等手段，以支持家庭福利、提供社会照顾、平衡工作与家庭、调整人口发展为主要目标的政府政策。由于家庭友好政策的设计初衷在于促进女性就业，帮助其应对工作与家庭的冲突，故该政策也被称作"母亲友好政策"。纵观国外的经验，家庭友好政策主要从政府和企业两个层面，以制度、福利和服务三种形式予以操作。其中，与母亲相关的家庭友好制度包括家庭育儿津贴及转移支付、弹性工作制、远程办公、突发情况下允许带孩子上班等，相关的家庭友好福利则包括带薪的产假及亲职假、领养援助、家庭日等，而相关的家庭友好服务则包括企业所提供的育婴室、幼龄儿童的托儿所、看护援助、搬迁帮助、子女（或老人）照顾咨询等（Jeff, Sader, 2007）。

在讨论组织支持对于已育人群的工作家庭冲突的效用时，本研究肯定了组织支持为已育人群平衡工作与家庭所做的贡献，但同时也发现组织支持在我国当前的受众面较小，支持程度较低，影响力远远不及家庭支持。这既说明了养育责任在我国更多地依靠于个人和家庭，政府和企业所提供的支持相对乏力，也反映了我国家庭友好政策起步晚、碎片式发展的现状。与此同时，经过多年的实践与调适，发达国家已经发展出各具特色的家庭友好政策体系，并在促进女性就业、平衡工作与家庭的关系及性别平等方面逐渐显露成效。在生育政策调整的背景下，从中博采众长、洋为中用，不仅能够积极地应对已育人群的工作家庭冲突、促进母亲的劳动参与，还有益于提高家庭养育责任的社会分担意识，以达到刺激人口再生产之功效，与生育新政相得益彰，更是构建健全的社会保障体系、推动性别平等的有益尝试。

一、福利体制与女性就业的关联

就女性劳动力市场的参与而言，不同的福利体制会带来差异化的家庭政策，继而对女性的劳动力市场行为与回报产生迥异的影响。经验研究显示，即使是在家庭友好政策相对完备的发达国家，家庭友好政策对母亲的支持力度与方式也存在着较大的差异。对经济合作组织成员国的研究发现，瑞典、挪威等北欧国家对母亲劳动参与的政策支持力度最大，故这些国家的女性不仅享有较高的生育福利，而且持续就业率较高；英国和美国对母亲劳动参与的政策支持力度最低，表现为生育假期较短、女性的生育代价较大；而法国则在对母亲劳动参与的政策支持方面居于中等水平，因而女性为生育所付出的代价也趋于中等（Gash，2009）。之所以各国对母亲就业的政策支持表现出上述不同，很大程度上源于各国在福利体制类型上的差异，而这种差异映射出国家在与市场、家庭之间的三角关系中所扮演的角色及其对女性社会角色的定位，从而从制度和社会认知的角度对母亲的就业安排、生活重心及自我认同均产生潜移默化的影响。

理论层面上，艾斯平-安德森对福利国家类型的划分是分析二者关系的重要基石。他根据各国在公民权利和工作组织方面的社会政策差别，将福利制度国家划分为社会民主型体制、保守型体制和自由体制三种类型，并以此作为女性就业的重要社会背景，进一步推断：各国福利体制的差异会导致相关政策对女性（尤其是母亲）就业的支持程度不一，从而决定了女性在劳动力市场的参与程度及被职业性别隔离的程度（Esping-Andersen，1999）。

按照上述对福利国家的理解，在以瑞典为代表的社会民主型福利体制国家中，女性既是纳税人，又是家庭的照顾者。这种对女性职业角色和家庭角色不分伯仲的双重定位使得国家能够平等地对待女性的工作权和家庭义务，并运用市场和制度的杠杆来融合二者之间的关系。在这里，政府往往是"双管齐下"：一方面通过生育假期政策保证工作母亲的持续就业，另一方面通过公共育儿系统扮演"国家保姆"的角色来减轻工作母亲的家庭照顾负担。在以美国为代表的自由型福利体制国家中，"大市场小政府"导向则将女性定位为与男性相同的纳税人，而对女性的家庭照顾诉求则在有限福利供给原则的指导下鼓励其通过市场来自我解决。由此，形成了政府所提供的生育福利较为吝啬、母亲虽然普遍就业但生育代价较高的社会现象。而在以德国为代表的保守型福利国家中，家庭主义的倡导使得"男主外，女主内"的传统性别分工模式得以在很大程度上保留下来，并通过税收和法律体制在一定程度上推动了家务劳动的有偿化，凸显了女性的家庭照顾角色。因此，这类国家中的女性婚育后大多回家相夫教子或从事兼职性的工作，在就业体系中处于边缘的位置，充当着辅助性的职业角色（Esping-Andersen，1999）。

鉴于新中国成立后我国先后经历了计划经济和市场转型等阶段，我国的福利体制被有的学者划归为上述三种类型之外的第四种类型，即"东亚发展型福利体制"。在这种福利体制中，传承下来的儒家传统强化了家庭作为个体福利的重要源泉，而国家则以优先发展经济为原则提供"补缺"式的有限福利供给（王卓祺，2011）。首先，新中国成立后"男女都一样"的妇女解放运动极大地促进了女性的劳动参与，同时，教育的普及也推动了社会的性别平等意识，使得女性在工作领域掀起了一场翻天覆地的革命，其职业角色有了长足的进步。但是，长久以来父权制对社会性别的社会建构及儒家传统的浸淫，女性仍与妻子、母亲、照顾者等传统角色相捆绑，在家庭领域实质上仍是一场"停滞的革命"。

其次，市场转型过程中的公私分离、效益优先使得母亲失去了较多的就业保护屏障，并催生了一些新的问题。具体说来，在计划经济转型为市场经济的过程中，原来依托于单位的大部分福利保障功能被剥离，包括对母亲的子女照顾职责影响较大的工作场所内专为女性员工设置的哺乳室、幼龄儿童的托儿所、企业附属幼儿园等。上述与子女照顾相配套的"一条龙"福利的取消将养育职责重新由公共领域推向个人和家庭。另外，早教市场以教育性营利而非提供托儿服务的市场导向，使幼龄儿童的照顾成为母亲重返职场的主要屏障。

尽管国家曾多次发文要求对女性员工的生育权益予以保护，但这种政策性支持的行政效力有限且企业的违规成本较小，这不仅使得国家保护女性劳动者的意愿"鼓掌难鸣"，反而滋生出针对女性的制度性歧视。从雇佣时的男性优先，到录用时要求女员工签订三五年内不许生育的"怀孕协议"，再到如今企业内部为女员工设定的"二（或三）孩生育时间表"，针对女性的制度性歧视可见一斑。而且，这种歧视的隐蔽化也为母亲正当维权制造了不少障碍，如国家明文规定企业不得解雇怀孕的女职工，但转岗降薪等形式的存在成为企业投机和规避风险的灰色地带。此外，工会组织的职权被弱化，沦为企业文娱活动或危机公关时的协调性角色，并且长期在帮助女性员工与企业议价的过程中处于缺位的状态，均使得家庭友好政策在组织内部进展缓慢、举步维艰。

就我国的现状来看，现有的家庭友好政策的实施很大程度上取决于企业组织的自发推动，当然也与企业本身的性质存在着较大的关联。通常，外商独资或合资企业由于在公司制度建设的过程中较多地复制了海外母公司的经验与操作理念，因而对家庭友好的工作氛围的打造较为注重，女性员工所享有的生育福利较完备。而在国有部门，计划经济时代高福利的痕迹依然清晰可见，再加之受市场价格的影响较小，因此女性员工的生育福利不仅大多数时候能够充分实现，而且往往还具有较明显的人本主义导向。反过来，这种人本主义导向亦有利于员工个体获得更多的组织支持，如主管支持、同事支持，因此能够较大地缓解员工的工作家庭冲突（Powell et al.，2009）。而市场部门则在经济利益的驱动下将女性的生育福利纳入企业的运营成本，家庭友好政策的实施除了国家干预之外，更多的是企业的短期效应与长期效益之间相互进行博弈的结果。不过，近些年来，随着国外经验的引入及企业责任意识的提升，不少市场部门开始尝试打造家庭友好型工作氛围，以实现员工和企业"双赢"的效果。

二、我国家庭政策的发力点

在我国，从计划经济到市场经济的转型不仅彻底改变了劳动力分配与补偿机制，也使得单位福利制下的公共育儿体系向私人化育儿转变（佟新，周旅军，2013）。这种宏观结构上的变化更多地投射到微观个体——工作母亲——身上，它一方面意味着育儿重担更多地落在了工作母亲身上，继而导致工作-家庭冲突加剧；另一方面，也意味着已育女性职业发展的成本与不确定性俱增。而在我国家庭政策起步较晚、发展较缓且执行不到位的现状下，"全面"二孩、"三孩"政策的引入乃至以后的生育政策调整都可能增加上述个体的生活成本与劳动力市场的风险。因此，借鉴发达国家已有的家庭政策与现实经验，探寻我国家庭政策在新政背景下努力的方向，则显得尤为迫切。接下来，本研究将从政府和企业组织两个层面对我国家庭友好政策的构建提供建议。

（1）政府可以考虑运用法律和税收机制分摊家庭的育儿成本并承认家庭照顾者的劳动价值，提供优质低廉的公共儿童托管服务来保证母亲的持续就业，同时注重女性就业反歧视的制度化建设并加大对企业的监管力度。

其一，对家有未成年子女的家庭进行转移支付，实现家庭养育成本的社会化。

儿童是社会未来的劳动者和纳税人，将增加全社会的福祉，从而具有了公共物品的属性。虽然全社会可以免费享有儿童成长后所带来的社会福利，但是养育儿童的成本仍主要由家庭或个人来承担，尤其是母亲对于养育子女付出了更高的机会成本。对于城市中的育龄家庭而言，养育成本的家庭化可能使其在进行再生育抉择时面对更高昂的生活成本，从而对二孩（或三孩）的生育望而却步，造成家庭生育意愿与生育政策导向的相背离。因此，从刺激人口再生产的角度而言，政府分担家庭的养育成本将有利于生育新政更顺畅地实施。

国外经验已证明，专门为需要抚养子女的家庭而设置的转移支付不仅能够减轻家庭的养育负担、达到鼓励生育的目的，还能促进女性生育方面的公共福利。而上述转移支付通常通过社会保险制度、公共健康体系、旨在缓解公共债务的税收制度等形式来发挥作用（Folbre，1994）。譬如，在美国，有一半的家庭根据生育子女数量享有《所得收入赋税返还金法案》（EITC）所规定的不同额度的税收优惠，最高税收优惠额度为一个家庭年税收减少5000美元（U.S. BLS，2000）。而在意大利，除了对家有未成年子女的家庭给予常规津贴之外，对于生育多子女的家庭则予以每年1000欧元以上的奖励（宋卫青，丹尼尔·爱乐，2009）。因此，结合我国的现实情况，可以尝试以下两条路径：在个人层面上，对已育人群的劳动所得税进行减免；以家庭为单位，按照子女数量对育有子女的家庭予以不同程度的经济补贴，从而为养育成本的社会化及人口生产的再发展构筑双重保险。

令人欣慰的是，我国在2018年修正的新个人所得税法中，明确将子女教育作为个税专项附加扣除，规定纳税人子女接受全日制学历教育所产生的支出，按照每个家庭中每孩每月1000元的标准定额扣除。而在2021年7月27日的全国优化生育政策电视电话会议上，国家研究推动将3岁以下婴幼儿照护费用纳入个人所得税专项附加扣除,这标志着我国在生育成本的社会化方面继续稳步推进。

其二,促进家庭照顾活动的有偿化与亲职假的设立。

传统性别角色的社会期待使得母亲成为子女抚育的主要承担者,这种用于子女照料和其他家务劳动的时间一方面造就了女性的机会成本较高,另一方面却令男性从中获益,从而进一步加剧了两性在职业回报与职业发展方面的不平等。那么,既要正视母亲在养育活动中的付出并保障其相关权益,又要鼓励男性积极承担子女的照顾责任,这两股力量推动了发达国家家务劳动有偿化和亲职假的出现。

从国外的经验来看,与子女照顾相关的家务劳动被兑现为照顾津贴。该津贴主要适用于3岁以下儿童的家长,但由于其补贴水平较低且大部分要求领取人全职在家从事照顾活动,因而主要由母亲来领取(Morgan,Zippel,2003)。尽管如此,照顾津贴还是从制度架构的高度对家庭照顾活动的价值予以了充分肯定及货币补偿。而亲职假则在保证工作岗位的前提下,允许家长短期内全职在家照顾年幼的子女,在此期间没有工资收入或予以一定的工资补贴。从欧洲国家的实践来看,亲职假先后经历了"谁适合谁用"的混合式父母假,到分配父母具体使用比例的"配额式"父母假,再到"不使用就作废"的专门的父亲假这三个阶段,其中变化的动因很大程度上来自于男性参与子女照顾的比例偏低(Haas,2003)。据此,我国也可以参考照顾津贴和亲职假的两种形式来推动父亲对于幼龄儿童的照顾,以缓冲母亲的工作家庭冲突,并对于全职在家照顾子女的母亲的经济权益予以保护。

其三,重点培育幼龄儿童的公共照顾服务,保障工作母亲的持续就业。

就女性的就业曲线来看,由于0—3岁儿童的照顾负荷最重,因此女性在子女0—3岁的就业率最低,这一时期是职业中断的高发期。而自市场转型之后,公共育儿系统的萎缩、政府在加大义务教育投入的同时对幼龄儿童的早期教育及照顾服务投入不足,造成了幼龄儿童公共照顾服务的供需失衡,亦成为母亲重返工作岗位的一个主要障碍。随着多孩时代的全面开启,上述矛盾将愈加明显。因此,培育幼龄儿童的公共照顾服务,为工作母亲扫清就业障碍,迫在眉睫。

就 0—3 岁儿童的照顾服务来看，丹麦政府所提供的支持力度最大。它主要采取公共机构为主、市场机构为辅的策略，对市场服务机构的资质及教学要求有着严格的规定，且市场服务费用由家庭和政府按照 1∶3 的比例分摊。意大利政府则专门成立服务于 12 周至 3 岁儿童的照顾中心，按照家庭收入的高低收取一定的费用并对特殊家庭予以优惠（李亮亮，2013）。尽管各国针对幼龄儿童的公共照顾服务尚处在发展阶段且在具体的操作层面上也不尽相同，但有以下两点值得借鉴：第一，将公共照顾服务的资金来源建立在公共税收的基础之上，这样有利于避免政策的服务成本向个体或家庭的转嫁；而 2022 年 3 月在十三届全国人大五次会议的《政府工作报告》中所提出的，将 3 岁以下婴幼儿照护费用纳入个人所得税专项附加扣除，可谓是我国在儿童照顾福利方面的一项有益探索。第二，考虑货币与服务两种形式的交替与互补，即除了由政府提供高质量的幼龄儿童照顾体系这种直接的服务形式之外，还可以通过提高母亲的工资水平来鼓励其寻求市场育儿服务的间接替代。就目前发达国家的经验比较来看，幼龄儿童的公共照顾服务在促进母亲劳动参与上的效果尤为突出，远胜于生育假期与家庭津贴等其他家庭政策。

其四，加大对生育假期与福利制度的督导力度，加速反就业歧视法的出台。

生育假期及其相关的福利制度不仅保障了女性的生育权和工作权，也有利于社会的人口再生产。目前，我国对于女性员工的产假及生育保险制度的设置相对完备，宪法和新劳动法均对女性平等的就业权利做出了明确的规定，但是落实到企业的相关执行过程中却不尽人意，造成了生育保险覆盖率远远低于女性员工人数[①]、女性员工被迫缩减产假时间或被克扣产假工资等现象的发生。本研究的调查数据也显示，在职的母亲中，有 16.2% 的女性的产假少于 3 个月；生产时完全自费的比例接近一半；约四成的女性在产假期间没有任何工资收入，38.9% 的女性被变相降薪。究其原因，很大程度上缘在市场导向之下企业将女性员工的生育成本视为需要额外支出的企业成本，女性员工先天地就在竞争力上逊色于男性员工，继而加

---

① 详见人力资源和社会保障部，《2010 年度人力资源和社会保障事业发展统计公报》。

重了原有的雇主歧视。此外，违法成本过低、女性员工维权困难也是部分企业"有法不依"的一个重要诱因。就美国的经验来看，其不仅设置了公平就业机会委员会和劳工部妇女事务局来处理相关事务，还先后针对潜在的被歧视对象出台了非常具体的法规，如《雇佣年龄歧视法》《公平就业法》《怀孕歧视法》等。鉴于此，我国可以通过专门的督导机构、专项法案的拟定，依靠司法程序以及严厉的制裁等形式来加大对企业的监管力度，从而切实地维护女性员工的切身利益，不违背政策的设计初衷。

（2）企业着力通过弹性工作制、主管支持和工会来构建对母亲友好的工作氛围，以实现企业与员工的"双赢"。

通常，对工作母亲的职场支持可以划分为正式的职场支持和非正式的职场支持。前者以国家强制执行的法规和企业自行设定的家庭福利政策为代表，后者则主要体现为主管支持。以美国为例，除了官方颁布的《家庭医疗休假法案》之外，企业还自行设计了各种形式的弹性工作安排（如远程办公、兼职工作计划），并不同程度地配备了独立的照顾支持项目，如在企业内设置儿童照顾场所、为有儿童托管或老人照顾需要的女性员工提供经济或工具性援助。而主管支持则是将上述国家和企业所提供的家庭友好型福利政策落实并发挥到极致的关键要素。美国的大部分企业会对中高级主管进行培训，鼓励主管根据每个员工的福利需要制定私人化方案，既使得员工和企业在就业安排上达成一致，也帮助员工减少了工作-家庭冲突（Friedman，2015）。那么，结合我国企业的现状，实行弹性工作制、鼓励主管支持以及重启工会的议价职能则具有较大的可行性。

其一，弹性工作制有利于母亲的工作与家庭平衡。

弹性工作制主要是通过灵活的上下班时间或压缩周的形式来增强员工对工作的自主性，从而缓解工作和家庭在时间上的冲突。而且，就其实际运行效果来看，它不仅有益于舒缓员工的工作压力、减少缺勤率、提高工作满意度，还能够增强员工对组织的忠诚度（Sharpe，2002）。

发达国家的研究显示，女性员工无论是在弹性工作制的使用意愿抑或使用频率上均要高于男性员工。这一方面反映了女性肩上过多的家庭照顾之责迫使其急需寻找工作与家庭冲突的突破口，另一方面也说明弹性工作制对于母亲兼顾工作和家庭起到了积极的作用。而具体到我国企业的实践中，可以考虑设置错峰式上下班时间，或一周内用集中办公与远程办公相结合的方式实现在工作时间与工作地点的"双弹性",这样不仅可以充分满足母亲接送孩子上下学、应对孩子生病等突发情况,还能降低公共通勤时间的损耗。

不过,也有学者认为弹性工作制是一把双刃剑,虽然它有利于员工在工作与家庭之间进行平衡,但由此可能会导致雇主的歧视——主动选择利用家庭友好政策或福利的员工实际上宣告了自己的职业价值倾向(家庭为主、事业为辅),从而导致雇主对其后继的培训、晋升机会及绩效考评等方面做出偏见性的判断。其对已育女性的影响首当其冲:为了平衡家庭与工作,工作母亲更青睐弹性工作;作为一种补偿性差异,允许弹性工作的行业大多具有门槛低、收入低、工作不稳定、缺乏晋升渠道等次级劳动力市场的特征,故将进一步加剧性别收入差距和职业性别隔离。鉴于我国现阶段能够实行弹性工作制的企业仍在少数,所以目前政策发力的方向更侧重于托育机构的"弹性",而非工作的"弹性"。比如,有议案呼吁,具备条件的企业可恢复育婴室、托儿中心等设置,中小学延长托管时间,使孩子的放学时间与家长下班(含通勤)时间相衔接。

其二,鼓励主管支持,辅以工会力量,实现对母亲员工的行动与情感的"双支持"。

中高级主管在帮助员工调适工作-家庭角色的过程中起着独特的作用,尤其是在家庭友好政策所提供的福利不足时。主管支持主要通过积极建立与下属的高质量情感交流、对有家庭照顾需求的员工施以工作上的通融或帮助、创造或维护组织内的家庭友好氛围的形式对员工给予工具性支持和情感性支持。而且,由于主管通常被视为组织的代理人,因此,他们能够对员工的态度和职业结果产生直接的影响。而员工所感受到的主管对自己贡献的重视及福利的关心,被称为主管支持感(perceived supervisor support)。经验研究显示,员工对主管支持的感知度越高,则其职业幸福感和家庭满意度越高,对组织的认同感越高,且离职意向较低(李锐,凌文铨,2008)。

考虑到两性在家庭角色及沟通方式上的差别,近些年在发达国家掀起了一股"协商式的主管支持"(idiosyncratic deals)的风潮。相较于以往千人一面式的主管支持,企业鼓励主管与下属员工进行单独沟通,通过协商来定制个体的福利需要,使主管所提供的就业安排与员工的具体工作-家庭需要相匹配，促使两性同等地享有家庭友好政策福利（Major，Lauzun，2010）。上述风潮的出现很大程度上源于西方社会中雇佣关系由科层制中的工具理性向人本主义转向。而在我国的雇佣关系中，人际互动一直扮演着不容小觑的角色，它既可能影响工作资源的获得与职业回报，也可能直接影响员工对组织和个人幸福感的主观评价。因此，我国的雇佣关系具有较强的关系取向，并在主管与下属的互动中形成"圈内"与"圈外"的差别（任孝鹏，王辉，2005）。在"圈内"，主管与下属的非正式互动较多，且下属有可能获得更多的工作或生活便利。同时，鉴于女性的情感需求较高且其作为抚育的主体，因此，为母亲所提供的主管支持应是以关系为导向、在工作领域侧重于工具性支持、在家庭领域予以情感疏通的三维体系。

同时，我国的工会组织在市场转型过程中因其功能定位的模糊、"维稳"大于"维权"功能而被诟病，但是不能抹杀其长久以来在企业中所扮演的对女性员工的生育权利的保护者角色，尽管很多时候流于简单福利的发放、困难人群的慰问及文体活动等形式。据此，可以考虑重启工会组织对女性员工的保护功能，侧重于以劳动者代理人的身份通过与雇主的协商实现对女性员工生育权利的维护，争取更多的家庭友好福利，协同主管支持一起营造对母亲友好的工作氛围。

三、政策双向调整的混合效应

就改变人口结构、应对老龄化而言，延迟退休政策与多孩生育政策有着异曲同工之效。二者分别从增加青壮劳动力储备和降低老年抚养比的角度，相辅相成地完成保证劳动力供给、减轻社会负担的使命。然而，由于女性作为生育载体和家庭照顾角色的传统定位，二者"双管齐下"可能给母亲的职业生涯增添新的不确定因素，并在政策相互作用时发生削减效应。

其一，延迟退休政策能够延长女性的职业生涯，从而有助于改善其就业质量。

对女性而言，延迟退休则意味着劳动寿命的增加，能够提高女性人力资本投资的回收率，有利于实现投资与收入兑现的最大化；由此，将进一步鼓励女性继续进行投资，从而对女性后期的收入增长和职务升迁具有积极作用。尤其是高学历的女性，她们通常受教育的年限较长，进入劳动力市场的时间较同龄女性群体晚，而且职业上升期与家庭组建期发生"撞车"

的可能性较高,从而增加职业中断的风险并可能强化雇主带有偏见性的评价,使其尔后的职业生涯充满坎坷。不过,延迟退休政策则通过拉长女性职业生涯的"分母",从而减轻生育、职业中断等破坏性"分子"所占的相对比例。同时,就企业而言,延迟退休意味着个体贡献时间的增加,有助于提高雇主对投资收益回收的预期,从而愿意对女性员工进行在职培训等形式的人力投资,并增加提拔选用的概率。从长远来看,它不仅将在客观上提升女性的职业地位与收益,还能够减少劳动力市场针对女性的歧视,从而可能使许久以来悬而未决的职业"天花板"被冲破,并进一步为性别收入差距鸿沟的合拢及职业性别隔离的清除奠定基础。

其二,生育新政可能会恶化女性的就业环境,令延迟退休政策的积极效应无法充分展现。

首先,对雇主而言,女性的再生育将增加企业的生育保险费用、产假工资及其产假期间找人代班的人力搜寻成本及雇佣成本。而且,如果女性在生育二孩(或三孩)后不能如约地返回工作岗位,则上述所有的前期投入都会成为雇主的沉没成本。而上述相较于男性则均属于额外支出的成本,那么,在效益最大化原则的驱动下,雇佣男性才是雇主的最优选择。据此,生育新政将极可能激化原有的雇主歧视,使之扩大化为拒绝雇佣所有女性群体,或者转嫁为对在职女员工降低工资或限制培训机会。其次,对女性而言,再生育可能会使职业中断的次数增加、中断期延长,不利于女性的人力资本积累;孩子数量的增多,则将耗费母亲大量的时间和精力,从而影响工作生产力,最终以经济回报的减少为代价。而且,不容忽视的是,城市中二孩(或三孩)生育的适龄女性已步入"上有老,下有小"的负重阶段,传统文化对于女性家庭角色的期待使得子女的抚育和老年人的照料重任皆落在她们的肩上。加之城市中对家庭养老传统的固守以及"女儿养老"的兴起,工作母亲不得不以削减工作投入或向下流动至"母亲友好型"职业的方式来应对高负荷的家庭照顾需求,甚至彻底放弃就业而回归家庭。如此看来,延迟退休政策对于女性职业发展的积极影响还未来得及展现,就在中途被多孩生育政策消解了。

其三,就儿童照顾而言,当延迟退休政策遭遇多孩生育政策,则产生了一个新的困境:如果祖辈继续就业,谁来照顾第二个(或第三个)孙子女?再育女性注定要"回家"?

在我国，祖辈照顾孙辈的传统由来已久。除了"含饴弄孙"的文化与心理需要之外，这种照顾行为既是对传统的"反哺"式代际互动进行传承的结果，也与市场转型过程中家庭保障功能的延续密不可分。在我国城市中，成年子女婚后与老年父母共同居住、由祖辈照顾年幼孙辈的现象依旧普遍。而在西方社会，人们则遵循着"接力"式的代际互动模式，即子女成年后自立门户，只有在特殊情况下（如离异、犯罪、生病或死亡）老年父母才承担照顾孙辈的职责，故西方社会的幼儿托管大多依赖母亲本人或服务性机构。因此，相较于西方女性，家庭育儿支持的可获得性是我国母亲就业的独特优势。

值得重视的是，国外学者认为，幼儿托管的可获得性是影响母亲劳动参与的关键因素。在西方，母亲通常是通过公共托儿机构或有偿服务来实现工作时段的儿童照顾。当儿童托管的市场价格大于女性的劳动力市场收益时，将导致相当一部分女性退出劳动力市场来照顾年幼的子女。因此，发达国家女性的就业模式普遍呈现为 M 型曲线，而该曲线的最低点就是女性因婚育而退出劳动力市场所造成的。子女进入学龄期之后，有更多的母亲重返职场，故就业率回升；之后随着女性年龄的增加，就业率出现递减。

而在我国，无论是女性的就业模式，还是幼儿的托管，均与发达国家存在着较大的差异。在计划经济时代，女性就业权被糅合到妇女解放、性别平等的政治意识形态之中，并铸就了计划经济时代女性的高就业率，不过其是以低工资水平为代价的。尽管近年来城镇女性的就业率有所下滑，但我国女性的就业模式仍以倒 U 型的就业曲线为代表。这种持续就业模式不仅使得女性的工作角色与家庭角色的冲突更为明显，并在城市中催生了大量双职工家庭。那么，对于家有幼儿的双职工家庭而言，幼儿托管便成为一个无法回避的问题。不过，在计划经济时代，单位附属的各种福利设置（如托儿所、哺乳室）以及家中老人的帮助，使得幼儿托管的难题迎刃而解。但在市场转型的过程中，单位制的瓦解、市场化托儿服务不健全以及诚信机制的缺乏均将育儿的重任委托给了孩子的母亲和祖辈。而且，承如本研究所示，老年父母所提供的不仅仅是育儿支持，还包揽了各种家务劳动。这种家庭照顾时间由母亲向老年父母的转移，既保障了母亲的正常工作投入，也通过母亲闲暇时间的增多实现对人力资本的继续投资，从而极大地化解了女性因生育所致的职业发展困境。因此，从这个角度而言，祖辈所提供的育儿支持对于工作母亲的职业发展尤为关键。随着生育新政的全面启动，祖辈的育儿支持对于母亲职业发展的"止损"效应将愈发显著。

而且，不容忽视的是，正是由于祖辈照顾第一个孙辈的行为在客观上能够解决女性就业的"燃眉之急"，故祖辈照顾第二个（或更多）孙子女的意愿能够在主观上刺激女性再生育的意愿。按照主干家庭的合同理论来理解，在由年轻夫妇与老年父母所组成的主干家庭中，代与代之间在资源分享、劳务分担、社会网络的扩充等方面达成一种合作性的契约。这种契约保证了老年父母可以享有年轻夫妇为整个家庭所带来的收入和社会资本，也保证了年轻夫妇能够获得老年父母对于孩子的抚养和照顾服务。那么，年轻夫妇从这种主干家庭获得的子女照顾服务越多，则其越倾向于保持传统的生育观念，增加生育数量（叶文振，1998）。如是观之，祖辈照顾第二个（或更多）孙子女的意愿实际上在母亲的就业和再生育之间扮演着中介的角色。一般认为，女性的劳动参与会抑制其再生育意愿。但是，当祖辈愿意照顾第二个孙子女时，则极可能促进女性的再生育意愿。反过来，女性的再生育也可能抑制其就业的积极性，造成职业中断甚至使其彻底退出劳动力市场，但祖辈照顾第二个孙子女的意愿及行为则能在相当程度上削减上述消极影响。

既然祖辈的育儿支持对于母亲的劳动参与如此重要，那么，延迟退休政策导致祖辈的劳动寿命延长，而谁来照顾第二个（或更多）孙子女便成为一个无法回避的问题。育龄家庭面临着三种选择：要么依靠市场化的儿童照顾机构，要么推迟家庭生育计划，要么女性暂时放弃工作而回归家庭。结合我国现状来看，由于现有幼龄儿童托管的市场化机构还不够完善且价格高昂，故第一条选择不具有可行性。而鉴于生育二孩（或三孩）的女性可能已是高龄产妇，若再等到老年父母退休，则极可能错过最后的生育时机，故第二条选择具有较强的时间限制，人群适用面较窄。如此排除下来，似乎就只有第三条路径。但这显然再次将母亲推至劳动力市场的边缘，固化原有的性别歧视与职业隔离，恶化母亲甚至整个女性群体的就业环境。

与此同时，另一个问题接踵而至：如何保护全职妈妈的权益？在我国，个人的社会保障很大程度上依托于工作单位。女性一旦彻底退出劳动力市场，就意味着她们失去了与社会的连接中介及保障机制。而且，有别于发达国家的"家务劳动有偿化"的策略，我国对于女性的家务劳动及子女照顾活动既并没有予以经济补贴，也没有给予法律保护。虽然婚姻法规定夫妻双方离婚时在财产分割中应对家庭劳动付出较多方予以更多的补偿，但由于该规定是建立在婚后财产分别制（现多为婚后财产共同制）的基础之上，而且无法兑现婚姻存续期间家务劳动价值及劳动较多方的机会成本（吴琦，2013），因此具有较大的局限性。无疑，这就需要政府从制度设计、福利平衡的角度予以多方介入和化解。

第五节　未来探索的突破点

生育政策的调整为研究者提供了观察社会变迁的绝佳试验场。借此，本研究在获得一些有益的收获之时也对某些议题的探讨存在些许遗憾，这些研究结果及不足为我们提示了一些新的研究方向。现归纳如下。

第一，在研究对象上存在一定的局限性。出于研究对象的可获得性及实地调查的可行性等方面的考虑，本研究的调查对象主要是子女入读于幼儿园、小学或初中阶段的家长。由于不同年龄段的子女照顾对于母亲的家庭投入提出了程度各异的要求，因此部分年龄段的家庭照顾责任对女性及家庭的影响可能被低估。比如，根据生活经验，0—3岁儿童的照顾工作应是所有未成年子女照顾活动中负荷最重、对时间与精力的投入要求最高的。因此，在该时期，已育人群面临的工作家庭冲突较为剧烈，也是女性职业中断的高发期，而祖辈所提供的儿童照顾在此时出现的频率最高且育儿支持的效用最为明显。可是，由于本研究对于0—3岁儿童照顾的相关问题主要是根据被访者的回忆做出相应判断，故祖辈所发挥的育儿支持功能有可能被低估。因此，如何扩大研究对象的覆盖面（尤其是低龄儿童家庭）并在实地操作中具有可操作性是今后的实地调查需要解决的问题。

第二，出于优化研究的考虑，对于某些变量的测量是否应该"男女有别"呢？本研究在分析人力资本对于母亲的劳动供给的影响时发现，工作经验这个作为入职后重要的人力资本变量（通常操作化为工作年限）几乎总是处于沉默的"缺席"状态，即虽然通过概率值，可以判断工作年限的增加有利于母亲的劳动供给，但在多数情况下其均未通过显著性检验。那么，在这里，之所以工作年限变量几乎总是处于"不发声"状态，可能与女性就业的间断性及其工作经验测量的不够精确有关。有别于男性的持续就业，女性受生命周期的影响，可能会多次进入或退出劳动力市场。那么，以计算男性工作经验的方法来测量女性的工作经验就会产生误差，使得统计结果偏低（雅各布·明塞尔，2001）。因此，对于母亲工作经验的精确测量值得女性职业相关研究者的高度关注和深入推进。

第三，组织支持效用的评估受限。在讨论工作家庭平衡时，主要是从调查问卷中抽取相关问题来测量组织支持，使得部分维度的组织支持所对应的条目只有一项。这将可能导致组织支持对工作家庭冲突的解释贡献力偏低，并且在比较不同来源的组织支持在两性的工作家庭冲突中所扮演的具体角色时，其影响力被低估。故今后可结合专门的社会支持评定量表予以详细考察。

第四，生育政策的调整不仅对女性的劳动参与带来深刻的影响，更可能波及代际关系、亲子关系及家庭模式等其他领域，这些均有待后续的研究予以深入剖析。首先，生育政策调整将塑造不同于以往的代际关系和亲子关系。在计划生育政策下成长起来的"独一代"如今大多已为人父母，特殊的成长背景使得他们对老年父母的生活依赖并未随着成家生子而减弱，故常常被戏称为"巨婴"。据此，"全面二孩"政策的推行及其对再生育的刺激作用，将会延续成年独生子女对其老年父母的依赖惯性并加重家庭资源向子代的倾斜；而老人照顾孙辈的无偿性及以此交换养老的未可知性均会加剧代际互动的不平等。但是，考虑到延迟退休政策的全面实施逐步落实以及祖辈在"三孩"出生时身体机能的进一步弱化，则在"多孩"政策背景下可能出现照顾角色的"位移"。一方面，祖辈由于延迟退休或身体健康状况不佳等原因，将照顾孩子的工作重新归还给孩子的母亲（已育女性）或委托给专门的照顾机构。另一方面，随着我国深度老龄化的来临，祖辈也可能由照顾者转变为被照顾者。那么，在家庭领域，已育女性或将面临"育儿"与"养老"的双重负担。这里，实际上是再次将托育、养老、女性就业保障三个问题以相互关联的形式提了出来。

同时，对"独一代"而言，他们在儿时成长过程中是没有兄弟姐妹陪伴的。按照家庭治疗理论来理解，这种童年期与父母的关系将会继续投射到其成年后的亲子关系之中（萨提亚，2007）。那么，调整后的生育政策在赋予了他们再生育权利的同时,也催生了一些新问题。比如,作为独生子女的年轻父母如何处理多子女型的亲子关系。此外,祖辈照顾孙辈的行为将使我国的家庭模式经历迥异于西方社会的变化。有别于西方家庭生命周期的标准模式,我国的代际家庭会根据育儿需要进行阶段性地"分"与"合",核心家庭与主干家庭轮番出现。围绕着育儿工作,代际之间会阶段性地组建为临时主干家庭、隔代抚养家庭、"邻住"家庭、"轮住"家庭、"拆住"家庭等多种特殊家庭形式(石金群,2014),由此可能造成老年夫妻分居、城市年轻夫妇成为"周末夫妻"的尴尬局面。随着多孩时代的全面来临,上述均需要在以后的研究中深化并寻求对策。

第五,鉴于时间与经费等方面的制约,本研究的数据基础为截面数据,故对于某些主题的探讨只能"浅尝辄止"。如需进一步深入的探讨,则需要长期跟踪式的纵向调查作为支撑,这也是影响我国量化研究更上一个台阶、实现与国外相关研究进行对话的重要瓶颈之一。笔者在翻阅国外文献时发现,国外相关领域的研究之所以层出不穷,很大程度上得益于大规模追踪调查的开展,为经济学、社会学及其他学科的量化研究奠定了坚实的基础。其中,美国的"国家青年纵向调查"(NLSY)、英国的"家户追踪调查"(BHPS)、德国的"社会经济追踪调查"(SOEP)以及欧洲共同体的"欧洲共同体联合家庭调查"(ECHP)是比较有代表性的追踪调查,构成了众多研究的数据分析来源。相较于单点式的横向调查,这些以家庭户为单位的追踪调查采集了同一研究对象在多个连续时间点上的信息,因此能够动态地反映现象的变化过程,易于呈现因果逻辑,并具有较高的学术循环利用率。目前,我国严格意义的追踪调查相对较少,以中国家庭追踪调查(CFFS)和中国健康和营养调查(CHNS)为典型。相信随着国家科研投入力度的增大和研究意义的凸显,我国的追踪调查将趋于常态化和多样化。

从现实需要来看,三孩政策旨在通过提升出生人口数量,对冲加速增多的老龄人口,以形塑人口金字塔、应对老龄化并释放新一轮的人口红利。改革开放以来经济的高速增长,很大程度上得益于"劳动力供给充足、社会抚养负担相对较轻"的人口年龄结构的加持。鉴于人口的集聚效应与规模效应,保持这种人口的年龄结构优势也成为衡量国家(地区)竞争力的一个重要指标。这也是近年来在国内城市频频上演"抢人大战"的根本原因。可见，"生育本能"是随时代要求而变化的（上野千鹤子，2020），或许三孩政策并不是最后的"终点"。那么，基于现有研究，对有三孩生育意愿及已育三孩的人群开展追踪调查则是本研究未来推进的方向。随着时间的推移，生育子女的数量可能增多，曾经的照顾者（祖辈）将成为被照顾者，已育女性的"双重任务"（工作＋育儿）将可能发展为"三重重担"（工作＋育儿＋养老）。因此，未来的这种追踪调查不仅便于横向比较不同子女数的年轻父母在工作家庭冲突方面的差异、代际互动，还可以纵向了解某类个体（或家庭）生育观及生育行为的变化、养老偏好及居住模式等，从中或许就能找到解开"不愿生""不敢生""养老难"的密码，从而为我国的家庭友好政策及社会支持体系贡献具体的指导性细则，进一步探索适合中国国情的养老模式，以加强相关政策与部门的有效衔接与有机整合，降低试错成本。

主要参考文献

[1]（美）加里·贝克，吉蒂·贝克. 生活中的经济学[M]. 薛迪安，译. 北京：华夏出版社，2010：66-195.

[2]（美）梅根·多姆. 最好的决定[M]. 于是，译. 北京：人民文学出版社，2021：219.

[3]（日）上野千鹤子. 父权制与资本主义[M]. 邹韵，薛梅，译. 杭州：浙江大学出版社，2020：45-88.

[4]（英）雅各布·明塞尔. 劳动供给研究[M]. 张凤林，译. 北京：中国经济出版社，2001：22-59.

[5]费孝通. 乡土中国、生育制度[M]. 北京：北京大学出版社，1998：24-30.

[6]郭志刚. 社会统计分析方法——SPSS软件应用[M]. 北京：中国人民大学出版社，1999：87-101.

[7]沈奕斐. 个体家庭iFamily：中国城市现代化进程中的个体、家庭与国家[M]. 上海：上海三联书店，2013：37-62.

[8]王金玲. 中国妇女发展报告（妇女发展蓝皮书）[M]. 北京：社会科学文献出版社，2006：21-45.

[9]王卓祺. 东亚国家和地区福利制度：全球化、文化与政府角色[M]. 北京：中国社会出版社，2011：37-61.

[10]温忠麟，刘红云，侯杰泰. 调节效应和中介效应分析[M]. 北京：教育科学出版社，2012：52-87.

[11]叶文振. 孩子需求论：中国孩子的成本与效用[M]. 上海：复旦大学出版社，1998：26-48.

[12]曾祥旭. 低生育水平下中国经济增长的可持续性研究[M]. 成都：西南财经大学出版社，2012：42-75.

［13］白海峰，张秀娟，谢晓非，朱睿．职业女性工作家庭冲突、社会支持和幸福感的关系研究［J］．金融经济，2006（12）：187-188.

［14］边燕杰，李煜．中国城市家庭的社会网络资本［J］．清华社会学评论，2000（2）：301.

［15］边燕杰，李路路，李煜，郝大海．结构壁垒、体制转型与地位资源含量［J］．中国社会科学，2006（5）：101-109.

［16］蔡昉．刘易斯转折点与公共政策方向的转变——关于中国社会保护的若干特征性事实［J］．中国社会科学，2010（6）：125-137.

［17］曹蓉，王磊．工作家庭冲突研究回顾与展望［J］．生产力研究，2009（1）：171-173.

［18］陈皆明．投资与赡养——关于城市居民代际交换的因果分析［J］．中国社会科学，1998（6）：131-149.

［19］陈琳．生育保险、女性就业与儿童发展的研究评述［J］．江西财经大学学报，2010（6）：53-58.

［20］陈友华，孙永健．"三孩"生育新政：缘起、预期效果与政策建议［J］．人口与社会，2021（3）：1-12.

［21］陈友华，徐愫．生育关怀行动若干问题思考［J］．人口与发展，2010（1）：44-48.

［22］陈万思，陈昕．生育对已婚妇女人才工作与家庭的影响——来自上海的质化与量化综合研究［J］．妇女研究论丛，2011（2）：40-49.

［23］丁仁船．宏观经济因素对中国城镇劳动供给的影响［J］．中国人口科学，2008（3）：11-19.

［24］段飞艳，李静．近十年国内外隔代教养研究综述［J］．上海教育科研，2012（4）：13-16.

［25］风笑天，王晓焘．城市在职青年的工作转换：现状、特征及影响因素分析［J］．社会科学，2013（1）：81-91.

［26］郭凤鸣，张世伟．教育与工资性别歧视［J］．教育与经济，2012（3）：20-24.

［27］郭筱琳．隔代抚养对儿童言语能力、执行功能、心理理论发展的影响：一年追踪研究［J］．中国临床心理学杂志，2014（6）：1072-1076.

[28] 郭于华. 代际关系中的公平逻辑及其变迁——对河北农村养老事件的分析 [J]. 中国学术, 2001 (4): 221-254.

[29] 洪艳萍, 卢会醒, 严保均. 职业女性工作家庭冲突状况及其与社会支持和主观幸福感的关系 [J]. 职业与健康, 2013 (4): 402-405.

[30] 黄桂霞. 生育支持对女性职业中断的缓冲作用——以第三期中国妇女社会地位调查为基础 [J]. 妇女研究论丛, 2014 (7): 27-33.

[31] 蒋晓平. 逆向代际关系: 城市从业青年隐性啃老行为分析 [J]. 中国青年研究, 2012 (2): 21-25.

[32] 金一虹. 社会转型中的中国工作母亲 [J]. 学海, 2013 (2): 56-63.

[33] 李朝葵, 胡稚凌, 凌云. 女性图书馆员工工作家庭冲突与工作满意度关系探讨——以四川高校图书馆为例 [J]. 四川图书馆学报, 2012 (3): 80-83.

[34] 李芬, 风笑天. 照料"第二个"孙子女?——城市老人的照顾意愿及其影响因素研究 [J]. 人口与发展, 2016 (4): 87-96.

[35] 李骏, 顾燕峰. 中国城市劳动力市场中的户籍分层 [J]. 社会学研究, 2011 (2): 48-77.

[36] 李亮亮. 欧洲四国家庭友好政策及效应分析 [J]. 中华女子学院学报, 2013 (2): 89-93.

[37] 李锐, 凌文铨. 主管支持感研究述评及展望 [J]. 心理科学进展, 2008 (2): 340-347.

[38] 李中清, 王丰, 纪南. 马尔萨斯模式和中国的现实: 中国1700~2000年的人口体系 [J]. 中国人口科学, 2000 (2): 16-27.

[39] 梁日宁. 女性医护人员工作、家庭冲突与工作投入工作满意度的关系研究 [D]. 长春: 东北师范大学, 2009: 1-49.

[40] 林忠, 鞠蕾, 陈丽. 工作-家庭冲突研究与中国议题: 视角、内容和设计 [J]. 管理世界, 2013 (9): 154-171.

[41] 刘丽, 张日昇. 祖孙关系及其功能研究综述 [J]. 心理科学, 2003 (3): 504-507.

[42] 刘群, 张文宏. 改革开放以后中国人的代内职业流动 [J]. 国家行政学院学报, 2015 (1): 86-90.

[43] 刘三明,马红宇,康素杰,申传刚.国外工作-家庭冲突性别差异研究综述[J].妇女研究论丛,2013(9):116-121.

[44] 刘士杰.人力资本、职业搜寻渠道、职业流动对农民工工资的影响——基于分位数回归和 OLS 回归的实证分析[J].人口学刊,2011(5):16-24.

[45] 吕晓兰,姚先国.职业流动与行业收入决定分析[J].经济学动态,2012(6):85-91.

[46] 陆利丽.中国城镇已婚女性劳动力供给及其收入分配效应研究[D].杭州:浙江大学,2014.

[47] 乔晓春.人口和计划生育工作重新定位——从新体制的构建谈起[J].南京人口管理干部学院学报,2013(2):3-6.

[48] 卿石松,郑加梅.职位性别隔离与收入分层[J].南方人口,2013(6):62-68.

[49] 冉启玉.成本与收益:夫妻家务劳动价值的法经济学分析[J].北方论丛,2009(5):145-148.

[50] 任孝鹏,王辉.领导-部属交换(LMX)的回顾与展望[J].心理科学进展,2005(6):86-95.

[51] 石金群.独立还是延续:当代都市家庭代际关系中的矛盾心境[J].广西民族大学学报(哲学社会科学版),2014(4):35-40.

[52] 宋健,周宇香.中国已婚妇女生育状况对就业的影响—兼论经济支持和照料支持的调节作用[J].妇女研究论丛,2015(4):16-23.

[53] 宋健,戚晶晶."啃老":事实还是偏见——基于中国4城市青年调查数据的实证分析[J].人口与发展,2011(5):57-64.

[54] 宋璐,李树茁,李亮.提供孙子女照料对农村老年人心理健康的影响研究[J].人口与发展,2008(3):10-18.

[55] 宋璐,李树茁.照料留守孙子女对农村老年人养老支持的影响研究[J].人口学刊,2010(2):35-42.

[56] 宋卫青,丹尼尔·爱乐.福利国家中的社会经济压力和决策者——德国和意大利家庭政策的比较研究[J].欧洲研究,2008(6):107-122.

[57] 唐喜政. "啃老": 理解农村代际剥削的一个视角——以豫南 Y 镇为例 [J]. 前沿, 2014 (7): 125-127.

[58] 佟新, 濮亚新. 研究城市妇女职业发展的理论框架 [J]. 妇女研究论丛, 2001 (3): 4-10.

[59] 佟新, 周旅军. 就业与家庭照顾间的平衡: 基于性别与职业位置的比较 [J]. 学海, 2013 (2): 72-77.

[60] 王军, 李向梅. 中国三孩政策下的低生育形势、人口政策困境与出路 [J]. 青年探索, 2021 (4): 50-61.

[61] 王华锋. 企业家的工作——家庭冲突及其处理策略与创业绩效的关系研究 [D]. 杭州: 浙江大学, 2009: 173-227.

[62] 王小波. 大学生劳动力市场入口处的性别差异与性别歧视 [J]. 青年研究, 2002 (9): 11-17.

[63] 王兆萍, 张健. 酬家务劳动价值的新估算 [J]. 统计与决策, 2015 (5): 15-19.

[64] 吴琦. 家务贡献补偿制度的解构与重塑 [J]. 江西社会科学, 2013 (3): 156-159.

[65] 吴小英. 主妇化的兴衰——来自个体化视角的阐释 [J]. 南京社会科学, 2014 (2): 62-68.

[66] 吴愈晓. 影响城镇女性就业的微观因素及其变化: 1995 年与 2002 年比较 [J]. 社会, 2010 (6): 136-155.

[67] 谢义忠, 时勘. 工作属性、社会支持对电信员工工作家庭冲突的影响 [J]. 中国心理卫生杂志, 2007 (11): 773-786.

[68] 许叶萍, 石秀印. 在"社会"上贡献, 于"市场"中受损——女性就业悖论及其破解 [J]. 江苏社会科学, 2009 (3): 17-25.

[69] 杨菊华. "一孩半"生育政策的社会性别与社会政策视角分析 [J]. 妇女研究论丛, 2009 (3): 16-25.

[70] 杨菊华. "性别-母职双重赋税"与劳动力市场参与的性别差异 [J]. 人口研究, 2019 (1): 38-57.

[71] 姚先国, 谭岚. 家庭收入与中国城镇已婚妇女劳动参与决策分析 [J]. 经济研究, 2005 (7): 18-27.

[72] 颜峰，胡文根. 从性别正义看女性就业心理调适［J］. 求索，2010（2）：93-95.

[73] 余秀兰. 女性就业：政策保护与现实歧视的困境及出路［J］. 山东社会科学，2014（3）：48-53.

[74] 袁志刚，封进，张红. 城市劳动力供求与外来劳动力就业政策研究——上海的例证及启示［J］. 复旦学报（社会科学版），2005（5）：202-212.

[75] 翟振武，赵梦晗. "单独二孩"政策的前因与后果［J］. 人口与计划生育，2014（3）：10-12.

[76] 张川川. 子女数量对已婚女性劳动供给和工资的影响［J］. 人口与经济，2011（5）：29-35.

[77] 张丽莉. 影响女性高科技人才工作-家庭冲突因素分析及其干预对策［J］. 中国人力资源开发，2010（12）：86-89.

[78] 赵友宝，曹靖宇. 反用人中的"性别歧视"：一种经济学分析及对策［J］. 经济体制改革，2005（1）：29-33.

[79] 曾晓东. 我国幼儿教育由单位福利到多元化供给的变迁［J］. 北京师范大学学报（社会科学版），2006（2）：11-16.

[80] 张文宏，刘琳. 职业流动的性别差异研究——一种社会网络的分析视角［J］. 社会学研究，2013（5）：53-75.

[81] 赵梅，邓世英，郑日昌，周霞. 从祖父母到代理双亲：当代西方关于祖父母角色的研究综述［J］. 心理发展与教育，2004（4）：94-96.

[82] 郑真真. 从家庭和妇女的视角看生育和计划生育［J］. 中国人口科学，2015（2）：16-25.

[83] 郑丹丹，易杨忱子. 养儿还能防老吗——当代中国城市家庭代际支持研究［J］. 华中科技大学学报（社会科学版），2014（1）：125-130.

[84] 周春淼，郝兴昌. 企业员工工作-家庭冲突与生活满意度的关系——大五人格的中介效应检验［J］. 心理科学，2009（5）：1057-1060.

[85] 周怡. 布劳-邓肯模型之后：改造抑或挑战［J］. 社会学研究，2009（6）：206-225.

[86] ESPING-ANDERSEN G. Social foundations of postindustrial economies［M］. New York：Oxford University Press，1999：93-99.

[87] MOFFITT R. The effect of transfer programs on labor supply in the presence of preference heterogeneity and variable take-up [M]. Mimeo: Johns Hopkins University, 2005: 1-27.

[88] STONE P. Opting out? Why women really quit careers and head home [M]. Berkeley: University of California Press, 2007: 185-187.

[89] WILLIAMS J. Unbending gender: why family and work conflict and what to do about it [M]. New York: Oxford University Press, 2000: 40-243.

[90] ANDERSON D J, BINDER M, KRANSE K, et al. The motherhood wage penalty revisited: experience Heterogeneity, work effort, and work-schedule flexibility [J]. Industrial and labor relations review, 2003, 56 (2): 273-294.

[91] BHAVE D P, KRAMER A, GlOMB T M. Work-family conflict in work groups: social information processing, support and demographic dissimilarity [J]. Journal of applied psychology, 2010, 95 (1): 145-158.

[92] BRATTI M, BONO E D, VURI D. New mothers' labor force participation in Italy: the role of job characteristics [J]. Labour, 2005 (19): 79-121.

[93] BUDIG M J, HODGES M J. Differences in disadvantage: variation in the motherhood penalty across white wome's earnings distribution [J]. American sociological review, 2010 (75): 705-728.

[94] CARLSON D S, KACMAR K M, WILLIAMS L J. Construction and initial validation of a multidimensional measure of work-family conflict [J]. Journal of vocational behavior, 2000 (56): 249-276.

[95] CINAMON R G, YISREAL R, WESTMAN M. Teachers' occupation-specific work-family conflict [J]. Career development quarterly, 2007, 55 (3): 249-261.

[96] CORRELL S J, BENARD S, PAIK I. Getting a Job: is there a motherhood penalty? [J]. American journal of sociology, 2007 (112): 1297-1338.

[97] DEMEROUTI E, BAKKER A B. The job demands-resources model: challenges for future research [J]. SA journal of industrial psychology, 2011, 37 (2), doi: 10.4102/sajip.v37i2.974.

[98] DEX S, JOSH H, MACRAN S, MCCULLOCH A. Women's employment transitions around childbearing [J]. Oxford bulletin of economics and statistics, 1998, 60 (1): 79-98.

[99] DUXBURY L E, HIGGINS C A. Gender differences in work-family conflict [J]. Journal of applied psychology, 1991, 76 (1): 60-74.

[100] EVANS M, GILBERT E. Plateau managers: their need gratifications and their effort-performance expectations [J]. Journal of management studies, 1984, 21 (1): 99-108.

[101] FRIEDA R, JOY A S. The long-term negative impacts of managerial career interruptions: a longitude study of men and women MBAs [J]. Group and organization management, 2005, 30 (3): 243-262.

[102] FRIEDMAN S. Still a "stalled revolution"? work/family experiences, hegemonic masculinity, and moving toward gender equality [J]. Sociology compass, 2015, 9 (2).

[103] FRONE M R, YARDLEY J K, MARLCEL K S. Developing and testing an integrative model of the work-family interface [J]. Journal of vocational behavior, 1997, 50 (2): 140-155.

[104] GAFNI D, SINIVER E. Is there a motherhood wage penalty for highly skilled women? [J]. Journal of economic analysis and policy, 2013, (1): 67-69.

[105] GANGL M, ZIEFLE A. Motherhood, labor force behavior, and women's career: an empirical assessment of the wage penalty for motherhood in Britain, German and the United States [J]. Demography, 2009, 46 (2): 341-369.

[106] GASH V. Sacrificing their careers for their families? An analysis of the penalty to motherhood in Europe [J]. Social indicators research, 2009, 93 (3): 569-586.

[107] GLAUBER R. Race and gender in families and at work: the fatherhood wage premium [J]. Gender and society, 2008, 22 (1): 8-30.

[108] GOUGH M. Re-imagining the motherhood penalty: the role of birth spacing [C] // in Consequences of family events: three papers on family change and subsequent outcomes. (Doctoral dissertation). Ann Arbor, MI: ProQuest LLC, 2012.

[109] GREENHAUS J H, POWELL G N. When work and family are allies: a theory of work-family enrichment [J]. Academy of management review, 2006, 31 (1): 72-92.

[110] GRZYWACZ J G, ALMEIDA D M, MCDONALD D A. Work family spillover and daily reports of work and family stress in the adult labor force [J]. Family relations, 2002, 51: 28-36.

[111] HAAS L. Parental leave and gender equality: lessons from the European Union [J]. Review of policy research, 2003 (1): 89-114.

[112] HOEM B. The compatibility of employment and childbearing in contemporary Sweden [J]. Acta sociology, 1993 (36): 101-120.

[113] JIA N, Dong X. Economic transition and the motherhood wage penalty in urban China: investigation using panel data [J]. Cambridge journal of economics, 2013 (37): 819-843.

[114] KAHN J R, GARCIA-MANGLANO J, BLANCHI M. The motherhood penalty at midlife: long-term effects of children on women's career [J]. Journal of marriage and family, 2014 (76): 56-72.

[115] KORNSTAD T, THORESEN T O. A discrete choice model for labor supply and child care [J]. Journal of population economics, 2007 (4): 304-329.

[116] KRICHELI-KATZ T. Choice, discrimination, and the motherhood penalty [J]. Law and society review, 2012, 46 (3): 557-587.

[117] KÜHHIRT M, LUDWIG V. Domestic work and the wage penalty for motherhood in West Germany [J]. Journal of marriage and family, 2012, 74 (1): 186-200.

[118] LOOZE J. Young women's job mobility: the influence of motherhood status and education [J]. Journal of marriage and family, 2014 (76): 693-709.

[119] LOUGHRAN S D, ZISSIMOPOULOS M D. Why wait? The effect of marriage and childbearing on the wages of men and women [J]. Journal of human resources, 2009, 44 (2): 326-349.

[120] LUNDBERG S, ROSE E. Parenthood and the earnings of married men and women [J]. Labor economics, 2000 (7): 326-349.

[121] MAUME D J. Gender differences in restricting work efforts because of family responsibilities [J]. Journal of marriage and family, 2006 (68): 859-869.

[122] MILLER A R. The effects of motherhood timing on career path [J]. Journal of population economics, 2011, 24 (3): 1071-1100.

[123] MOLINA J A, MONTUENGA V M. The motherhood wage penalty in Spain [J]. Journal of family and economic issues, 2009, 30 (3): 237-251.

[124] MORGAN K, ZIPPEL K. Paid to care: The origins and effects of care leave policies in western Europe [J]. Social politics, 2003 (1): 49-85.

[125] MUI A. C. Productive aging in China: a human capital perspective [J]. China journal of social work, 2010 (3): 111-123.

[126] MUNCH A, MCPHERSON J M, SMUTHLOVIN L. Gender, children, and social contact: the effects of child-rearing for men and women [J]. American sociology review, 1997 (62): 509-520.

[127] NG T W H, FELDMAN D C. The effects of organizational and community embeddedness on work-to-family and family-to-work conflict [J]. Journal of applied psychology, 2012, 97 (6): 1233-1251.

[128] PETERSEN T, PENNER A M, HØGSNES G. The within-job motherhood wage penalty in Norway [J]. Journal of marriage and family, 2010, 72 (5): 1274-1288.

[129] SHARPE D L, HERMSEN J M, BILLINGS J. Factors associated with having flextime: a focus on married workers [J]. Journal of family and economic issues, 2002 (23): 51-72.

[130] SLOAN F A, ZHANG H H, WANG J. Upstream inter-generational transfers [J]. Southern economic journal, 2002, 69 (2): 364-379.

[131] SMITH A. An inquiry into the nature and causes of the wealth of nations [C] //R. H. CAMPBELL (Ed.), Works and correspondence of Adam Smith. London: Oxford University Press, 1976: 59-90.

[132] STIER H, LEWIN-EPSTEIN N, BRAUN M. Welfare regimes, family-supportive policies, and women's employment along the life-course [J]. American journal of sociology, 2001, 106 (6): 1720-1757.

[133] SULLIVAN C, LEWIS S. Home-based telework, gender, and the synchronization of work and family: perspectives of teleworkers and their coresidents [J]. Gender, Work and organization, 2001 (8): 123-145.

[134] TANIGUCHI H. The timing of childbearing and women's wages [J]. Journal of marriage and the family, 1999 (61): 109-127.

[135] WILDE E, BATCHELDER L, ELLWOOD D. The mommy track divides: the impact of childbearing on wages of women of differing skill levels [R]. National bureau of economic research working paper, 2010, No. 16582: 1-45.